教育无小事，生活即教育

日常生活是父母实施积极养育最好的场所和舞台

送给父母和孩子最好的礼物——**积极养育　幸福成长**

孙云晓 + 俞敏洪 = 联袂推荐

《积极养育：为了孩子健康成长》

一本 **0~18** 岁孩子家长都需要的养育指南

手把手指导 **0~18** 岁孩子家长学会积极养育

一本致力于让父母不焦虑、学会教育的好书

让父母和孩子一起跨过每个关键期、快乐走好每一步

吉林大学哲学社会科学普及读物

李兆良 著

积极养育

POSITIVE
PARENTING

为了孩子
健康成长

FOR THE HEALTHY GROWTH OF
CHILDREN

社会科学文献出版社
SOCIAL SCIENCES ACADEMIC PRESS (CHINA)

目 录

CONTENTS

第一篇　积极养育理念：家长的必修课

第二篇 积极心理品质培育：孩子的健康经

第三篇　0~18 岁孩子积极养育关键点

积极养育：为新时代家长赋能

随着 2022 年 1 月 1 日《中华人民共和国家庭教育促进法》的正式颁布实施，我们已经进入"依法带娃"和"科学教子"的时代，这意味着家庭教育从家事上升为国事，并以立法的形式获得前所未有的高度重视。党的二十大首次将"加强家庭、家教、家风建设"写入党代会报告，着重强调了家庭教育在国家发展、民族进步、社会和谐中的基点作用。

家庭教育既是家事，也是国事；既关系个人和家庭福祉，也关乎国家和民族的未来。家庭教育是为人父母的必修课，如何提升父母自身的家庭教育素养，如何赋能新时代广大父母，使他们具有教育的胜任力，掌握家庭教育的科学理念和有效方法，尊重孩子的身心发展规律，遵循教育的规律，真正做到懂教育、能教育、会教育、擅教育，努力成为新时代合格父母，提高家庭教育效果，促进孩子全面健康成长，是家庭教育非常重要的内容。

家庭教育是指父母或者其他监护人对未成年人实施的道德品质、身体素质、生活技能、文化修养、行为习惯五个方面的培养、引导和影响。教育是个复杂系统，其影响因素是多方面的，包括遗传、环境、教养方式、自我主观努力等。教育孩子的理念、方法、方式和原则是多元化的，不存在唯一正确适合所有孩子的教育理念和方法，但如果从多元化的教育理念中选择一种，你会选择什么？答案是"积极"。也就是培养孩子的积极性，发掘孩子身上的积极潜能，让孩子体验积极情绪，具有积极力量。

父母培养孩子从小具有更多的力量、美德、优势等积极心理品质，使孩子成为一个"积极"的人，成为一个自信、乐观、感恩、善良、坚毅、勇敢、有道德、有梦想、有良好价值观、对未来充满希望的人，有助于孩子拥有积极的人生，促进孩子健康成长，成就孩子的幸福人生。

积极养育是一种科学的新教育理念，是提升孩子综合素质和促进孩子全面发展的积极心理品质教育，是积极心理学在家庭教育领域中的实践和应用。积极养育的目标是在向孩子传授知识技能和提高学业成绩的同时，提升其幸福感、快乐感、价值感和意义感，使其拥有幸福美好的人生。

需要加以说明的是，我们不要把积极养育简单地理解为：在家庭教育中，父母要具有养育孩子的热情、主动性、积极性、积极态度、积极行动，就是教育方式和态度不消极、不等待、不被动、不懈怠。事实上，上述这些对积极养育的理解还不是它的核心内涵，积极养育中的"积极"具有非常丰富的内涵，如正向的、主动的、进取的、乐观的、美好的、潜在的、建设性的、面对未来的、充满希望的，等等。

积极养育不仅包含积极的儿童观，认为儿童生而具有积极人性、积极力量和积极潜能，需要通过教育去发掘、激发和培养；还包含积极的父母观，认为在家庭教育中，父母要具有积极的教育心态、积极的亲子关系、积极的情绪情感、积极的教育认知、积极的教育语言、积极的思维、积极的教育策略等；积极养育更包含积极的价值取向，强调父母不能只关注孩子的问题、错误和缺点，更要培养孩子的力量、美德和优势等积极心理品质。此外，积极养育还特别注重积极家庭环境、积极家风、积极家庭氛围对孩子产生的积极影响。

积极养育主张对孩子进行品格、心理、幸福和学业并重的教育的理念，认为品格教育、幸福教育能有力地促进孩子对科学知识的掌握和学习成绩、学业能力的提升，能有效预防孩子抑郁、焦虑、自我伤害、游戏成瘾等各种心理问题的发生，能显著提升孩子的幸福感、成就感、价值感和意义感。

积极养育倡导父母在家庭教育中，从品格、幸福、价值、成就、关系、生命意义、美的追求等方面全方位提升孩子的心理能力，充分发掘孩子人性中的积极潜能，培养他们具有更多的力量、美德、优势等积极品质，促进孩子健康、快乐、幸福成长。

积极养育的理论基础是目前国际上十分流行的积极心理学。积极心理学是一门关于人类幸福、优秀品质、美好心灵和积极力量的科学。具体来说，积极心理学是一门研究人性中所有正向心理的心理学分支学科，它提倡用一种积极的心态来对人的许多心理现象做出新的积极解读，从而激发人自身内在的积极力量和优秀品质，并利用这些积极力量和优秀品质来帮助人们最大限度地挖掘自己的潜力并获得美好的生活。

积极心理学以研究和增进人类的幸福为中心，具体研究积极的情绪情感体验、积极的人格特质、积极的社会组织系统。积极心理学有一个理论预设，即认为在人的内心深处存有两种力量：一种是积极的，另一种是消极的。这两种力量互相对抗，我们给哪一种力量创造适宜的心理生存环境，哪一种力量就会得到发展、强化和提升。

积极心理学具有十分重要的家庭教育理论价值和现实意义，基于积极心理学的理论主张和最新研究成果，通过对孩子性格优势、力量、美德等积极心理品质的培育，能有效帮助孩子掌握"心理成长技能""幸福成长技能""学业成长技能"，能促进孩子全面健康成长，取得良好的家庭教育效果。

让孩子健康、快乐、幸福地成长，是为人父母最大的心愿，也是家庭教育所追求的目标。父母不断引导和鼓励孩子以积极心态和积极行动去追逐梦想，去发现幸福、感受幸福、追求幸福、创造幸福和获得幸福，从而成就孩子幸福人生。积极养育的理论认为，家庭教育的过程、孩子成长的过程，也是父母与孩子之间积极互动和建立积极情感联结的过程，更是父母对孩子产生积极影响，促进孩子心智发展成熟、内心不断变得强大、自我不断获得积极力量、人格不断健全发展的过程。

大量的家庭教育实践表明，采用积极养育的科学理念和有效方法，能激发孩子的积极潜能，让孩子具有进取之心，能培养孩子成为一个"积极"的人，成为一个具有更多积极心理品质的人。一个具有积极心态、积极思维、积极关系、积极情绪、积极投入、积极感受、积极体验的孩子，内心会充满积极力量，会投入积极行动，对未来有梦想、有目标、有方向、有希望、有信心，人生也会有快乐、有幸福、有成就、有价值、有意义。

教育无小事，生活即教育，日常生活是父母实施积极养育最好的场所和舞台。每天早晨孩子睁开眼睛看到父母时，积极养育就已经开始了。父母自身的积极情绪、积极语言、积极行为、积极状态无时无刻不在影响着孩子。积极养育主张父母在日常生活中，通过对孩子及对周围人、事、物所持有的积极心态、积极认知、积极思维、积极感受、积极体验、积极关系、积极解释、积极反应、积极应对、积极改变，对孩子产生言传身教、潜移默化、润物无声、了无痕迹的积极影响，使孩子成长为健康、快乐、阳光、幸福的人。大量事实表明，积极养育能培养出感恩、宽容、乐观、善良、坚强、勇敢、快乐、幸福、有梦想、积极进取、内心充满正能量的孩子。

父母对孩子进行积极心理品质培育要从小开始，这样能够有效避免其在成长过程中出现抑郁、焦虑、问题行为、人际交往障碍、人格不健全等各种心理问题。有研究发现，幼儿时期自控力发展不良的孩子在之后的小学生活中往往更加任性、乱发脾气、注意力不集中、缺乏韧性和耐力、无法克制冲动、学业成绩不理想等；那些具有感恩品质的幼儿在之后的学习生活中会更加倾向于乐于助人、与人为善、人际关系和谐，有助于形成健康的人格。另有研究发现，那些体验到欣喜、兴趣、爱、希望等更多积极情绪的幼儿，在小学阶段会更好地管理和控制自己的愤怒、生气、焦虑等负向情绪，较少与同学发生口角、打架或破坏课堂秩序，很少表现出攻击性或自暴自弃的行为。

积极养育的目的是使孩子健康成长，拥有美好幸福的人生。实践表明，作为一种科学的家庭教育新理念，积极养育能够赋能新时代家长，为他们提供有效教育方法和实用技术，能够使家庭教育更符合孩子的积极天性，让家庭教育变得更美好、更有效果。

积极养育认为只有父母积极、家庭积极，孩子才能积极。积极养育的理论告诉我们，建立积极亲子关系是家庭教育的关键，培养孩子健全人格是家庭教育的核心，促进孩子健康成长是家庭教育的目标。

父母秉持积极教育心态，使用积极教育语言，表达积极情绪情感，进行积极亲子沟通，建设积极家庭环境，营造积极家庭氛围，培养积极行为习惯，对孩子的行为积极解释、积极归因、积极期待，充分发掘孩子身上的积极特质、积极力量、积极优势，鼓励孩子积极行动、积极挑战、积极尝试，感受生活的美好，体验成长的快乐，追求人生的幸福，是积极养育的重要内容。

在日常生活中，父母对孩子进行积极关注，通过科学的引导和训练，培养孩子具有更多的品格优势，鼓励孩子使用自身的品格优势做自己擅长的事情，让自我不断变得强大和充满力量，成为一个积极、善良、快乐、宽容、感恩、乐观、有爱心、有良好价值观的人。

倡导积极养育的积极价值取向，并不是说父母要一味地追求所谓的"快乐教育"和"幸福教育"，而是要基于积极心理学的科学理念和研究成果，以"积极"为导向，从"积极"出发，充分发掘和培育孩子具有各种潜能、力量、美德和品格优势，使孩子具有更多的积极心理品质，促进孩子全面健康成长。

先觉者方能做到先学，先学者方能做到先行。希望更多的父母学习积极养育的科学理念，掌握积极养育的有效方法，使用积极养育的实用技术，提升自身积极养育的素养，成为新时代具有胜任力的积极父母，真正做到乐观、平和、从容、理性地面对孩子，面对孩子的成长，面对孩子成长中可能出现的各种问题。

新时代需要积极养育，也需要积极父母，还需要积极家庭，更需要积极孩子。积极学习积极养育，才能成为积极父母，构建积极家庭，培养积极孩子。

第一篇

积极养育理念：家长的必修课

为什么每个家庭都需要积极心理学？

　　积极心理学是一门关于"幸福"的科学，与我们每个人的工作、生活、教育和爱息息相关。积极心理学是目前国际上比较流行的心理学分支学科，其采用科学的方法，研究人性中所有的正向心理，尤其关注普通人的力量、优势、美德等积极品质，研究如何让人活得更幸福，体验积极的情绪，获得积极的力量，它告诉我们幸福不是可望而不可即的，每个人都可以通过学习新方法、建立新习惯来获得持续真实的幸福和拥有更美好的人生。

　　积极心理学应用领域非常广泛，包括应用在员工心理资本、幸福力和绩效提升、青少年心理问题预防、学生学习成绩和学业能力提升、女性幸福感的提升、夫妻家庭关系改善、抑郁症治疗、领导力训练、犯人积极心理干预等，在孩子家庭教育和学校教育方面，积极心理学的应用尤为成功。

　　大多数父母并不知道什么是积极心理学，也不清楚积极心理学是一门研究什么的科学，有些父母还会产生疑问，积极心理学是不是就是换了个说法的"心灵鸡汤"，认为积极心理学缺乏科学依据。为什么每个家庭都需要积极心理学？积极心理学对家庭教育有怎样的价值和指导意义？要回答上述问题，我们首先要搞清楚什么是积极心理学？积极心理学的核心理念是什么？积极心理学的价值取向和追求目标是什么？

　　具体来说，积极心理学是一门关于人类幸福、优秀品质和美好心灵的科学，其核心理念是倡导心理学应更加关注和激发人性中的力量、美德、潜能、价值、优势和长处等积极元素。积极心理学的目标是帮助大多数普通人，而不仅仅是小部分有心理障碍的人，尽可能地将自己的心理建设到一个理想状态，致力于使人们不断追求幸福生活，具有获得持续幸福的能力。

积极心理学中的"积极"一词原意是指"实际而具有建设性的"或"潜在的""面向未来的"意思，现代意义上的"积极"，既包括人外显言行的积极，也包括人内在认知、情感的积极。积极心理学中所讲的"积极"，一般是指"正向的""美好的""主动的""进取的""乐观的""充满希望的"等含义。

积极心理学中"积极"的含义可以分为以下三重：一是对心理学过去偏重心理问题、心理障碍、病理式心理学的超越；二是倡导心理学要研究人心理的积极方面；三是强调用积极的方式对心理问题做出解释，并从中获得积极的意义。

积极心理学是在20世纪90年代后期由当时担任美国心理学会主席的马丁·塞利格曼创立的。塞利格曼在养育孩子过程中，也在不断学习、思考和总结，并逐渐发展出一种积极教育理论。下面是塞利格曼曾经和他5岁的小女儿妮基的一段对话。

塞利格曼在当选美国心理学会主席数周后的一天，与5岁的小女儿妮基在自己家的花园里播种。虽然塞利格曼写了大量关于儿童成长和教育的书籍，但因为经常忙于学术研究，在现实生活中和孩子的关系并不太亲密。可能是由于儿童天性就喜欢在户外玩耍和嬉戏，妮基在花园里高兴地跑来跑去、手舞足蹈，不时地将种子抛向空中，这一行为让塞利格曼很生气，他大声制止和训斥妮基，妮基委屈地哭了起来。看到妮基哭的样子，塞利格曼变得更加生气，呵斥妮基不许哭。被严厉指责的妮基一言不发地慢慢走开了，过了一会儿，她跑过来郑重地说：

"爸爸，我能和你谈谈吗？"

"好的，妮基，谈什么呢？"

"爸爸，你还记得我5岁之前的事吗？在我3岁到5岁的那段时间里，我一直是个爱哭的孩子，会经常因为一点事情哭个不停，但当我过了5岁生日以后，我决定不再哭了，你知道，这对我来说是个非常困难的决定，如果遇到事情我不哭，你就会停止对我发脾气吗？"

听到这儿，塞利格曼脑海中仿若灵光一现，受到了极大的触动，感觉从中学到了一些什么，是关于妮基，是关于养育儿女，是关于他自己和他的学术生涯。塞利格曼很了解自己和自己的职业，多年来，他一直在动物习得性无助和人类抑郁领域进行深入研究，这些工作有时会使他情绪烦躁、不耐烦和发脾气，而且会迁怒到妮基身上。从与妮基的对话中，塞利格曼认识到，是妮基自己改变了她爱哭的问题，妮基已经找到了她无比强大的自我洞察力量，并用心来培育它，用它来引领自己的生命，克服她生命中的弱点，防备生命中可能出现的各种挫折。

塞利格曼深刻地意识到，在养育孩子的过程中，不仅是采用批评的方式修补他们的错误，更重要的是辨别与培育他们所拥有的那些强有力的积极特质，帮助他们找到那些能够让这些特质转化为生存力量的契机，使这些优秀的品质成为他们幸福成长的动力。

对于塞利格曼自己以及自己的生活和事业，妮基的话正中要害。塞利格曼经常表现出来的是抱怨与不满，在他度过的50年的人生中，大多数时候，他是在阴郁的气氛中生活，体验的是消极情绪。塞利格曼意识到，自己所拥有的好运和成就，并不是暴躁脾气带给他的，而是因为将这些忽视掉的结果。从那天开始，塞利格曼决定要保持积极心态，生活充满阳光，让积极情绪主导自己的心灵。

就在妮基与塞利格曼谈话的时刻，塞利格曼决定自己要做出积极改变，改变过去偏重孩子问题的育儿方式，改变对待工作、对待事情、对待人生的消极态度。

在过去的一个世纪里，心理学所关注的要么是非正常人的心理和行为，要么是正常人不健康的心理和行为，而忽视了对正常人如何更好地生活、如何获得人生幸福的关注。积极心理学将研究焦点指向如何帮助人们更好地快乐生活，其目的是想寻找一种使普通人生活幸福的规律。

通过回溯可以发现，二战之后的心理学主要是对小部分具有"问题心理"的人的研究，这是一种主要致力于"修补"的研究，其核心任务在于对问题的修复，修复个体受损的习惯、动机、童年经历、思想、行为，期望通过修复人类的受损部分，达到心理健康的目的。它把普通人作为标准常模，其目标是把小部分有"问题"的人修补成大多数没有问题的普通人。这种以"问题"为取向的心理学研究难以使人真正幸福，这在一定程度上背离了心理学研究的初衷，难以实现心理学真正的价值功能和社会使命。

作为一种新理念、新思想、新主张、新方向，积极心理学真正恢复了心理学应有的功能和使命——使大多数普通人的积极力量得到充分的发挥并拥有真实持续的幸福。积极心理学一出现，就凸显了其所具有的重要理论意义和应用价值，在青少年心理健康、组织幸福力的提升、积极心理干预等领域中的应用，都得到了充分的体现，尤其在家庭教育领域中的应用、实践和指导价值，更是受到了教育学家和心理学家的广泛关注。

明确了积极心理学的概念、研究目标、价值意义之后，我们来聚焦"积极心理学在家庭教育中的应用"这一重要主题，主张父母要学习积极心理学，具备积极心理学的知识，主要源于以下三点。

首先，积极心理学具有积极的价值取向。积极心理学是一门关于幸福的科学，具有积极的价值取向，其关注人的积极品质，以发掘普通人的力量、美德、潜能和提升幸福感为目标。大量实践表明，仅靠对问题的修补很难为人类谋取幸福，问题被消除的同时也不会自然而然地给人类社会带来繁荣。心理学在关注问题的同时，应转向研究人类的积极品质，来帮助人们真正拥有持续的幸福。

积极心理学之所以能够成为国际心理学研究的前沿领域，受到研究者的强烈关注，是因为它以独特的积极视角研究人性中的积极力量，强调心理学的价值功能不仅是对问题的修复，更是对美好心理和生活的建构，其目标是增进个体的生活品质，预防心身疾病的发生，提升人们的幸福感，其宗旨是关注人性中被忽略的积极特质、长处、优势、力量与美德。

积极心理学提倡父母用积极的心态和思维对孩子的许多心理现象（包括心理问题）做出乐观的解释和积极的解读，培养和激发孩子自身内在的积极力量和优秀品质，并利用它们帮助孩子最大限度地挖掘自己的潜力并获得幸福美好的生活。

积极心理学有一种理论假设，即认为在孩子的内心深处，存有两种力量：一种是消极的，代表压抑、侵犯、生气、悔恨、贪婪、自卑等；另一种是积极的，代表快乐、爱、希望、宽容、感恩、理性、幸福等。这两种力量互相对抗，父母通过科学的教育方法，给孩子哪一种力量创造适宜的心理生存环境,哪一种力量就会在孩子的身上得到很好的发展和提升。在家庭教育中,父母消除孩子身上的问题、毛病和缺点,并不等于说孩子在人格上会自然而然地获得各种力量、美德、优势等积极心理品质。

其次,积极心理学的研究对象是"一个中心、三个基本点"。具体来说,积极心理学以幸福为中心,研究以下三个层面的内容。在主观层面上,研究积极的情绪情感体验。包括针对过去的满意感、满足感和成就感;针对现在的快乐感、幸福感和意义感;针对未来的期望感、憧憬感和乐观感。在个人层面上,研究积极的心理品质,包括乐观、爱的能力、美德、勇气、对美的感受、毅力、宽恕、创造性、关注未来和智慧等。到目前为止,积极心理学研究了六大美德24种积极心理品质。在群体层面上,研究积极的社会组织系统,包括积极的社会大系统(国家的法律、法规和政策等)和积极的小系统(社区、学校、家庭等)。积极心理学认为,人及其经验是在环境中得到体现的,同时环境又在很大程度上影响个人,一个人良好的环境适应能力也是一种积极的心理品质。

父母采用积极养育的科学理念和有效方法,提升孩子在成长、学习、交友过程中的幸福感,培养孩子具有坚毅、乐观、感恩、充满希望等各种积极心理品质,增加孩子的爱、自豪、激励、敬畏、希望等各种积极情绪情感体验,建设尊重、平等、民主、理解、接纳、和谐的积极家庭环境和氛围,是家庭教育重要的内容。积极心理学为新时期如何做积极父母、如何建设积极家庭、如何培养积极孩子,提供了科学的理论依据,值得更多的父母学习、理解、掌握和应用。

最后,积极心理学对家庭教育具有重要的应用价值和指导意义。当前,一些父母持有功利主义的家庭教育观和消极的教育心态,具体表现为:缺乏科学的教育理念、教养方式错误、教育意识淡薄、教育责任不强、违背孩子身心发展规律、违背教育规律,怀有盲目、内卷、过度焦虑、输不起心态、过度教育,由此导致父母在家庭教育中,表现出把分数和考试成绩作为唯一标准的功利化教育倾向,忽略了对孩子成长更为重要的品德教育、心理健康教育、价值观教育、人格教育、幸福教育、情商教育、习惯养成教育、人际关系教育等。很显然,这是一种背离儿童积极天性、片面、狭隘的教育观。

有研究表明，全世界每年大约有 20% 的青少年存在某种形式的心理健康问题，最常见的是抑郁、焦虑、自我伤害等。调查发现，在过去的 50 年中，青少年自杀率几乎增加了两倍，这实在令人担忧。可见，青少年心理健康问题是家庭教育不能回避的重要问题。

大量的研究和家庭教育实践表明，积极心理学具有重要的家庭教育指导价值和现实意义，基于积极心理学的理论主张和研究成果，对孩子性格优势、力量、美德等积极心理品质的培育，能有效地帮助孩子掌握"心理健康技能""幸福养成技能""学业提升技能"，预防和减少孩子抑郁、焦虑、低自尊等各种心理问题的发生，提高孩子的学业成绩和学习能力，降低孩子的缺课率、厌学率和退学率，提升孩子的快乐感、幸福感和价值感。

积极心理学主张从品格、幸福、生命意义等方面全方位提升孩子的心理能力，充分发掘孩子身上所具有的优势、力量和美德，强调父母在家庭教育过程中，通过对孩子及周围人、事、物所持有的积极心态、积极解释、积极反应、积极思维和积极应对，对孩子产生积极影响。实践表明，以积极心理学指导的家庭教育能促进孩子全面健康成长。

从目前国际上一些国家推行的以积极心理学指导的教育实践效果来看，对孩子进行积极心理品质教育具有必要性、可行性和实效性，有助于取得良好的家庭教育效果。

家庭教育的目的不仅在于解决孩子心理或行为上的问题，更重要的是帮助孩子形成一种积极心理或行为模式。没有问题、缺点、毛病的孩子，并不意味着就一定是健康、快乐、幸福的人。也就是说，消除孩子身上的心理或行为问题，并不能自然而然地增加孩子的力量、美德等积极心理品质，也不会必然形成一种积极的心理或行为模式。

人的生命系统并不是完全由各种问题和障碍构成的，它是一个开放的、自我决定的复杂系统，它既有自我内在的心理冲突，也有潜在的自我完善能力。父母改变过度偏向孩子问题和缺点的家庭教育取向，把家庭教育重点放在培育孩子积极潜能、美德和性格优势上，通过培养、增加和提升孩子人格中的积极力量，使孩子真正成为一个"积极"的人，拥有幸福美好的人生。

然而，在现实的家庭教育中，父母有没有真正深刻反思过自身的心态、认知、情绪、思维、语言以及与孩子之间的亲子关系是否积极？父母是不是在积极地自我成长和改变，还是恰恰相反？父母自身存在的消极心态、消极情绪、消极语言、消极思维，可能导致孩子出现反道德价值观、心理不健康、学业失败等各种问题。

积极心理学能指导和赋能父母自我积极改变和成长，成为具有积极教育心态、积极情绪、积极思维、积极关系、积极语言、积极行动的人。积极心理学能够为家庭教育提供科学的理念和有效的方法，能指导父母采用积极养育的方式，培育孩子具有更多的积极心理品质，培养孩子成为一个积极的人，成就孩子的幸福人生。

积极养育：一种科学的家庭教育新理念

当前的家庭教育突出的问题是父母对教育、对家庭、对孩子所持有的功利主义观念，是父母自身科学家庭教育素养的缺失，是父母消极的教育心态和教育状态，是父母家庭教育意识和责任的缺失。这些突出问题的背后是父母错误的人性观、教育观、家庭观和儿童观，导致单纯以追求应试教育和考试成绩为唯一目的的家庭教育错误倾向，忽略了对孩子全面健康成长更为重要的品格教育、价值观教育、心理健康教育、幸福教育、道德教育、情商教育、人际关系教育、习惯养成教育和亲社会利他教育。很显然，这是一种狭隘的家庭教育观。

新时期呼唤一种科学的家庭教育新理念、新方法，来有效提升父母自身的家庭教育素养。积极养育是国际教育的前沿理念，它以积极心理学为理论基础，用实验数据做理论支撑，是对当下中国家庭教育实践困境的积极理论回应，能够指导和赋能当代父母，有效提高家庭教育的质量和效果。积极养育以"积极"为导向，主张充分发掘孩子自身的积极天性、潜能、力量、优势和美德，培养孩子具有更多的积极力量，使孩子更好地适应社会和全面发展。积极养育能够为当代家庭教育提供可资借鉴的科学理论和有效方法，值得深入研究和学习，是一种需要大力提倡和推广的新家庭教育理念。

积极养育注重对孩子积极心理品质的培养，是积极心理学的科学研究在家庭教育领域中的实践和应用，是近几年发展起来的一种前沿家庭教育理念。积极养育在中国正呈现强大的力量和蓬勃发展的态势，研究者高度重视相关领域内容的探索和推广。当前，父母存在的一些育儿问题和教育困惑，也迫切需要基于积极心理学研究的科学指导，但现实情况是积极养育理念备受关注，孩子积极心理品质教育实践却亟待落实。

积极教育是一种全新的教育理念，是积极心理学应用的一个重要分支。积极教育被定义为促进受教育者全面发展的积极心理品质教育，是一种科学的教育形态，它以积极心理学为理论基础，用科学实验数据做理论支撑，倡导品格、幸福、学业并重的教育理念，认为积极心理品格培育能够有力地促进孩子对科学知识的掌握、学习能力和学业成绩的提高，并且能有效预防各种心理问题的发生和提升孩子的快乐感、价值感、意义感和幸福感。

从价值取向和功能来看，积极心理学不仅强调对问题的修补功能，更强调对积极品质的建构功能，主张以积极的价值视角来解读人的各种心理行为现象，以此激发个体内在的积极力量、美德和优势，帮助人们最大限度地挖掘自己的潜能并获得更加幸福的生活。基于上述分析可知，积极心理学的科学理念、方法论、研究对象和积极价值取向，能够成为积极养育强有力的理论基础和科学指导。

积极养育的核心是培养孩子健全的人格，让孩子具有更多的积极心理品质并实现人生最大的幸福。基于积极心理学的最新研究成果，结合中国本土化的积极教育思想资源和实践探索，积极养育的内容是"6 + 2"模式，即六大模块和两套身心健康培养系统。六大模块包括：积极自我、积极情绪、积极亲子关系、积极投入、积极意义和积极成就；两套身心健康培养系统包括：身心调节系统（运动、睡眠、饮食、放松等），积极美德与品质系统（六大美德24种积极心理品质）。

积极自我是指通过积极养育的科学理念和有效方法，培养孩子具有积极的自我意识、自我概念和自我评价，拥有良好的个性、认知、情绪、思维、意识。积极自我是个体在生命场景中对理性认知和积极行动的良好同一性意识，具体包括自尊、自信、自强、自控、自我效能感、自我调节能力和自我应对能力。研究发现，具有良好的自尊、自信和自我效能感等积极自我的孩子，能够发现自身的优势，拥有更加积极向上的精神力量，能做到更好地认识自我和悦纳自我，能有效地应对各种挑战、困难和挫折，化解内在的心理冲突，让生命体验无尽的希望和拥有美好的未来。

积极情绪是指对有意义的事情的愉悦反应，是在实现目标的过程中取得进步或得到他人的积极评价时产生的美好感受。积极情绪包括欣喜、宁静、感激、兴趣、自豪、激励、希望、敬畏、幽默、爱等。心理学研究发现，积极情绪能增进和提高个人的主观幸福感。美国密歇根大学的芭芭拉·弗雷德里克森教授提出了积极情绪扩展建构理论，认为积极情绪为人们提供了一种安全、稳定的心理和行为环境，能够拓宽视野，拓展个体智力、心理、身体和社会资源，增加个体的包容性和创造力，进而扩展个体的思维和行为范围，并且能建立起长久的心理能量。积极心理学的创始人塞利格曼指出，人在乐观愉快的心境下，对成功和幸福的渴望会更强，克服困难和应对挑战的意志更坚强，更能坚持不懈，面对挫折不会否认自己。研究表明，孩子在心情好的时候，更愿意主动尝试和挑战，更愿意积极接受新观念、新想法和新经验。

研究发现，积极的情绪情感体验能够促进孩子智力的发展，有助于良好品德的形成。在积极情绪情感状态下，孩子会扩展认知和行动的范围，心智更灵活、态度更积极、做事更主动、行动更自觉、注意更集中、想象力更丰富、记忆更牢固、思维更敏捷。在家庭教育过程中，父母应不断增加孩子的积极情绪情感体验，让孩子在快乐中成长，在成长中体验到快乐。

积极亲子关系是以安全的情感依恋为基础的父母与孩子之间的亲密关系，是一种关爱、尊重、平等、信任、和谐的关系，是家庭教育取得良好效果的前提，是决定家庭教育成功的关键，是孩子健全人格发展的基础。研究表明，个体的发展，自婴幼儿期与父母的亲密关系开始，而后由家庭到学校，再由学校到社会，其间发展的心路历程是否正常，其关键决定因素在于起点的亲子关系。自婴幼儿开始，能在积极家庭环境中获得父母的关爱，从而建立积极的亲子关系，就等于奠定了此后人格发展的基石。

积极投入是训练和培养孩子专注、忘我投入、沉浸于当前所从事的活动和任务中，做到目标明确，反应灵敏，有控制感，有效激发孩子的求知、探索、读书、交友、利他和成长的内在动机。积极心理学研究发现，受内在动机驱使而自主从事某种活动时，孩子会表现出更强烈的兴趣、兴奋、热情、主动性和自信心，他们会完全沉浸于其中，表现为目标明确，物我两忘，全身心投入，会有更出色的行为表现，发挥自身最佳的水平，会有更持久的坚持性和较高的独创性，并伴有强烈的自尊感、价值观、快乐感和幸福感的体验。

积极意义是孩子体验到自身的存在感、价值感和意义感，知道自己的优势是什么，并使用自身的优势做自己擅长的事情，通过积极行动有益于他人和社会。积极养育是培养孩子热爱生活，敬畏生命，关心他人，引导和激励孩子做出有利于他人、社会和国家的亲社会行为，从而切身感受到自身存在的价值和意义。孩子的成长是一种自我真实体验和主动探索的过程，需要父母用爱心和智慧让孩子感受到生活的美好，体验成长的意义，追求生命的价值，获得人生的幸福。

积极成就是在学习、生活和成长过程中，父母通过积极养育的科学培养和引导，为孩子设定适当目标，给孩子提出合理的要求，教会孩子掌握为人处世的方法，鼓励孩子积极进取，勤奋刻苦，刻意练习，经过自身的不懈努力达到要求、实现既定目标、学到知识、掌握技能、懂得道理。积极养育就是通过科学的教育理念、有效的方法和可操作性的技术，让孩子在求知、读书、交友、生活和成长中不断积累成功的经验，取得成绩，形成良性循环，具有成长型思维和成长型价值观，通过自身的积极行动，激发自身探索世界的内驱力和自信心。

培养孩子健全的人格是积极养育的核心，建立积极的亲子关系是积极养育的关键，让孩子拥有获得幸福生活的积极品质是积极养育的目标，让孩子有更多的积极情绪情感体验，有成就感和意义感，是积极养育的重要内容。

家庭教育的目的不仅仅在于去除孩子心理或行为上的问题，而更要帮助孩子形成一种良好的、适应性的心理和行为模式。没有问题的孩子并不意味着就一定是一个健康、快乐、幸福的人，同理，去掉孩子心理或行为上的问题也并不意味着他们就能自然而然地形成良好的心理或行为模式。人的生命系统不是由问题构成的，它是一个开放的、自我决定的系统，它既有潜在的自我内心冲突，也有潜在的自我完善的内在能力。因此，家庭教育应改变这种偏向问题的取向，把工作重心放在培育和发掘孩子自身固有的积极天性和潜能上，通过培养和激发孩子人性中固有的积极力量、优势和美德，使他们真正健康、快乐、幸福地成长。

积极养育正是按这种积极价值取向发展起来的一种科学的家庭教育新理念。积极养育倡导父母在传统知识教育的基础上，更加注重对孩子品格、幸福和积极心理的培育。积极养育，可以弥补知识教育的不足，让孩子的身心发展更平衡、更全面，使孩子变得更优秀、更幸福。

积极养育主张，在家庭教育中，父母应具有积极的教育心态，建立积极的亲子关系，表达积极的情绪情感，使用积极的教育语言，营造积极的家庭环境，进行积极的亲子沟通，保护孩子的积极天性，培养孩子积极的行为习惯，让孩子具有更多的积极心理品质。通过应用积极养育的科学理念、实用方法和有效策略，促进孩子全面健康成长。

积极养育是一种科学的新型家庭教育，是一种更人性化、更符合孩子身心发展规律的教育。积极养育能充分激发孩子的积极天性、积极潜能和积极力量，能有效培育他们具有优势、力量、美德等积极心理品质，能培养他们从小具有善良之心、感恩之心、宽容之心、敬畏之心、进取之心。一个具有积极心态、积极思维、积极行动和积极价值取向的孩子，心中会充满力量，会有梦想、有目标、有希望，人生也因此会有成就、有价值、有意义。

积极养育：提升父母心理灵活性

在家庭教育中，一些父母存在对孩子生而不养、养而不教、教而不当、教而无方等现象，具体表现为重智轻德、重知轻能、唯分数第一、缺乏对孩子的心理关爱、忽视孩子的存在感、过度担心孩子未来等各种问题。深入分析不难发现，这些现象和问题背后的原因是多方面的，有父母持有功利化和短视化教育观的，有父母缺乏科学家庭教育素养的，有父母自身家庭教育理念错误的，有父母家庭教养方式不当的，有父母与孩子亲子关系不和的，有父母教育方法无效的，有父母对孩子进行心理控制的，等等。

除此之外，还有一个十分重要的原因，就是在面对孩子以及孩子成长过程中出现的各种问题时，很多父母存在心理僵化的现象。这里所说的心理僵化，是指父母在狭隘"功利化"教育观的影响下心态消极和悲观，脱离当下，缺乏明确的教育目标，偏离正确的教育方向，过度担心孩子的未来，放大孩子身上的缺点和不足，看不到孩子当下真实的样子，看不到孩子心理成长需求，缺乏积极有效的教育方法，在家庭教育中出现冲动和盲动的心理不灵活现象。

具体来说，父母心理僵化的主要表现有两个方面：一是父母不行动，包括不承担家庭教育的责任、不学习家庭教育的科学知识、不反思自身错误的教养方式、不总结家庭教育的经验、自我成长不积极、不积极改变教育观念和方式；二是父母盲目行动和冲动，包括在日益内卷的竞争环境下的功利化教育观、消极的教育心态、过度焦虑、压力过大，以及没有在科学家庭教育理念的指导下，采用错误的教育方式、方法，自己想当然地、主观地、随心所欲地教育孩子，自己既不知道应该如何正确教育孩子，也不知道应该把孩子培养成为一个什么样的人，更不清楚应该培养孩子具备什么样的积极品质，由此导致在家庭教育中出现教育不足和过度教育两种极端教育问题。

心理学研究表明，心理僵化使父母容易忽视家庭教育对孩子全面健康成长的促进功能，以及产生急功近利的消极心态，导致他们采用溺爱、忽视、专制、说教、心理控制、打骂、简单粗暴等错误方式养育孩子，从而破坏良好的亲子关系，缺乏亲子联结，不利于孩子的心理成长、学业成长和幸福成长，进而会对家庭教育效果产生不良的影响。

化解父母在家庭教育中心理僵化的有效方法是提升他们的心理灵活性。心理灵活性是指一种活在当下，放下思虑，不去控制和回避不想要的感觉和想法，与周围现实世界保持联结，以觉察、开放和积极的心态接纳自己的思想和感受，以积极行动做有价值、有意义、充实和丰富事情的能力。

父母心理灵活性越高，越能接触和接受当下实际情况，越能减少负性认知和不良情绪对教育的影响，越能看见和接纳孩子的一切，越能建立良好的亲子关系，从而越能提高家庭教育的效果。可见，提升父母在养育孩子过程中的心理灵活性，有助于促进孩子全面健康成长。

基于心理学的研究，我们可以从以下六个方面来提升父母心理灵活性。

一是父母要有明确的家庭教育方向。家庭教育不是跑 300 米，也不是跑 3000 米，而是人生的马拉松，父母教育孩子不仅要看眼前，而且要面向未来，具有长远眼光，以未来为导向来培养孩子。父母要明确家庭教育的任务是立德树人，要知道应该培养孩子具备哪些优秀的品质，要通过积极养育提升孩子的道德品质、心理健康、身体素质、文化素养，养成良好行为习惯，从而使孩子健康、快乐、幸福地成长。

二是父母要关注和接纳孩子当下真实的样子。孩子在成长过程中需要不断地学习、尝试和挑战，他们需要有存在感，需要父母的关注和接纳：关注他们的成长和进步，看见他们的努力和付出，接纳他们当下真实的样子，从而接纳自己的问题和不足。因为问题背后孕育着价值和功能，问题是成长的契机，问题考验父母的教育智慧、教育水平和教育能力，解决问题能够不断提升父母心理的灵活性。

三是父母不要被头脑中消极的想法所控制。在家庭教育中，一些父母在面对孩子的缺点和问题时，不是思考如何分析问题的成因和积极应对问题，而是放大孩子的问题，进行悲观地解释和消极地看待，认为孩子一无是处和无可救药，什么事情都做不好，同时也会认为自己教育不好孩子，他们不但有这种想法，而且把这些想法当真，导致心态消极和情绪焦虑。建议父母要学会审视自己头脑中这些消极的想法，与这些想法保持距离，想法仅仅是想法而已，它们并不代表事实，不要把这些想法当真，消除这些想法对自己的控制，从而可以提升自身的心理灵活性。

四是父母不要过分担心孩子的未来。一些父母在"分数第一"片面教育观的影响下，把成绩视为家庭教育的唯一，认为成绩决定孩子的一生，因为孩子目前暂时成绩不理想，而过分担心孩子的未来和发展，担心孩子学业失败、考不上理想的学校、找不到好的工作。由于这些父母仅仅秉持担忧、焦虑、输不起等心态，他们把握不了当下孩子的状况，看不到周围现实世界真实的样子，以至于无法真正投入积极的家庭教育行动中。

五是父母要进行不断的自我觉察和反思。心理灵活性高的父母会经常进行自我觉察和反思，觉察到自己存在错误的教育理念、消极的教育心态、不当的教育方式、急躁的情绪、不良的亲子关系、无效的亲子沟通等，并能够及时积极调整和改变，调整好心态、管理好情绪和采取有效的行动，改变对孩子的专制、溺爱、忽视和心理控制等错误的教育方式，进而达到建立积极亲子关系并取得良好家庭教育效果的目的。

六是父母要有积极的行动和改变。在家庭教育中，最优秀的父母能在正确教育理念的指导下积极行动和改变，包括积极学习、积极反思、积极总结、积极完善、积极陪伴孩子共同成长。我们主张父母从自我开始，通过自身积极的学习行动，掌握科学的家庭教育理念和有效的教育方法，成为新时期积极的父母。同时，我们也特别主张"上所行下所效"的教育理念，强调父母身教重于言教，讲千遍道理不如行动一次，重视父母在孩子成长过程中的榜样示范作用。

具有心理灵活性的父母，是具有积极家庭养育观念、有明确的家庭教育方向和积极的价值取向、关注和接纳孩子当下真实的样子、不被头脑中的消极想法所控制、与现实世界保持密切的联系、不过度担心孩子的未来，经常进行自我觉察和反思、投入积极有效教育行动的父母。心理灵活性高的父母，能够培养出心理灵活性高的孩子，能够取得良好的家庭教育效果。

积极养育：保障孩子心理健康

近年来，随着经济社会的快速发展，孩子的成长环境不断变化，孩子心理健康问题呈现高发、多发、低龄化的态势，越来越多的孩子出现了抑郁、焦虑、学业倦怠、网络成瘾、自伤害行为。全面加强和改进新时代孩子心理健康工作，充分发挥"家庭－学校－医院－社会"协同联动作用，提升孩子心理健康素养，促进孩子身心健康、全面发展，是国家关心、人民关切、社会关注的大事。

孩子是国家的未来和希望，他们的心理健康直接关系国家的未来发展。然而，孩子的心智发展还不成熟，在遇到各种困难、挑战和负性事件时，容易在学习、人际交往、自我概念、升学等方面出现各种心理问题。一项全国性调查显示，我国6~16岁在校中小学生精神疾病患病率高达17.5%。但很多家长、老师和孩子对心理健康知识缺乏了解和不予重视，当孩子表现出抑郁、焦虑等各种心理问题信号时，他们不能及时识别和早期干预。有些家长和孩子甚至对心理健康问题存有偏见，害怕孩子被贴上心理不正常的标签，影响未来升学和就业，因此拒绝向专业心理人员求助或不配合咨询和治疗。上述这些问题严重影响孩子的心理健康和全面发展，需要正视并加以解决。

筑牢孩子心理健康的"免疫墙"，提升孩子心理健康素养，需要把心理健康渗透到学校育人的全过程，以"五育并举"促进孩子心理健康，做到以德育心、以智慧心、以体强心、以美润心、以劳健心。

家庭教育在提升孩子心理健康素养、促进孩子全面健康成长中发挥着不可替代的重要作用。引导家长关注孩子心理健康，具有心理健康教育意识，掌握心理健康知识，具备心理健康教育能力，树立科学养育观念，尊重孩子心理发展规律，遵循孩子成长成才规律，充分发掘孩子心理潜能，激发孩子成长积极力量，有助于孩子找到自身的价值，发现生命的意义。

在现实的家庭教育中，很多父母在意的是孩子的成绩和分数，看重如何让孩子考上一所好高中、好大学，而忽略了对孩子心理健康、品格、价值观、成长、做人、做事的综合培养。不可否认，在当前的教育体制下，孩子的学习成绩和分数的确很重要，如何教会孩子学会学习、爱上学习和高效学习，是家庭教育的重要内容，也是父母的一项重要责任。

一个孩子学习成绩优秀，能够反映出这个孩子具有良好的学习习惯、较高的学习能力和有效学习方法，也能够说明这个孩子具有勤奋的个性。然而，这种只注重孩子学习成绩和分数的家庭教育，或者说把孩子考试和升学作为唯一目的的家庭教育，却是一种狭隘和片面的家庭教育，从时代的发展和未来的要求来看，并不利于孩子的心理健康和全面成长。

促进孩子心理健康成长，是家庭教育的重要内容，也是父母的责任。虽然家庭的物质生活条件越来越好、越来越丰富，孩子的吃穿玩不用愁，但孩子的快乐感、价值感、意义感和幸福感并没有得到相应的提升，有的甚至出现了下降和滑坡，还有的出现了被心理学者称为"空心病"的情况。这里所说的"空心病"是一种比喻，是指一些青少年精神世界空虚，价值观缺失，比较焦虑和迷茫，没有生活方向，不知道人生的价值和意义是什么。

具有"空心病"的孩子，在学习方面的突出问题表现为学习内在动机不强、学习兴趣不高、缺乏学习意志力，不敢面对学习过程中出现的各种困难和挑战，在学业方面缺乏成功的经验和愉快的体验。

无数的家庭教育事实表明，不当的家庭教养方式是孩子各种心理问题和学业失败的主要原因。父母采用暴力型、放任型、溺爱型或过度干涉型的教养方式，会导致孩子出现各种情绪、行为、人格、精神、社会交往问题等。例如，一个经常对孩子苛求、指责、打骂、管得过多、时常责怪、包办替代、缺乏同情心、缺乏宽容的父母，其培养出的孩子容易形成自卑、懦弱、暴力或奴性十足、不善良、不懂是非、懒惰、喜欢埋怨、脾气暴躁、过于敏感多疑、孤僻、自私自利等性格问题，没有一位父母希望自己的孩子出现这些问题，但一些父母很少去认真思考问题的核心症结在哪里，很少从父母自身的角度深刻反思自己所采用的家庭教养方式是否得当。

积极养育是近些年发展起来的前沿教育理念，以目前国际上流行的积极心理学为理论基础，依据积极心理学的研究成果，对孩子进行积极的培育和影响。积极心理学致力于研究人类的力量、美德和优势，是一门关于幸福和美好心灵的心理学，是利用心理学目前已比较完善和有效的实验方法与测量手段，致力于研究普通人的长处和美德等积极品质的一门科学。具体来说，积极心理学是一门关注个体积极的情绪体验、积极的人格品质、积极的组织环境的科学，其目标是提升个体的生活品质、预防心身疾病的发生和提升人们的幸福感，其宗旨是关注人性中的那些积极特质、长处与潜能以及让人们获得持续幸福的能力。

积极心理学研究表明，"积极"是孩子人生幸福的源泉，"积极"让孩子体验到更多的快乐，"积极"让孩子身心健康成长，"积极"让孩子感受到世界的美好，"积极"让孩子生活得更有意义和更有价值。通过积极养育，让孩子在生活、学习和成长中体验到求知的快乐、读书的快乐、交友的快乐、运动的快乐、助人的快乐、成才的快乐。

2014 年 12 月，由积极心理学奠基人塞利格曼教授倡议，来自各大洲包括中国在内的积极心理学工作者，成立了"国际积极教育联盟"，决定把积极教育作为全球教育改革运动，在世界范围内推广和普及。国际积极教育联盟的宗旨，是致力于对儿童进行科学知识教育和提升其学业能力的同时，对他们进行品格教育、心理健康教育和幸福教育，并实现上述教育之间的互相促进、相互影响、互为补充。

2016 年 7 月，召开首届"国际积极教育联盟大会"，来自世界 40 多个国家的专家学者和教育工作者围绕积极教育进行深入的交流和探讨，以推动积极心理学在家庭和学校的广泛应用，以及如何在全世界推动一场新时代的教育改革。

2019 年 6 月，第一届全国积极教育大会在清华大学举行。大会以"积极教育，心智发展"为主题，针对中国积极教育的应用和实践进行了深入的探讨，旨在推动中国积极教育理念的实践进程，促进积极教育事业的发展，推动积极教育的普及与传播。

一些发达国家已经将积极教育作为教育改革和提升国民幸福指数的一个重要途径，把积极教育作为国家教育改革的战略目标，高度重视积极教育的理念创新和实践探索，取得了显著的教育效果。例如，对孩子实施抗逆力训练、将幸福课程融入心理健康课程、上课前学生进行 10 分钟的正念放松练习、感恩教育等项目。国际上一些国家推行的积极教育的成功经验告诉我们，积极教育能有效提高孩子的学业成绩，预防和减少抑郁、焦虑、网络成瘾、自伤害等问题的发生，减少孩子的缺课率和退学率，提升孩子的幸福感、快乐感和意义感。

当前，积极养育正呈现强大的力量和蓬勃发展的态势，受到了世界各国教育人士的广泛关注，也被更多的父母认同、接受和使用。探索运用积极心理学助力家庭教育的研究和实践，传播和宣传积极养育的科学理念，培养孩子具有更多的优势、力量、美德等积极心理品质，让孩子在人生成长中过一种有意义的幸福生活，促进其全面健康发展，是家庭教育非常重要的内容。

当前，家庭教育突出的问题是父母消极的教育心态和教育状态，是父母对家庭教育、对孩子所持有的功利主义观念和态度，是父母把考试成绩作为家庭教育的全部的狭隘做法，是父母缺乏科学的家庭教育素养，是父母自身的消极情绪、消极认知、消极思维和消极语言。具体表现为父母存在过度焦虑、压力过大、功利心重、输不起，以及过度关注孩子的缺点、找孩子的毛病、夸大孩子的问题等消极心态和消极行为。

家庭教育不应该仅仅看孩子的问题，而更应该培养孩子的品格优势。积极心理品质对孩子的全面健康成长至关重要，能够提高孩子的学业能力，预防孩子心理问题的发生，提升孩子的幸福感、快乐感和价值感。在家庭教育中，父母要更加注重发掘和培养孩子的"积极性"，让孩子具有更多的积极心理品质。

学习、应用积极养育的科学理念和有效方法，能够更好地赋能家庭和父母，能够指导父母取得良好的家庭教育效果，能够提升孩子心理健康素养，促进孩子全面成长。

积极养育要求父母在教育孩子时，不仅在形式和方法上要积极，在内容和效果上更要积极。尤其在家庭教育内容上，父母要在传统知识教育的基础上，更加注重对孩子进行品德教育、心理健康教育、价值观教育、人格教育、情商教育、习惯养成教育、幸福教育、人际关系教育和利他亲社会教育。

面对孩子及孩子成长中的各种问题，父母采用积极的养育策略，秉持积极的教育心态，建立积极的亲子关系，采用积极的教育语言，提供积极的情绪价值，进行积极的亲子沟通，做出积极的解释，带来积极的影响，培养积极的品质，促进积极的成长，取得积极的效果，把孩子培养成为品德高尚、心理健康、人格健全、学业成功、快乐幸福的人。

积极养育能够全面提升孩子的心理成长技能、学业成长技能和幸福成长技能。目前，我国的江阴中学、广东增城高级中学、清华附小以及江浙地区近千所中小学已经卓有成效地开展了积极养育的实践探索，并取得了理想的教育效果。研究者通过比较实验组和对照组的结果发现，积极养育实验组的孩子幸福感显著提升，在朋友关系、师生关系、学业成绩和自我积极体验等方面的满意度水平显著高于对照组；在自我接纳度、积极主动感、目标意义感、勇气和毅力、人际关系能力和个人成长能力方面，积极养育组显著高于对照组。大量实践表明，积极养育能培养出宽容、乐观、感恩、善良、快乐、幸福、内心充满正能量的孩子，能够取得良好的教育效果。

积极养育具有可行性，能够有效融入日常家庭生活、亲子关系、亲子沟通和学习活动中，可以有效渗透到学生心理健康教育、德育课堂、日常教学和师生交往之中。父母和老师可以通过线下的培训、讲座、沙龙、研讨、读书会以及线上的微课、视频等不同形式的课程，学习、理解和掌握积极养育的理论和方法。在家庭教育中，父母有意识地对孩子实施积极养育，通过对孩子及周围人、事、物所持有的积极心态、积极关系、积极情绪、积极感受、积极体验、积极观点、积极语言、积极解释、积极反应、积极思维和积极应对，对孩子产生言传身教、潜移默化的积极影响。

积极心态：决定父母教育状态

　　心态即心理态度的简称，是指由当前事物和过去经验引起的个体心理活动在一段时间里出现相对稳定的持续状态，是心理过程和个性心理在特定时间内的综合表现，是对周围的人和事物所持有的思想观点、态度和根本看法，是人的心理对各种信息刺激做出反应的趋向，这种反应趋向对人的思维、行为具有导向作用。与态度的构成要素一样，心态由认知、情绪和行为三部分构成。

　　心态包括积极心态和消极心态。积极心态在认知层面上，以积极思维和积极视角看待问题，聚焦、发现和感受身边的美好事物，在遇到不幸或不顺心的事情时，能从不利的事件中看到有利的一面，从消极、不幸或困境中寻找其背后隐含的价值和意义；在情绪层面上，当回忆过去时感到满意、满足和有成就感，面对当下时会感到快乐、高兴和幸福，面向未来时会充满希望、乐观和憧憬；在行为层面上，表现出积极进取、勇于挑战、坚持不懈、刻意练习等积极行动。消极心态则相反，它是一种负性的心态，表现为抱怨、悲观、颓废、后悔、发牢骚、找理由、推卸责任、负能量等特征。

　　人与人之间本来只有很小的差异，但这种很小的差异往往造成巨大的差异，很小的差异就是所具有的心态是积极的还是消极的，巨大的差异就是幸福或者不幸。

　　作家狄更斯曾说过，一个健全的心态，比一百种智慧都有力量。心态对人的行为起支配和导向作用，不同的心态直接导致不同的行为结果。一个人做事能否成功，关键在于他具有什么样的心态。人的行为常常是由心态决定的，积极的心态常常做出正确的决定，消极的心态往往做出错误的决定。

心态由内而外影响人的认知、思维、情绪、行为和行动，积极心态让人健康、快乐、幸福和成功；消极心态使人焦虑、压抑、痛苦和失败。之所以说心态决定成败，成也心态，败也心态，是因为心态影响人的情绪状态，情绪影响人的精神状态，精神状态影响人的行为模式，行为模式影响事情的发展和结局。正所谓心态变、情绪变、状态变、行为变、行动变、结局变，心态决定成败，心态的力量非常之大。

心理学所讲的积极心态，是指一个人的个性特征、认知、情绪、意志、行为等处于乐观向上的良好状态，它是一种主动、自信、乐观、进取、灵活的心态。具有积极心态的人，认知合理，情绪稳定，意志坚强，积极思维，心理灵活，行为有效。积极心态的人对生活、生命、道德、意义、价值有更多的正向感受和体验，对事物做肯定性判断，积极向往美好和崇高的事物，能够健康、快乐、幸福地成长，即使在面对压力性事件时，也能沉着冷静积极地看待和应对。

心态积极的人是一个心理灵活的人，是一个生活幸福的人，是一个具备乐观、美德、勇气、智慧、毅力、宽容、创造性、爱的能力等更多积极心理品质的人。一个社会拥有积极心态的人多了，才能出现祥和之气、安静之态，才能共享幸福美好的生活。正所谓心安才能民安，民安才能国安。

《大学》中有格物致知、诚意正心、修身齐家治国平天下等表述，其中的"正心"就是我们所说的积极心态，中国古代的先贤早就发现了积极心态对个人、对家庭、对国家的重要价值，主张要"不忿不惧""不偏不倚""不患得患失"，要涵养好自己的心性，调整好自己的心态，管理好自己的心情，磨炼好自己的心智。自尊自信、理性平和、积极向上的阳光心态，是个人自我心理和谐、家庭和谐、社会和谐的重要保障。反之，消极的心态则会对个人心理健康、家庭幸福、人际信任、价值信仰、社会稳定等造成损害，阻碍社会的积极发展。

父母的心态是影响家庭教育取得效果的关键因素，父母的积极心态对孩子的成长至关重要，家庭教育从父母保持积极心态开始。父母的积极心态会影响孩子的心情、认知、行为、状态、性格、心理健康，心态积极的父母经常使用积极语言称赞孩子，善于发现孩子身上的优点、美德和长处，对孩子的未来充满美好的期待，为孩子的成长提供情绪价值，与孩子建立良好的亲子关系，能够促进孩子健康成长。

反之，心态消极的父母会有各种牢骚和对孩子的不满，经常抱怨、指责和批评孩子，关注事情的消极面，放大孩子的缺点，会使孩子心情烦闷、压抑、紧张、焦虑，内心充满矛盾和冲突，导致亲子关系不和，不利于孩子的健康成长。

心理学研究发现，积极心态能使人们在关键的时刻保持乐观的态度、具有稳定的情绪，以成长型思维、成长型心态、成长型价值观，理性、平和、坦然地面对和应对各种问题，使问题从危机获得转机，并且得到很好的化解。

父母的积极心态是家庭教育取得效果的重要心理基础和内在力量，能够为孩子的成长提供丰富的心理营养，能够成就孩子的幸福人生。具有积极心态的父母，会以自身乐观向上、理性宽容、尊重自信的态度影响孩子，在面对自己、面对孩子、面对孩子的学习、面对孩子的问题以及面对孩子的成长时，以积极养育的科学理念为指导，善于发现事物美好的一面，即使在面对困难和挫折等不利的情景下，也能进行积极认知、积极解释、积极赋义、积极应对，看到问题背后存在的价值和功能。

在家庭教育中，想要促进孩子全面健康成长，想要取得良好的教育效果，父母首先要解决好自己的心态问题。在应试教育时代、信息时代、竞争时代、智能化时代以及"双减"政策和教育内卷这样的大背景下，在面对孩子、孩子的学业、孩子的成长等问题时，一些父母的心态出现了失衡，表现为对孩子的教育和成长急功近利，迷茫困惑，情绪急躁，过度焦虑，压力过大，唯分数第一，违背孩子身心发展规律，违背教育规律，出现过度教育、拔苗助长、输不起、没面子、简单粗暴、心理失控、担心失败、放任不管、自私、盲目、攀比、惩罚、打骂、威胁、抱怨、恐惧等问题。

在孩子的成长过程中，一些父母没有承担家庭教育的责任、没有高质量陪伴孩子、没有以身作则、没有积极沟通、没有尊重和关爱、没有理解和信任；相反，却有输不起的心态、过高的期望、家长作风、求全责备、语言暴力、心理控制、不停说教、替代成长、过度保护、过多限制等，并由此衍生出父母在面对孩子和孩子的问题时，采用打骂、体罚、恐吓、威胁等简单粗暴的家庭教育方式和态度，致使亲子之间产生矛盾和冲突，破坏积极的亲子关系，严重的甚至导致孩子出现极端行为和家庭悲剧。

一个原本心理健康、单纯、自由、活泼、有无限发展可能性的孩子，在心态消极的父母手里，会受到什么样的影响，会获得什么样的教育，等待孩子的将会是什么？父母自身的消极心态以及由此带来的错误教育方式，是对孩子成长的阻力，无法促进孩子全面健康成长。如何保证孩子在接受"家庭教育"后是一个心智正常、心理健康、人格健全、自信心强、上进心足、进取心盛的人，这是父母需要思考和回答的家庭教育问题。

在现实中，有太多的父母，在唯分数第一功利观的影响下，在输不起、过度焦虑、担心、迷茫等消极心态的鼓动下，遮蔽了双眼，失去了理性，出现了盲目教育，表现出对孩子急、躁、烦、怨、恨的消极情绪和态度。什么孩子的积极天性、价值观、品格教育、健全人格、心理健康、做人做事、积极情绪体验、幸福成长等，以及父母应该对孩子无条件的关爱、尊重、理解、责任、接纳、宽容、支持、信任等，全部被抛在脑后，在急功近利、望子成龙、望女成凤的错误道路上一路飞奔而毫无觉察和不想停止。

事实上，把分数和成绩看作家庭教育全部的做法，不仅是一种狭隘和功利的教育观，也是一种片面的、畸形的、单向度的、不适当的、错误的教育观，更是一种违背积极人性的教育观。这种教育观没有从孩子的积极天性出发，违背教育规律和孩子的身心发展规律，忽视孩子的心理成长需求，没有尊重孩子的个体差异，难以培养孩子具有健全的人格。拥有这种狭隘教育观的父母，无法完成立德树人的根本任务，不能促进孩子全面发展，难以取得良好的家庭教育效果。

积极心理学倡导树立和保持两种积极心态：一是以改变不合理认知和情绪调适为导向的积极心态，以理性的认知取得非理性的认知，进而使消极情绪得以缓解；二是以有效解决问题为导向的积极心态，提升心理的灵活性，做到既不能不行动，也不能盲目行动和冲动，而是要采取以价值观为指导的积极行动，积极面对和应对各种问题。

"心中有阳光，脚下有力量。"父母的积极心态是一种阳光、快乐、理性、平和、乐观、宽容的心理状态，具有积极心态的父母，追求的是人生价值和生命意义，带来的是积极情绪价值，他们热爱生活、努力工作、积极进取、憧憬未来、善待他人，内心充满正能量，不悲观、不抱怨、不消沉；心态积极的父母无条件地爱孩子，尊重、理解、接纳孩子，具有积极思维，善于控制和调节自己的情绪，善于发掘和培养孩子自身的优势，对孩子进行积极期待，遇到问题进行积极归因和积极解释，用爱心、耐心和责任心，面对孩子以及孩子成长中出现的各种问题。

在家庭教育中，父母积极心态具有强大的教育力量，能够化被动为主动，化危机为转机，化冲突为沟通，化挫折为成长，化压力为动力，有助于与孩子建立和谐的亲子关系，有利于改善孩子的身心健康，提升孩子的幸福感，成就孩子的美好人生。

父母具有平和、包容、快乐、给予、行动、学习、成长、改变的心态，理性平和地面对孩子以及孩子在成长中可能出现的错误，管理好自己的情绪，包容孩子的过错，对孩子进行积极引导，感染和温暖孩子。

具有积极心态的父母，特别注重自我的积极改变和成长，不断学习科学的家庭教育知识，掌握教育孩子的有效方法，经常进行自我反思和总结，他们的人生态度乐观，善于调控自己的情绪，善于用自己的积极情绪感染孩子，遇到问题不怨天尤人，不后悔过去，而是面向未来，积极寻找解决问题的方法，通过自己的积极行动对孩子产生积极的影响。

教育是一个生命对另一个生命的影响，积极的家庭教育会促使孩子成为一个心态积极的人。父母的积极心态会促使其付出积极的教育行动，产生积极的教育效果。在积极心态主导下，父母以积极认知和积极行动不断地积极学习，对孩子使用积极语言，向孩子表达积极情绪，为孩子成长提供情绪价值，与孩子保持积极亲子关系，关注孩子身上的各种力量、美德、长处等积极心理品质，培养孩子具有成长型思维，鼓励孩子走出自己的"舒适区"，勇于尝试和挑战，能够铸就孩子坚强的意志和高尚的品格。

"真正的教育，应当基于爱、自由和平常心，而不能基于恐惧、功利和贪婪。"父母的积极心态是自我积极情感和良好价值观的完美体现，是一股源自内心的积极力量，能够为孩子的成长提供强有力的支持和保障。父母具有积极心态，给孩子营造积极的家庭环境和氛围，为孩子树立积极心态的榜样，把孩子当作平凡人，用平常心对待孩子，通过采用积极养育的科学理念和有效方法，或许可以把孩子培养成为一个不平凡的人。

积极关系：家庭教育成功的关键

心理学中的自我决定理论指出，人与生俱来就具有关系和归属的需要，当这一需要获得满足时，会产生足够的心理安全感和自我存在感，使人获得更好的发展。也就是说，个体的生存、适应和良好发展需要与他人保持积极、稳定、和谐的关系，需要得到他人的尊重、理解和接纳，获得他人的信任、支持和认同，需要有一定的归属感。

原始社会人类的祖先采用群居生活的方式，需要几个人或几十个人结成一个小集体来共同打猎和劳作，结成伙伴，相互依赖，互相合作，才能共同抵御大自然的威胁和大型猎食动物的攻击，才能成功地狩猎，才能确保后代的安全和繁衍，才能更好地生活和生存。

人类的进化和发展揭示了关系的重要价值，与他人保持亲密、合作的积极关系，对人的发展和健康成长至关重要。积极的社会关系是一种有力的社会支持系统，能为我们提供经济、信息、情感、心理等的支持，是个体健康成长最为重要的心理基础，也是事业成功和拥有幸福人生的重要保障。心理学研究表明，温暖、亲密的关系是美好生活最重要的影响因素，会成就一个人的幸福人生。爱、温暖和亲密的关系，会直接鼓励一个人采用积极的应对机制和策略，去勇敢地面对人生中的各种挑战、挫折和困难。

在人生的成长历程中，每个人都会遇到坎坷、挫折、困境和打击，经历过意外、不幸、失败和丧失。面对这些负性事件和遭遇，不同的应对方式和解决策略会产出不同的结果，有些人采用"近乎疯狂类"的愤怒、恐惧和报复的应对方式，这是一种最不可取的处理方式，会让其更加痛苦；另有一些人采用"不够成熟类"的应对方式，比如生气、消极和抱怨，这也不利于问题的解决；还有一些人采用"神经质类"的应对方式，比如压抑、否认和回避，这也是一种无效的解决方式；最好的方式是采用"成熟健康类"的应对策略，比如宽恕、幽默、自我激励和升华，这是一种积极有效的应对方式和策略。

研究发现，那些活在爱、温暖、支持、信任和亲密关系里的人，在面对人生各种挑战、挫折、不幸、失败、坎坷和打击时，会以正向的思维、乐观的态度和有效的方式积极面对和应对。比如，透过表象看到问题背后存在的价值和功能，自我解嘲一笑了之，通过运动合理宣泄负性情绪和压力，接受家人、朋友的心理抚慰、情感支持和精神鼓励，勇敢走出逆境，顺利渡过难关，恢复心理能量，保持积极心态，积极投入到工作、学习和生活中。

反之，一个缺乏关爱、温暖和亲密关系的人，在遇到人生的各种困难、挑战和挫折时，由于缺乏有效的社会支持系统，无法获得他人及时的关爱、帮助和支持，他（她）会感到孤立无援、悲观失望和失去信心，其身心健康和生命质量也会受到影响。有的人甚至采用酗酒、吸烟、自暴自弃等消极的应对方式，这也是导致其人生失败或不幸福的主要原因。

当然，并不是每个人都能幸运地拥有美好的快乐童年，但不论你今年几岁，都会有机会在爱和温暖里获得重生。例如，一个神经症患者，直到35岁时才真正体验到被别人全心关爱是一种什么样的感受。当时他因肺结核住院14个月，医护人员给了他一直渴望得到的关心、爱护、温暖、支持和照顾，这给了他无穷的力量、信心和勇气，促使他开始朝着人生美好的方向积极改变和不断追求。

在此后的人生岁月里，他从一个自杀未遂的神经症患者，变成了一个认真负责的医生、丈夫和父亲，他的家人、病人、同事、朋友都由衷地尊重和关爱他，为他的积极蜕变感到高兴，为他取得的成就喝彩。最终他在82岁时，在一次登山的过程中因心脏病突发去世，许多人出席了他的葬礼，向他致敬告别。虽然他的生命开场充满了坎坷和不如意，但他的后半场却是一段丰盛、圆满的精彩人生，这得益于积极关系带给他的积极心理能量，使他充满力量，不向命运低头。

由此可以得出结论，温暖、关爱、亲密的积极关系是美好生活最重要的开场，也是幸福人生结局的支持性力量。学会与他人建立积极的关系，以乐观向上的心态去面对和化解人生中的各种不如意，是拥有幸福美好人生的重要保障。

有研究表明，一个人的身心健康问题与长期的孤立无助关系密切，孤立无助会让人产生挫败感、无力感和绝望感，会削弱人抵抗疾病的免疫力，增加心理上的压力，影响人的身心健康，降低人的主观幸福感。

成功的人生不是孤独和寂寞，幸福的生活需要温暖、亲密的积极关系，积极关系能够成就人生的幸福，让人有更多快乐感、价值感和意义感。保持健康、快乐、幸福的状态，不让自己处于无人关爱、孤立无助的境地，避免各种矛盾、冲突和误解带来的伤害和痛苦，是每个人所向往和追求的目标。

在家庭教育中，亲子关系先于教育，积极亲子关系本身就是一种良好的教育。换言之，家庭教育是否成功取决于亲子关系处于何种状态，亲子关系的好坏决定家庭教育的成败，什么时候父母和孩子关系好了，什么时候家庭教育就会有明显的良性效果。

事实上，很多家庭教育之所以效果不好，主要原因是亲子关系出了问题。由于亲子关系不和谐，亲子之间存在矛盾和冲突，父母与孩子之间没有情感联结，孩子具有抵触心理，不想也不愿意接受父母的教育，父母失去对孩子的影响力，因此难以获得良好的家庭教育效果。

积极的亲子关系对孩子的成长至关重要，是家庭教育取得成功的关键。积极亲子关系是一种以安全型亲子依恋为基础的，父母与孩子之间相互关爱、尊重、平等、信任、接纳、支持的亲密关系，是人类最初建立起来的一种良好人际关系，是家庭教育取得良好效果的前提，也是孩子健全人格发展的基石。心理学研究表明，父母与孩子之间亲子关系疏离，尤其是儿童早期形成的不良亲子关系，是导致青少年出现各种心理健康问题和品德问题的重要原因。

积极亲子关系与孩子早期和父母建立起安全型亲子依恋关系密切相关，尤其是和妈妈的良好关系尤为重要。这是因为，在妈妈或相当于妈妈的照顾者积极回应孩子的情感需求，及时满足孩子的身心发展需要，以及和孩子进行积极亲子互动的过程中，孩子会与妈妈或相当于妈妈的照顾者建立情感联结，形成信任感和心理安全感，进而产生安全型亲子依恋。孩子对父母的依恋行为主要表现为积极寻求身体接触，渴望被大人拥抱和抚摸，喜欢看妈妈的笑脸，希望父母陪自己玩耍，眼睛会追随父母，父母出现会开心、快乐、愉悦。

依恋关系是孩子出生后逐渐发展起来的，婴儿在6~7个月时，会对妈妈或照顾者的离开感到焦虑和不安，会对陌生人的出现感到害怕和紧张，这表明此阶段的婴儿与妈妈已经建立了初步的情感联结，这就是儿童早期的亲子依恋关系。心理学研究发现，良好的亲子依恋关系对儿童的认知、情绪和人格发展至关重要。

心理学研究表明，0~1.5岁这个阶段是培养孩子与父母良好亲子关系的关键期，是培养以情感为基础的安全型亲子依恋关系的关键期，也是孩子对父母、他人和外界形成信任感的关键期，此阶段孩子最大的心理成长需求是获得心理安全感。处于0~1.5岁年龄阶段的孩子，主要通过形象视觉、注视、口部、触觉感知外部世界的信息和刺激。此外，他们会通过妈妈感受和认识世界，对周围的世界形成信任感。

在养育孩子的过程中，孩子具有存在感，需要被父母看见，父母充满爱、温暖、积极关注孩子的表情和动作，多陪孩子玩闹和进行各种亲子游戏，多和孩子说话，逗孩子开心，有助于孩子产生心理安全感，对父母有亲近熟悉感。需要注意的是，在这一阶段，父母无须对孩子进行过早的行为训练和早期智力开发等活动。该阶段家庭教育的主要任务，是与孩子建立亲密的亲子关系，培养孩子对父母的安全型亲子依恋，形成心理安全感和信任感。

心理学家通过研究，把亲子依恋划分为安全型依恋、焦虑型依恋、回避型依恋和紊乱型依恋四种类型。安全型亲子依恋是一种积极的依恋关系，其他三种亲子依恋属于不安全型依恋关系。

焦虑型亲子依恋的孩子在与父母分离后，会急切地寻找父母，出现分离性焦虑。而当父母出现在他们面前、回到他们身边时，他们却不能从这种单纯的亲子关系中获得抚慰，他们会黏着父母哭闹或者发脾气，其行为会令父母生气。

焦虑型亲子依恋的孩子，其父母的养育方式是间断性和不一致的，经常变化无常，让孩子难以适应。从小形成焦虑型依恋的孩子，长大以后会对环境和自己的命运失去自主控制，觉得自己很难了解和预测他人的行为，其他人的行为会使其感到困扰。焦虑型亲子依恋的成人，在婚姻中缺乏安全感，他们会抓住其所爱的人不放，一直担心自己被拒绝、被抛弃、被忽视，他们不愿意自己所爱的人自主或独立。当遇到挫折和痛苦时，焦虑型亲子依恋的人会到处诉说自己的压力、不幸和愤怒，当被威胁时，又会立刻变得退缩、胆怯、懦弱和畏惧，不敢做出反抗。

回避型亲子依恋的孩子在与父母分离后，会表现出极力回避父母的情绪。不像焦虑型亲子依恋的孩子那样，在与父母分离后，会不顾一切地寻找父母，回避型亲子依恋的孩子在与父母分离后，不是急切地寻找父母，而是独自生闷气，以此表达对父母离开的不满和反抗。回避型亲子依恋的孩子，其父母的养育方式是低回应高拒绝型的。回避型亲子依恋的孩子成人以后，其记忆中的母亲形象是冷漠无情的，总是不在自己身边，没有关心和亲近，经常忽视和拒绝自己的需要。他们缺乏自信和安全感，对别人充满怀疑和不信任，尤其是在与人交往过程中，会表现出自卑心理，采用消极和防御的应对方式。回避型亲子依恋的孩子长大以后，不愿向他人袒露心扉和情感，会刻意压抑和隐藏自己的喜怒哀乐，即使心里很生气，也不表现出愤怒或不承认自己很愤怒。

紊乱型亲子依恋的孩子在与父母分离后，会表现出既焦虑又回避两种情绪特点。研究表明，紊乱型亲子依恋的孩子，与其需要被忽视、从小被虐待、早期没有和父母生活在一起，或者父母一方去世有着密切的关系。紊乱型亲子依恋的孩子，其父母的养育方式是高要求低回应，他们经常采用辱骂、暴力、恐吓、威胁和忽视孩子的存在、忽略孩子需求等方式管教孩子。

具有安全型亲子依恋的孩子在与父母分离后不会哭闹和焦虑，也不会急切地要找到父母，因为在早期依恋经验的基础上，他们逐渐建立了一种依恋关系的内部认知模式。他们已经发展形成了如果自己需要父母，父母会第一时间出现，无条件满足他们需求的认知。

心理学家研究发现，6个月至3岁这个阶段的孩子，在面对危险的时候，会去寻求与父母等照顾者的亲近，希望得到情感上的抚慰，获得心理上的安全感，当这些需求得到父母的积极回应和及时满足后，他们会重新回到父母周围的环境中继续他们的探索，当孩子意识到有新的威胁时，他们对抚慰和安全的需求再次被激活。在如此反复、多次循环的过程中，他们逐渐建立起一种对父母安全型亲子依恋的内部模式。具体来说，每当孩子发出需要亲近、抚摸、拥抱、舒适、安全、照顾等信号时，父母等照顾者积极回应这些需求信号，并及时给予满足，孩子在心理上会逐渐建立起一种对父母的安全依恋关系，这种依恋关系会让孩子感到愉悦、安慰、快乐和放松。

在早期已经形成安全型亲子依恋的孩子，会与父母形成积极的亲子关系，在和父母的亲子互动中会表现出探索的积极性、主动性和自信心，对外部世界充满好奇、热情和兴趣，在探索过程中更专注、更有耐心，也更有毅力。

具有安全型亲子依恋的孩子在进入小学之后，会表现出很好的自我管理和自控能力，他们较少需要老师的"特别关注"、反复提醒、不停指导和纪律约束，他们不太可能表现出冲动、受挫或者无助的状态。老师会更喜欢具有安全型亲子依恋的孩子，认为他们的社会能力较强，会经常鼓励和表扬他们，对他们抱有更高的希望。

在与同伴的交往中，对父母形成安全型亲子依恋的孩子，更可能发展出积极的同伴关系，建立良好的同伴友谊。因为他们从父母那里获得的良好经验，给他们提供了如何与同伴更好地相处和交往的认知基础。他们在同伴关系中会表现出更多的自信，拥有更有效的交往技巧，更善于与同伴沟通，更乐于分享，能得到他人更多的积极回应、喜欢和支持，他们也会因此有更多的朋友。他们自身具备的积极心理品质，使他们不会成为欺负弱小者或被人欺负的对象。

心理学家斯鲁夫的追踪研究发现，12个月时被评定为安全型亲子依恋或不安全型亲子依恋的孩子，会形成两种截然不同的情绪模式。相对于不安全型亲子依恋的孩子，那些安全型亲子依恋的孩子，会表现出良好的自尊、较高的活动热情，积极的情感较多，消极的情感较少，很少发牢骚，较少攻击性。也有研究表明，早期的依恋类型能有效预测儿童以后的行为问题。例如，对男孩来说，一岁时的不安全型亲子依恋，与其六岁时的行为问题关系密切。

那些与父母建立起安全型亲子依恋的孩子，从小父母就给他们提供了温暖、关爱、支持性的家庭成长环境，能够有效促进孩子的心理成长。如果在日常生活中，父母能同时给孩子树立亲社会利他行为的积极榜样，孩子更容易形成亲社会人格特征，具有爱心、亲和、善良、宽容、助人等积极心理品质。

形成安全型亲子依恋的孩子，在面对各种负性事件、打击、困难、挫折，并由此产生负性情绪体验时，他们会积极面对，承认并接纳自己的消极情绪，采用有效的方式进行调节和应对，会想办法利用压力情境获得建设性的结果，从中不断总结和吸取经验教训，让自己更好地成长。

安全型亲子依恋是一种积极的依恋关系，它反映的是父母与孩子之间具有和谐、信任、良好的亲子关系，这种依恋关系有助于孩子全面健康成长。培养孩子建立安全型亲子依恋，父母应注意以下几点。

第一，在孩子3岁之前，尤其是在1.5岁之前，父母要亲自养育孩子，也就是我们所说的亲子教育，尤其是妈妈一定要和孩子生活在一起，绝不能以工作或赚钱为理由长时间与孩子分离。因为这个阶段是孩子与父母形成安全型亲子依恋的关键期，他们特别需要妈妈无微不至的关爱和悉心照料，一旦错过将很难弥补。在这一阶段母爱缺失的孩子，会容易形成焦虑型、回避型或者紊乱型亲子依恋。

第二，父母要有责任心和良好的觉察力，能够及时发现孩子的各种身心成长需要，对孩子发出的饥渴、不舒适、需要安全感、担心、想要抱抱等信号进行积极回应，采用孩子熟悉的规律一致的养育方式，积极满足孩子的身心和情感需要，这有助于孩子形成对父母的信任感和依恋感。

第三，父母要无条件关爱孩子，多与孩子进行身体接触，充满爱和积极关注，对孩子多微笑、多抚摸和拥抱孩子，让孩子能够感受到父母的温暖和关爱，觉得父母是可靠的和值得信赖的，这有助于孩子形成心理安全感和建立安全型亲子依恋。

第四，父母要多和孩子进行亲子互动，抽出时间多陪孩子玩闹，与孩子进行各种有趣的亲子游戏，多和孩子说积极的语言，让孩子开心，为孩子提供更多的情绪价值，让孩子有更多的积极情绪情感体验，有助于孩子形成心理安全感，体验快乐感，增加亲热感。

亲子关系影响孩子的心理健康、行为模式、价值观念和未来发展。秉持积极养育科学观念，培养积极亲子关系，进行积极亲子沟通，建立积极情感联结，让孩子获得安全感、归属感和信任感，使积极亲子关系成为促进孩子健康成长的强大支持性力量。

积极环境：优化孩子心理环境

孩子的健康成长，既需要父母的言传身教，也需要积极家庭环境的影响。也就是说，在家庭教育中，促进孩子全面健康成长，不仅需要父母积极语言的鼓励、引导和正确表扬，也需要父母积极行为的示范、榜样和以身作则，更需要积极家庭环境的熏陶、感染和塑造。

之所以特别强调家庭环境对孩子健康成长的重要性，是因为家庭是孩子成长的最初场所，也是孩子的第一所学校，它具有满足孩子衣食住行等方面的需要，以及促进孩子身心发展、培养良好品德、形成健全人格、学会为人处世、养成良好习惯、提供心理和情感支持等各种功能。

孩子是家庭的缩影，具有家庭的烙印，会受到家庭环境潜移默化的影响。家庭环境能够影响孩子成为一个什么样的人，取得什么样的成就。有什么样的家庭环境，就会塑造什么样的孩子。家庭环境不仅影响孩子的心理行为，还影响孩子的品德、性格、习惯、语言、修养和价值观。在不同家庭环境中成长的孩子，他们在道德品质、认知方式、思维模式、情绪表达、性格特点、行为习惯、人际交往、社会生活知识和技能等方面有很大的差异。

家庭环境是孩子生活的条件和成长的前提，孩子的心理行为和心理成长不是真空中的存在，也不是自我随心所欲的结果，而是家庭环境影响的结果。家庭是孩子出生最先接触的场所，是孩子最早接受教育的地方，是孩子早期社会化的第一课堂，对孩子的影响最直接、最深远、最持久。

在日常生活中，父母的心态、认知、思维、价值观、言行举止、亲子关系、情感表达等，都以其独特的方式影响孩子的情感、品德和人格。父母为孩子构建积极成长环境，多与孩子进行良性亲子互动，家庭成员之间具有较高的亲密度，能够让孩子获得心理安全感和信任感，形成积极的自我概念，具有良好的自尊心和自信心，能够促进孩子全面健康成长。

家庭是孩子出生以后接触的第一个环境，是影响孩子未来适应社会和更好生存发展最重要的微观系统，是孩子生活、学习、成长所依赖的首个具体环境，是孩子可塑性最强阶段的最初生活场所，具有先入为主第一影响力的奠基作用，能有效地刺激、熏陶、塑造孩子的各种心理行为，并制约和限定后续其他影响因素的作用。

孩子生活和成长在家庭环境之中，自然会受到家庭环境的直接影响。孩子身心的成长和发展，都要依赖其所生活的家庭环境、家庭氛围和家风家规。孩子心理行为的发展与家庭环境的刺激、家庭环境的作用、家庭环境的影响、家庭环境的感染、家庭环境的熏陶、家庭环境的塑造、家庭环境的干预等息息相关。研究表明，家庭环境对孩子的健康成长、人格塑造、为人处世等具有潜移默化的影响，这种影响具有无声的力量，是一种无言的教育，是一种最经常、最直接、最根本、最有效的教育。

家庭教育的核心是培养孩子具有健全的人格，家庭环境对孩子健全人格的形成和发展具有不可忽视的重要作用。父母充分认识和发挥家庭环境对孩子全面健康成长的积极教育功能，创设平等、尊重、温暖、和睦、信任、支持、安全的积极家庭环境，为孩子品德、身心、人格、语言、情感以及社会性等方面的积极发展，提供良好的环境条件和基础。

《论衡》中有这样的话："譬犹练丝，染之蓝则青，染之丹则赤。"我们所熟知的中国古代著名的"孟母三迁"的故事，以及晏子所讲的"居必择邻，游必择士"等，都有力地说明环境对人的心理行为所具有的巨大影响作用。

中国古代的先贤和哲人都认为，选择良师益友可以让人变得优秀，身处在积极的环境中，可以使人远邪近正，修身立德，立功立业。正所谓"近朱者赤，近墨者黑"。可见，环境所具有的力量竟如此之大，它既能塑造人的美好品格，净化人的心灵，也能污染人的灵魂。

家庭教育中的归属法则告诉我们，要保证孩子在积极的家庭环境中成长，让他们感受到父母无条件的爱、家庭的归属感、心理安全感和被接纳感。家庭环境对于孩子的成长、成人、成才、生存和发展，具有非常重要的意义。心理学家诺尔蒂曾经有这样一段名言：如果孩子生活在批评的环境中，他就学会指责；如果孩子生活在嘲笑的环境中，他就学会自卑；如果孩子生活在鼓励的环境中，他就学会自信；如果孩子生活在安全的环境中，他就学会信任；如果孩子生活在受欢迎的环境中，他就学会关爱别人；如果孩子生活在公平的环境中，他就学会正义；如果孩子生活在赞许的环境中，他就学会自爱；如果孩子生活在相互承认和友好的环境中，他就学会在这个世界上寻找爱。

信息时代和智能时代的快节奏生活和内卷竞争压力，导致一些家庭环境教育功能弱化，具体表现为父母持有功利化的教育观、消极的教育心态、错误的教养方式，缺乏有效的亲子沟通、没有时间陪伴孩子成长、缺少心理关爱和情感支持、亲子关系紧张。心理学研究发现，在充满打骂、体罚、简单粗暴等各种亲子矛盾和家庭暴力的环境中成长的孩子，容易出现焦虑、恐惧、胆小、懦弱、自卑、易怒、恐惧、抑郁、缺乏安全感等各种心理问题，严重影响孩子的心理健康。

一个在充满争吵、打骂、指责、挑剔、吼叫、抱怨、计较、冷漠、暴力等负能量家庭环境中长大的孩子，每天感受、体验、吸收、内化这种不良的消极环境气氛和负面能量，会严重"污染"他们的心理环境，导致他们心理内耗，精神疲惫，严重影响他们的心理成长和人格健全发展。而且更为严重的是，这些孩子并未有所觉察，并没有意识到自己已经被这种充满负能量的家庭环境严重"感染"，甚至错误地认为这就是对的，认为自己被消极地对待和消极地对待他人都是正常的现象。

最令人担忧的是，那些从小被消极环境和负能量包围的孩子，长大以后，即使离开了那种环境和氛围，却依然属于负能量环境的一员，身上释放着负能量，不论是在家里、学校，还是步入社会，他们都会不自觉地开启消极模式，持有悲观心态，以自我为中心，被动消极，怨天尤人，焦虑、抑郁，推卸责任，负性思维，不停地指责，与人不和，成为负能量环境和负性事件的制造者和发起者，消极地对待、体验周围的人、事、物，感受不到生活之中美好的一面，难以体验到人生的快乐、价值、意义和幸福。

荀子说过："蓬生麻中，不扶自直。白沙在涅，与之俱黑。"意思是说蓬草长在麻地里，不用扶持自己也会长得笔直；白色的细沙在黑土中，也会跟它一起变黑。比喻生活在良好的环境中，会获得健康的成长；好的人或物处在污秽的环境中，也会随着污秽的环境变坏。这说明环境对人的成长有着至关重要的影响，在良好的环境中，能够获得更好的教育和成长。

有一项调查研究发现，在抽查的 263 个罪犯中，有 87% 的罪犯生活在不良家庭环境中，其父母或者一方行为恶劣，或者两方都存在问题行为，表现为满嘴脏话、家暴、酗酒、吸毒或者其他犯罪行为问题。这些犯罪人员从小不断地接受"负能量"的消极影响，他们中的大多数从初中开始就表现出明显的品德问题和犯罪倾向，形成消极的自我同一性和反道德价值观念，具有反社会人格的一些特质，如性格偏执冲动，脾气暴躁，不服从管教，经常违反规则，喜欢打架斗殴，报复心强，具有攻击性等。

积极养育不仅注重对孩子积极心理品质的培养，而且十分重视积极家庭环境对促进孩子全面健康成长的作用。积极养育主张父母在家庭教育中，通过不断学习、理解、掌握和应用积极养育的科学理论、有效方法和实用技术，创设有利于孩子全面健康成长的积极家庭环境和氛围，完善家庭支持系统，进行有效的积极亲子沟通，培养孩子成为一个具有良好自尊、坚强、感恩、乐观、善良、自信、快乐、幸福的人。

积极家庭环境是一种能够对孩子的全面健康成长起到促进作用的支持性环境，形成充满关爱、温暖和包容，洋溢着生命活力的和谐家庭氛围。在这种积极的环境和氛围中，父母与孩子之间关系和谐，互相尊重，平等沟通，理解支持，民主宽容，彼此关爱，相互包容。研究表明，积极家庭环境能优化孩子的心理环境，为孩子提供充足的心理营养，对孩子身心健康成长具有积极的促进作用。

心理环境是个体在心理上所理解、所觉知、所意识、所把握和主动建构的环境。心理环境对人的影响是最直接的，对人的心理生活和心理成长具有重要的意义，能够增强人的心理能量。一个孩子所生活的环境并不是完全外在于他的，也不是与孩子的心理天然隔绝的，更不是单向地对孩子的心理行为产生影响。也就是说，孩子并不是完全被动和受制于其所处的环境，孩子对其所处的环境还具有主动把握、认知理解和心理建构的过程，即环境与孩子的心理成长是一种交互作用、互为共生的影响关系。

基于孩子的积极天性，尊重孩子的个性，了解孩子的心理发展特点，遵循孩子的心理成长规律，父母创设能让孩子感受到爱、尊重、温暖、支持、信任、宽容、接纳、快乐、温馨、自由、和谐、安全的积极家庭环境和氛围，使家庭环境与孩子的心理成长达到最佳的匹配和融合，建构和生成有意义的积极心理环境。

研究表明，积极家庭环境对孩子的助人行为有正向影响。那些生活在具有较高亲密度和良好亲子关系家庭中的孩子，会表现出更多的助人行为；积极家庭环境能够提升孩子的学习能力，激发孩子学习的内驱力；父母教育背景、家庭学习资源、父母参与度、家庭支持度、亲子互动程度等都会影响孩子的学业成绩；积极家庭环境对孩子的品格优势、力量、美德、毅力等积极心理品质的形成和发展，具有正向推动作用。

例如，一个充满各种丰富的感官刺激、积极语言、积极情感回应的家庭环境，有助于孩子语言能力的发展，让孩子获得更多的社会技能，促进孩子语言、情感、社会性和健全人格的发展。

积极家庭环境能优化孩子的心理环境，影响孩子的心理世界，让孩子产生更多的积极情绪情感体验，内心呈现轻松、愉悦、自由、快乐、幸福、美好的状态。积极家庭环境容易培养出积极的孩子，问题家庭环境容易培养出问题孩子。积极的家庭环境、家庭氛围、家庭规则、家庭风气对促进孩子的健康成长，具有潜移默化的积极影响。

一个健康、快乐、自信、乐观、勇敢、坚毅、有主见的孩子，其所生活的家庭环境和氛围，会充满关爱、尊重、民主、平等、理解、信任、支持和包容。相反，一个自卑、懦弱、胆小、自私、懒惰、不懂是非、脾气暴躁、缺乏进取心的孩子，其所生活的家庭环境，会充斥着独断、专制、责骂、恐吓、打击、计较、溺爱、暴力、不尊重和内耗。

家庭的形态千差万别，从完整家庭、核心家庭，再到单亲家庭、分居家庭、离异家庭、再婚家庭、留守家庭、犯罪家庭等，不同类型的家庭对孩子产生不同的影响。一个在完整、和谐、充满爱、尊重和关爱的积极家庭环境中成长的孩子，他们具有积极的自我意识和成长型心态，表现出良好的自尊、自爱、自控和自我效能感，对人友好、热情、乐观、自信，会受到同伴的喜欢、接纳和支持。随着社会的不断发展，家庭会变得更加复杂和多元化，如何建立正确的家庭观，以及如何有效地发挥家庭环境的积极养育功能，是每位父母都需要面对和认真思考的重要问题。

父母为孩子营造积极家庭成长环境，不仅要在物质环境、客观性环境等"硬"环境方面进行投入和加强，如家庭经济状况、家庭结构、生活设施、学习用具、居住条件等因素，更要在精神环境、主观性环境等"软"环境层面不断提升和重视，如父母教育观念、父母个性品质、父母协同共育能力、家庭亲密度、情感联结度、父母养育方式、亲子关系以及家风和家庭文化氛围等因素。在家庭环境中，起决定性作用的是"软"环境因素，从长远来看，"软"环境因素对促进孩子的全面健康成长影响更大。

需要说明的是，家庭环境是孩子心理成长和人格发展的基本前提和重要条件，孩子心理行为发生、发展、变化、成长和成熟的过程，离不开家庭环境的影响和熏陶，但并不等于说孩子就是家庭环境的奴隶，也不是被动接受家庭环境影响的产物。

孩子具有自主性和能动性，其心理成长绝不是家庭环境的依附，更不是家庭环境迫使的结果，而是两者交互作用、互为共生、相互影响的结果。也就是说，孩子的心理行为并非只能单方面被动接受家庭环境的影响和改变，也不是家庭环境任意所为的对象，孩子心理行为的可塑性是与他心理的主动性和创造性相关联的，孩子的心理环境是孩子积极主动进行心理建构或心理创造而形成的。

在家庭教育中，父母要充分了解孩子的不同秉性，认识到环境育人的重要价值，改善家庭环境系统，牢记"昔孟母，择邻处"的教育古训，努力为孩子创设良好的生活、学习和成长环境。根据孩子不同的个性和天资，采用积极养育的方法，因材施教，激发孩子成长的内在动力，使孩子在积极的家庭环境、家风和氛围中，真切地感受、体验、吸收、内化积极家庭环境带给他们的成长力量，对积极家庭环境做出积极反应，主动把握、建构、创造和优化自我积极的心理环境，有助于促进孩子心理成长和健全人格发展。

积极情绪：赋能孩子心理健康

　　积极情绪对孩子的健康成长至关重要，让孩子在成长中感受和体验到积极情绪带给他们的快乐、满足、愉悦、幸福和美好，让他们对未来充满希望和憧憬，是家庭教育的一项重要内容。然而，在现实的家庭教育中，当我们说到让孩子快乐成长这个话题时，一些父母会持反对意见，在他们的认知观念中，认为让孩子快乐自由地成长，是一种骄纵和溺爱孩子的表现。

　　当然，我们这里所说的让孩子在快乐中成长，让孩子体验到更多的积极情绪，并不是让孩子单纯地追求感官快乐，更不是提倡那种无视规则和要求的绝对的快乐，而是基于积极心理学的理论观点，从科学家庭教育的角度出发，向各位父母说明积极情绪体验对孩子身心健康成长和人格健全发展的重要价值。强调让孩子快乐成长，并不是要以牺牲其他方面为代价，毫无原则地迁就和纵容孩子，更不是只要能够让孩子感到快乐，什么做人、做事、规则、要求、道德品质等都可以抛弃。

　　积极情绪是指一个人因为身心需要的满足而产生的伴有愉悦体验的正向情绪，它是心理健康的重要标准，会让人感觉良好。积极情绪包括十种类型：喜悦、感激、宁静、兴趣、希望、自豪、激励、敬佩、逗趣、爱。

　　喜悦是指意愿的满足或意想不到的收获而产生的积极的体验；感激是因为他人的帮助、恩惠或好意而对其产生的回报意愿；宁静是指平和而专注的良好状态；兴趣是希望探究某种事物或从事某项喜欢的活动的心理倾向；希望是一种指向未来的积极动力和美好期待；自豪是指为自己和自己所在的集体取得的成就、荣誉而感到光荣和骄傲；激励是指因为他人良好表现的影响而激发自己不断进取的斗志和热情；敬佩是指对品行高尚的人敬重和佩服；逗趣是指好笑、有趣的感受；爱是一种包含喜欢、关心、给予、尊重和希望对方处于良好状态的复合情绪。

快乐体验对孩子的成长具有很多重要的价值，父母通过认识和学习快乐情绪所具有的诸多价值和意义，能够从增加孩子积极情绪情感的角度出发，科学地教育孩子，让孩子在快乐体验中形成更多的心智优势。

孩子的成长是一种自我主动探索和体验的过程，需要父母用智慧和有效的教育方法，鼓励和引导孩子勇于探索、善于探索、乐于探索，让孩子在探索中有更多的积极情绪体验和真实的内心感受，体验探索、发现、学习的快乐和幸福，感受生活、生命、成长的美好和绚丽。同时，家庭教育应该使孩子的成长成为一种积极的感受、一种愉悦的体验，是一个快乐、幸福、有意义的过程。

事实表明，孩子的积极情绪情感体验越多，越能感受到生活的美好、生命的美好、成长的美好、交友的美好、求知的美好，孩子就会更加珍惜敬畏和感恩所拥有的，会形成一种积极阳光的心态，学会乐观地面对各种挑战，对未来充满无限的希望和憧憬。家庭教育应该让孩子在积极的情绪体验中成长，体验到成长的快乐和幸福，这是父母应该持有的一种家庭教育观念。

积极心理学领军人物芭芭拉·弗雷德里克森教授的"积极情绪扩展建构理论"指出，积极情绪对于个体的认知具有启发和扩展效应，能够建构人的心智能量，提高个体活动的效率和效果。具体来说，积极情绪能够开启、扩展个体的思维、认知、注意和行为的范围，建构个体的心理优势、心智习惯、社会资源和身体健康，对提升人的认知能力、注意力、心理健康、创造力、心理韧性和主观幸福感，具有重要的促进作用。

心理学研究发现，积极情绪对孩子的成长具有重要价值，能让孩子的心理机能处于最佳状态，身心充满积极力量，自我意识良好，心情愉悦，乐观自信，积极面对生活、学习中的困难和挑战，激发孩子的学习热情，使其建立和维系良好的人际关系。例如，一个情绪正向、积极进取、充满正能量的孩子，具有积极感染力量，给周围的人带来积极影响，让人感到温暖、快乐和美好，成为大家欢迎和喜欢的对象。反之，一个情绪悲观、消极、充满负能量的孩子，会让同伴感到压抑、烦恼和焦虑，成为大家讨厌和排斥的对象。

积极情绪能为孩子提供一种安全稳定的心理环境，有助于激发孩子行动的内驱力，激励孩子积极进取。积极心理学研究发现，一个正在体验积极情绪的孩子，会有更出色的表现，积极参加各种活动、学习更投入、人际交往更主动。也就是说，当孩子心情愉悦的时候，他最想做事情，态度更积极、效率更高、效果更好，对他人更友善，即使平时他不太喜欢的人和事物，也会抱以宽容的态度。

心理学研究表明，诱发积极情绪体验，能够提升个体的乐观水平、自我复原力以及形成与心理健康密切相关的积极品质。积极情绪有助于增强人在活动中的认知和行为能力，更好地发挥自我主观能动性，目标更明确，行动更积极，更具有创造性，更加全身心地投入目前的活动中，取得更好的效果。

例如，一个人在心情好的时候，更愿意接受新事物、新观念、新想法和新经验，也会变得更加友好和宽容。一个有自豪、激励、兴趣等积极情绪体验的学生，在课堂上注意力会更集中，想象力更丰富，记忆力更牢固，思路更清晰，思维更发散，情绪紧张缓解能力更强。反之，当一个学生体验更多的负性情绪时，他会容易变得悲观、消极、失望、无助、痛苦、焦虑和压抑，学习效率和效果会受到影响，可能出现心理健康问题。

积极情绪能够使孩子具有阳光心态，保持良好精神状态，积极看待周围的人、事、物，即使面对困难、挫折和挑战等压力性事件，也能做到从容、自信地面对。孩子心情好，心态和状态就会好，做事效率就会高，结果就会好。积极情绪会使同学关系、师生关系和亲子关系变得更融洽、更和谐，能提高孩子的快乐感、幸福感和生活满意度，培养孩子具有乐观的性格，让孩子感受到生活、成长和生命的美好。

积极情绪有助于孩子智力的发展，培养孩子具有良好的品德。在积极情绪状态下，孩子的认知力、专注力、思维力、创造力和心理韧性会保持较高的水平，心智会变得更灵活，思维会更敏捷，人会更坚毅。积极情绪体验和感受，能激发孩子对学习、做事、利他行为、人际交往的热情。教育的根本任务是立德树人，德育是五育之首，是全面发展教育的灵魂和核心，对其他各育起着保证方向和保持动力的作用。积极情绪情感体验，有助于孩子形成良好的道德认识、道德观念、道德情感、道德意志，有助于孩子做出符合社会要求的道德行为。

培养孩子积极品质最好的方法，是让他们快乐成长。一个快乐的孩子，更容易成长为阳光、自信、乐观、感恩、坚强、幸福、充满希望、热爱生活、敬畏生命的人。反之，一个经常处于负性情绪体验的孩子，内心充满焦虑、怨恨、自责、愤怒、悲观、失望、痛苦、压抑、恐惧和紧张，他们的心灵和思想被这些消极情绪所占据，无法感受到他人的关爱，体验不到成长的幸福，感受不到生活的美好。在人际关系方面，他们会表现出胆怯退缩，时刻保持戒备、防御、怀疑和敌对的心理，缺乏友善，不信任他人，经常与人发生矛盾、冲突、争执、摩擦，严重的甚至会出现攻击和伤害行为。

孩子的成长是一种自我感受和体验的过程，让孩子感受成长的快乐和生活的幸福，是积极养育的主张。积极养育主张让孩子现在快乐将来也快乐，而不是现在不快乐将来快乐，更不是现在不快乐将来也不快乐。

相信没有一位父母希望自己的孩子，现在不快乐、不幸福，将来也不快乐、不幸福。但持有孩子现在不快乐、不幸福，是为了将来快乐和幸福观点的父母，却不乏其人。一些父母持有这种观点的理由是："我现在打你骂你，是为了你将来好"；"现在让你不快乐、不幸福，是为了将来让你快乐和幸福"。

持有该种观点的父母出发点是好的，乍一听似乎也有点道理，但仔细分析却不符合现实逻辑。孩子现在不快乐、不幸福，可能会出现心理不健康问题，影响学业和职业的发展，将来可能快乐、幸福吗？答案不言而喻。也许有的孩子会快乐和幸福，但需要孩子具有强大的自我，能积极应对各种负性事件带来的消极影响，以及对于父母的消极情绪和消极对待，能有效自我调节和化解，但这种孩子毕竟是少数。

希望孩子现在快乐、幸福，将来也快乐、幸福，这是父母最大的心愿。孩子现在快乐、幸福，未来才更有可能快乐和幸福。父母做到关爱、尊重、理解、支持和信任孩子，用积极情绪感染孩子，促进孩子健康成长，长大以后才能生活快乐、人生幸福。

孩子每一个成长阶段都非常重要，父母尽量不要出现教育失误。因为任何一个阶段的教育失误，都可能对孩子的终身成长带来一定程度的消极影响。父母错误的教育方法和态度，难以使家庭发挥正常的教育功能，不能促进孩子全面健康成长，更无法取得良好的教育效果。

心理学研究表明，如果孩子经常遭受父母的苛责、吼叫、严厉的批评、打骂、训斥、体罚、不尊重和不公正的对待，他们容易产生更多的负性情绪体验，感到痛苦、恐惧、紧张、焦虑和压抑，容易发展成胆小、自卑、懦弱的性格，形成消极的心态，在与他人交往时，时刻保持警惕、戒备、提防和怀疑，难以与他人建立积极的人际关系，严重的还可能产生心理不健康问题。

情绪会影响人的言行举止和态度反应，也会通过人的行为和态度表现出来。在现实生活中，我们都有过这种经验，即当一个人心情不好的时候，他看什么都烦，即使是他平时喜欢的东西也变得不喜欢了；而当一个人心情愉悦的时候，他看什么都顺眼，即使是他讨厌的事物也会表现出善意的态度。研究发现，快乐、高兴、愉悦的心情会提升人们做事情、工作、学习的积极性，会使人更加忘我地沉浸其中，会提高人的创造力以及做事效率。

有研究指出，愤怒、生气、暴躁等消极情绪会影响父母的认知、思维、注意力等，容易使父母"短视"，心胸狭隘，缩小认知的视野和注意的范围，放大孩子的问题、缺点和毛病，难以用发展的眼光看待孩子和孩子的未来。在家庭教育中，父母急躁、焦虑、大声吼叫等负性情绪，会使他们丧失理性，出现过激行为，变得冲动和反应强烈，采用斥责、攻击甚至打骂的方式对待孩子，使用恶言恶语伤害孩子的自尊心，对孩子人格发展和健康成长带来负面的影响。

增加孩子的积极情绪情感体验，父母避免采用讲大道理、否定感受、压制思考、爱的撤回、引发内疚、激发焦虑、乱发脾气等方式对孩子进行心理控制，不能拿孩子当出气筒，不要随意、任意干扰和破坏孩子的快乐心情，不要成为"偷"走孩子快乐的那个人。父母为孩子树立积极情绪的榜样，管理、控制和调节好自己的情绪，为孩子的成长提供价值，带给孩子更多的积极情绪影响。

父母不要因为自身的原因，给孩子带来消极的情绪体验，让孩子感到焦虑、烦躁和压抑。家庭教育从父母管理好自己的情绪开始，如果父母连自己情绪都管理不好，是无法管理好孩子情绪的。父母要保持稳定的情绪，不和孩子情绪内耗，以平和、尊重的语气和态度，讲积极的语言。父母要认识到，自己说话的语气、态度和方式，甚至比说话的内容更重要。父母不经意的一个微笑、一个点头、一次拥抱，都会对孩子产生积极的感染和激励作用。孩子的内心很单纯，思想也很简单，非常容易受到父母情绪的影响，他们会因为父母的快乐而感到快乐，也会因为父母的幸福而感到幸福。

父母满足孩子快乐的需求，给予他们快乐的心理营养，会让孩子内心充满积极力量。促进孩子健康快乐成长，是为人父母的责任，也是积极养育倡导的科学理念。父母采用积极养育的有效方法，增加孩子当下的快乐体验，通过累积这些积极情绪，让孩子感受到成长的美好和幸福。

孩子的快乐情绪传递出的是一种安全、高兴、满足和愉悦的信息，说明他们处于自由、松弛的良好状态。当然，这里所说的让孩子在快乐中成长，绝不是说父母以忽视做人、做事，无底线娇惯，忽视良好价值观引导等为代价，无原则地一味迁就和过度满足孩子的快乐需要，而是指从积极心理学的科学角度出发，强调积极情绪对孩子健康成长的重要价值。

获得更多的积极情绪情感体验，是孩子正常的心理需求，是健康成长不可或缺的心理营养，能够建构和扩展其心智能量，让孩子感受到生活的快乐、成长的幸福。如何让孩子在积极情绪情感体验中健康成长，在健康成长中有更多的积极情绪情感体验，是积极养育的重要内容。

在家庭教育中，父母增加孩子积极情绪情感体验的方法如下。

第一，父母管理好自己的情绪，为孩子成长提供情绪价值。在日常生活中，父母首先要管理好自己的情绪，才能更好地管理孩子的情绪。当遇到不顺心的事情时，父母采用合理健康的方式，疏解和宣泄自己的负面情绪，不迁怒孩子，不拿孩子当出气筒。父母保持积极情绪状态，对孩子表达积极情绪，为孩子的成长提供情绪价值，能够提升孩子的积极情绪体验，让孩子感受到生活的美好、成长的快乐和家庭的幸福。父母一个微笑的表情、一个鼓励的眼神、一个温暖的拥抱、一句表扬的话语，都会让孩子感受到父母的关爱和支持，会让他们开心快乐一整天，内心充满积极力量。

第二，培养孩子情商品质，提升情商力。情商是一个人自我情绪管理、控制、调节以及与他人建立良好人际关系的能力，是一种发掘情绪潜能、运用情绪能力，影响生活各个层面和人生未来的关键心理品质。父母对孩子进行情商教育，提升孩子情商力，培养孩子情商品质，对内学会与自己好好相处，对外学会与他人好好相处，能够增加孩子积极情绪体验。对孩子进行情商教育，可以从五方面入手。一是培养孩子认识和了解自己情绪的能力；二是培养孩子管理和调控自己情绪的能力；三是培养孩子认识和读懂他人情绪的能力；四是培养孩子用情绪激励自己行动的能力；五是培养孩子与他人建立良好人际关系的能力。除此之外，父母教育和训练孩子学会换位思考、具有同理心、宽容他人过错、欣赏和赞美别人、善于倾听和学会与他人有效沟通。

第三，引导孩子发现美好，找到成长的积极意义。在日常学习、生活以及与同伴的人际交往中，父母鼓励孩子每天记录三件好事，引导孩子发现美好，用心感受生活中一切美好的事物，寻找成长的积极意义。父母鼓励孩子制定切实可行的目标，通过积极行动、不懈努力和刻意练习，实现既定目标，获得成功的经验和愉快的体验，具有成就感、价值感和意义感。例如，读完了一本优秀书籍、写了一篇好作文、算对了一道数学难题、帮助父母做家务，都能增加孩子欣喜、愉悦、宁静、兴趣、自豪、激励、希望、爱等积极情绪。

第四，培养孩子的积极心态，具有积极思维。父母引导孩子认识到生活中难免存在一些不尽如人意的事情，但人类世界更多的是美好和阳光的一面，鼓励孩子在面对各种困难、挫折、挑战等负性事件时，学会以一种积极的心态，进行积极认知、积极归因和积极应对，看到问题背后的价值和功能，乐观看待和积极解释自己所生活的世界，对未来充满希望和憧憬，用心感受世界的美好，切身体验成长的快乐、生活的幸福和人生的精彩。

第五，培养孩子感恩之心，表达感激之情。感恩有很多好处，能增加人的积极情绪，保持美好的心情，心存敬畏，珍惜自己拥有的，促进身心健康，培养高尚品德，提高生命价值和意义。父母培养孩子具有感恩之心，学会用自己的实际行动表达感激之情，感恩国家、感恩父母、感恩老师、感恩逆境、感恩曾经帮助过自己的人，引导孩子真正做到"内化于心，外化于行"。父母鼓励孩子每周写感恩日记，记录生活中值得感恩的事情，打感恩电话，思考并在纸上写下需要感恩的人，经常说"谢谢你""我爱你"等感恩词语，教会孩子学会表达感恩，做出感恩行动，能够增加孩子的愉悦、敬畏、希望、激励、爱等积极情绪。

例如，清华附小为培养孩子的感恩品质，开展"微笑、感谢、赞美"祝福卡主题教育活动，在孩子心中播种下一颗懂得感恩的爱的种子，积极引导孩子学会表达感恩，做出感恩行动。

第六，鼓励孩子使用自己的品格优势，做自己感兴趣的事情，能够增加孩子的积极情绪体验。兴趣是最好的老师，孩子在做自己感兴趣的事情的时候，会目标明确，物我两忘，积极投入，全身心沉浸其中，会激发内在潜能和积极力量，具有成就感和价值感，产生愉悦的心灵体验。父母有意识地培养孩子的各种兴趣，比如学习兴趣、体育兴趣、音乐和美术兴趣、读书兴趣等，并且从孩子兴趣出发，积极引导、激励、支持孩子做自己喜欢的事情，能够使孩子产生更多的积极情绪体验。

第七，多与孩子进行户外运动，感受大自然的美好。孩子天性喜欢户外运动，渴望在大自然中尽情玩耍和游戏。父母经常陪孩子进行各种户外活动，如跑步、打球、登山、郊游、旅行等，不仅能让孩子感受大自然的美好，还能强健体魄，磨炼坚强意志，释放心理压力，缓解负性情绪，促进心理健康。运动之所以让孩子如此着迷和喜爱，是因为运动能激活人体中负责快乐的中枢神经，释放多巴胺、内啡肽等快乐激素，让孩子感到快乐，产生心身愉悦的积极情绪体验。

例如，我们经常会看到这样的情景，孩子在住宅小区的广场上你追我跑、嬉戏打闹，非常开心和快乐，仿佛忘了周围的一切，完全沉浸于其中。当妈妈大声叫孩子回家吃饭时，他们会全然不顾，忘记了饥渴和疲劳。因为游戏和运动会让孩子感受到无尽的快乐、愉悦、自由、轻松和满足。父母多陪伴孩子进行各种户外活动和体育运动，不仅能够促进孩子身心健康成长，还能让孩子感受到运动带来的快乐、开心和幸福。

让孩子有更多的积极情绪情感体验，就是让孩子对过去的生活满足、满意和感恩，对现在的时光感到快乐、幸福并珍惜它，对未来的人生乐观、憧憬和充满希望。父母管理好自己的情绪，为孩子成长提供情绪价值，用积极情绪感染孩子，培养孩子情商力，增加孩子积极情绪情感体验，使孩子成为一个乐观、自信、善良、感恩、阳光、快乐、健康、幸福的人，真正做到让孩子在快乐中成长，在成长中体验快乐。

积极语言：塑造孩子积极自我

　　语言是人类认知世界及进行表达的方式和过程，是人类最重要的社会交际工具，是由语音、语调、语法构成的复合系统。语言在社会交流中起着至关重要的作用，没有语言，每个人都将是一座孤岛，有了语言，我们才有了社区，才能彼此相互了解和建立情感联结。语言使我们成为社会的一员，塑造了我们美好的世界。

　　语言存在于人的本性之中，产生于人类的内心需要，是人类发展的精神力量。人类最普通的语言是口语。语言包含思想和声音两方面，思想是它的内容，声音是它的形式。人类之所以需要语言，是因为我们有了思想，需要一种工具把它表达出来，语言就是这种表达思想的有效工具。作为人际沟通和交流的主要工具，语言在人类文明和个体发展过程中起着十分重要的作用，它能帮助人们交流思想，表达情感，传递信息，增进了解，化解矛盾，影响他人，达成一致，与他人建立良好人际关系。语言也是思维必不可少的工具，具有交际功能、思维功能、表情达意功能、指示功能、储存知识功能和延续经验功能。

　　家庭教育建立在语言对话及亲子沟通的基础上，父母通过每一个词、每一句话、每一次情感交流、每一次亲子互动，实现对孩子的积极引导、鼓励、教育和影响。作为父母，永远不要低估你的话对孩子一生产生的影响，因为父母的语言能够塑造孩子的自我概念，决定孩子的自我是积极的，还是消极的。

　　大量研究表明，父母的语言是刺激孩子大脑发育最有效的教育资源，儿童早期的语言环境能够预测其后续的学习能力、学业成绩和性格发展。具体来说，父母的语言会影响孩子数学概念、空间思维推理、思想表达、自我管理、情商力、同理心、创造力、坚毅力和读写能力的发展，对于建立良好的亲子关系，对于进行有效的亲子沟通，对于孩子智力的开发、健全人格的发展、身心全面健康成长，以及对于增强孩子大脑神经元之间的连接，都具有十分重要的影响。

语言是把双刃剑，能把人捧上天，也能把人"杀死"。也就是说，语言有积极的一面，也有消极的一面，如何充分发挥语言所具有的积极教育功能，克服语言对孩子成长的消极影响，是积极养育关注的重要内容。一方面，语言是人们进行人际交往和思想表达的重要工具，能达成一致的协议和相互理解；另一方面，语言是人类痛苦产生的重要根源之一，会使人产生认知融合。这里所说的认知融合是指个体把语言代表的事物等同于事物作用于自己，即把语言描述的情况当成事实。由于语言具有象征性、推衍性、比较、评价、刺激和等值转化的功能，当人们把语言刺激与实物刺激进行等值转换、受制于大脑的内部语言时，就会产生认知融合现象。比如，三国时期的诸葛亮用语言把王朗活活骂死，就是一个典型的认知融合的例子。

毋庸置疑，作为一种有力的交流和思维工具，语言具有太多的积极价值和功能。但不可否认的是，语言滥用的结果会使人的心理变得僵化，失去灵活性，不能接纳此时此刻内心所有的体验，难以与周围真实的客观世界保持联结，缺乏明确的价值观，表现出不行动、冲动或盲目行动，无法以积极的心态和积极的行动做自己看重的充实、有价值、有意义的事情。

事实上，受语言规则和评价支配的行为会让人的行为变得僵化刻板，尤其是有些父母经常对孩子讲那些具有伤害性的消极语言以及对孩子进行负性评价，如"你真笨""你什么事情都做不好""你真是一无是处"等，这些语言会使孩子产生认知融合，容易形成消极的自我概念，心理僵化，变得自卑、消极和被动，出现心理内耗，在学习和生活中表现出"躺平"和"摆烂"的姿态。

积极语言是一种能够引发个体积极情绪体验，发现自身的优势和潜能，关注生活中美好的事物，促进个体积极心理品质的形成，建构积极人际关系，有助于让生活更加幸福的正向语言。

积极语言不仅体现在父母说话时的表情、态度、眼神、语气等表达方式上，比如关爱、理解、温和、尊重、信任、认同、鼓励等，而且蕴含了一种积极养育的科学理念，反映父母的积极教育心态、积极亲子关系、积极情绪表达、积极思维和解释等内容，即无论从形式上还是内容上，积极语言都能对孩子的健康成长产生引导、激励、启发、赋能、建立良好亲子关系、进行有效亲子沟通等积极影响。

父母的积极语言对孩子的成长具有正向激励、引导和启发作用，能够使孩子具有更多的积极情绪情感体验，感受到父母的温暖、支持和力量，体验到快乐、愉悦和幸福。父母经常对孩子说一些积极的语言，有助于培养孩子具有良好的自尊、自信、乐观、勇敢、坚毅、善良等积极心理品质，形成积极的心态，发掘自身的优势和潜能，增强自我积极成长的内在动力。父母侮辱性、惩罚性、漠视性以及暴力性等消极语言模式对孩子具有巨大的杀伤力，会让孩子感到非常伤心和难过，产生严重的抵触情绪，丧失自尊心和缺乏自我价值感，形成消极的自我概念，阻碍孩子的健康成长。

"良言一句三冬暖，恶语伤人六月寒。"父母的积极语言会让孩子如沐春风，感觉到美好、温暖、快乐和幸福；父母消极的语言会让孩子感到透彻心扉的寒意，如同利剑刺伤心灵，使孩子伤痕累累，难以愈合。

在家庭教育中，父母要有意识地多讲积极的教育语言，积极的教育语言会影响孩子的性格、修养和未来。所谓积极教育语言，是指包含关爱、尊重、理解、鼓励、支持、信任、肯定、认可、引导等具有正向引导作用，有利于孩子全面健康成长的语言。父母的积极教育语言，有助于激发孩子的主动性、积极性、自主性、自尊心、韧性、热情、兴趣、希望、创造力、内驱力，有助于孩子形成积极的自我概念，能够让孩子表现出乐观、自信、积极进取和友好宽容的状态。

一位儿童心理学家曾说过，好的父母，嘴上都有一条拉链，从不对孩子随心所欲地说话。在家庭教育中，父母一定要管住自己的嘴，要有良好的自我觉察和反思，讲话之前要先走心，要经大脑，不能想当然地随口说一些毫无教育价值的消极语言。父母一定不要说这些伤害孩子的话："再哭，我就不要你了！""你越来越不听话了，再有下一次，看我不打死你！"

"你真是个没用的东西！""闭嘴，你怎么就是不听话！""你又做错了，真笨！""都是一样的孩子，你怎么就不如别人呢。""我说不行就不行！""你可真行，竟做出这种事！""我这都是为你好啊！"父母使用暴力性语言伤害孩子的自尊心是一种愚蠢、无知的表现。父母一定要认识到，身体上的伤害可以用药治疗，心灵上的伤害无药可治。

有些父母习惯每天对孩子反复唠叨和喋喋不休，时刻盯着孩子的缺点，抓住孩子的问题不放，这样做会放大和强化孩子的缺点和问题，容易使孩子心烦意乱、情绪抵触、身心疲惫、焦虑不堪，消耗心理能量，缺乏自信和自尊，难以拥有良好的自我意识。积极心理学家通过研究指出，家庭教育绝不仅仅是发现、消除、改变、解决孩子身上的缺点、毛病和问题，更重要的是关注、发掘、培养孩子身上的各种力量、美德、优势等积极心理品质。

事实上，父母一味地关注和消除孩子身上的问题、缺点、毛病，并不能使孩子自然而然地形成和发展各种积极品质。孩子各种力量、美德、优势等积极心理品质的获得和发展，需要父母有目的、有意识地引导、培育和训练。孩子身上的积极心理品质越多，就越能有效地帮助他们积极应对和克服成长中的各种困难和挫折。父母把喋喋不休唠叨孩子的时间，用在学习积极养育的科学理念和有效方法上，用在自身的积极改变和不断成长上，用在如何使用积极语言与孩子有效沟通上，能够取得意想不到的理想教育效果。

在家庭教育中，父母要多鼓励，少批评；多表扬，少打击；多认同，少质疑；多理解，少埋怨；多支持，少评价；多期待，少否定。在与孩子进行沟通时，父母应有意识地多说让孩子积极向上的语言、让孩子乐观自信的语言、让孩子努力进取的语言、让孩子有心理安全感的语言、让孩子坚强勇敢的语言、让孩子不断尝试的语言、让孩子有好品行的语言，以及多说带有正向引导和有利于激发孩子成长内在动力的语言。

父母多说肯定孩子的语言：我爱你、我同意、我相信、我期待、我支持、我欣赏、我尊重、我理解、有道理、有新意、有收获、有希望、有提高、有进步、行、好、是、对、可以、试试、能做、做得了、能坚持、会成功。

父母少说否定孩子的语言：不行、不要、不好、不是、不对、不可以、不许动、不能做、不准玩、不听话、不努力、不认真、不专心、不争气、没长性、不求上进、没出息、考不上、没救了、一天不如一天、都不会。

父母不说伤害孩子心理的语言：讨厌、捣乱、烦人、笨、傻、蠢、差、窝囊废、骗人、撒谎、让人失望、总失败、很糟糕。

父母禁止说羞辱孩子人格尊严的语言：混蛋、不要脸、抽你、打死你、不要你了、别跟我说话、把你扔了。

心理学研究发现，"不""不许""不要""不准"这类词是一种消极词语，表达的是负面信息，在孩子头脑中会形成负面图像，给孩子带来的是一种消极的心理感受和情绪体验，导致的行为结果也可能是消极的。

在家庭教育中，父母尽量不要经常对孩子说"不""不可以""不要碰""不许这样""不许那样"等禁止性语言。在日常生活中，我们会经常看到这种现象，即父母越是不让孩子做什么，孩子反而越好奇，越想做什么。

例如，一位妈妈领着 5 岁的儿子到姥姥家玩儿，孩子一进屋姥姥就叮嘱孩子，宝贝，你一定不要碰柜子上的那个花瓶呀，不要拿也不要摸，因为这个花瓶很贵重，是姥姥最喜欢的，你千万不要把它打碎了。结果是，孩子会想尽一切方法去接近和触摸这个花瓶，在大人稍不注意的时候，孩子就已经把花瓶拿在手里，而且很可能会不小心失手把花瓶掉在地上。为什么会出现这种情况，这是因为姥姥刻意叮嘱不许碰的语言，起到了提示和激发孩子好奇心的作用，就等于向孩子发出这样的信息："宝贝，快看，姥姥家柜子上有一个你之前没见过的很好玩的东西，你要不要去玩一下。"

心理学中有个著名的"禁果效应"，指的是越不让做的事情就越想做的逆反心理。也就是说，禁止反而会激发人们更强烈的探究欲望和好奇心。孩子有强烈的求知欲，对周围的事物抱有积极探索的好奇心，父母的禁止性语言会使孩子产生一探究竟的想法和动机，并想方设法去偷尝"禁果"，从而会带来一系列的问题和麻烦。如果父母总是习惯对孩子的行为进行各种反对、限制和禁止，会压制孩子的好奇心和求知欲，会影响孩子做事的积极性和主动性，导致孩子缺乏行动的内驱力，不敢尝试和挑战，严重的还会产生逆反和对抗心理。

父母积极语言能够鼓励孩子的进取心和激发孩子成长的内驱力，有利于孩子形成良好的自我概念，消极的语言会摧残、打击孩子的自信心和自尊心。心理学家通过研究发现，人的大脑很容易受到语言的影响。语言产生的心理图像会影响人的认知、情绪和行为。有些父母对孩子责骂、恐吓的语言经常是不假思索脱口而出，自我却毫无觉察和反思，不考虑后果，丝毫没有意识到自己具有杀伤力的恶言恶语给孩子带来的持久伤害。这种伤害会破坏良好的亲子感情，会让孩子产生消极的体验，会导致孩子形成自卑的性格，会摧毁孩子对父母的信任和依恋。

对于一些父母来说，骂完这些话，对孩子发泄完自己不满的情绪，也许自己就忘记了。然而，说者无心，听者有意，对于孩子来说，这些恶言恶语带给他们心灵的伤害却可能是一生的。父母恶毒的语言就像刺在内心的一颗钉子，消极话语带来的伤痛，孩子可能一辈子都不会忘记，渐渐地会成为一个难以抚平的心灵伤疤，留下难以抹去的阴影。

事实上，父母有时对孩子所说的一些苛责的语言，其背后的真正意图和出发点是出于教育的目的，想让孩子听话和明白事情的道理，想帮助孩子改正错误和积极成长。但结果可能恰恰相反，虽然父母的出发点是好的，但方式有问题，这些暴力性语言不但无法达到父母想要的教育效果，反而会伤害孩子的自尊心，产生消极的后果，破坏良好的亲子关系。父母千万不要为争一时的口舌之快，而毫无顾忌地用最狠毒的语言去刺痛、羞辱和伤害孩子，等出现问题时追悔莫及。

例如，如果父母经常对孩子说："你怎么就是不听话""你真是无可救药了""你什么事情都做不好""你太让爸爸妈妈失望了"，这很可能导致孩子更加不听话，索性采取"躺平"的姿态，破罐子破摔，真的变得"无可救药"了。孩子为什么会这样，这是因为父母的这些消极语言使孩子出现了认知融合，把父母的语言当真了，对孩子产生了消极的心理暗示作用。父母经常说孩子这不好那不好，总是批评孩子的缺点和毛病，孩子就会真的认为自己什么都不好，形成消极的自我概念，觉得自己真是一个毫无是处的人。

积极语言具有无穷的力量，不仅能够绘制积极的头脑图像，形成积极的人生态度，有利于孩子更好地学习、生活、交往和成长，还会影响其今后的职业、婚姻和人生发展。事实上，对于孩子来说，父母说话的语气和态度比说话的内容更重要。在日常的亲子沟通中，孩子首先喜欢父母说话的语气、方式和态度，觉得自己被尊重，因此愿意和父母沟通；其次孩子才喜欢倾听父母讲话的内容，愿意表达自己的想法，和父母积极互动；最后孩子才会听进去父母所讲的话，并按照父母说的话去做。

心理学家研究发现，在儿童每天使用的词语中，有高达 86% ～98% 与父母使用的词语一致。由此可见，父母每天说的话对孩子的影响力有多么大。研究还发现，孩子的数学能力、思维能力、推理能力、表达能力、坚毅力、自信心、自律性、道德感、同理心等都与其早期听到的词语有密切的关联。

心理学家通过长期调查研究发现，早期语言环境对孩子的成长具有决定性的影响。父母的社会经济地位并不能影响孩子学业的好坏，父母与孩子谈话中所使用的语言才是最关键的影响因素，尤其是多对孩子讲积极美好的语言。孩子在 3 岁前，父母对他们说的话直接影响其大脑发育。换言之，父母的语言直接塑造孩子的大脑，影响孩子大脑神经元连接的数量，影响孩子智力的发展，进而影响孩子的全面健康成长。

积极语言是积极养育的重要内容和体现，也是培养孩子形成积极自我概念的有效方式。在家庭教育中，父母要为孩子营造积极的语言环境和氛围，成为积极语言表达的榜样，重视积极语言对孩子健康成长的积极影响，多使用积极语言与孩子进行亲子沟通和情感交流，多对孩子表达关爱，多说滋养孩子的"良言"，少说伤害孩子的"恶语"，让积极语言温暖孩子的一生。

积极品质：家庭教育的核心

决定孩子一生的不是考试成绩和分数，而是内在力量、美德和品格优势等积极心理品质。培养孩子具有更多的积极心理品质，是家庭教育的核心内容。家庭教育是不断塑造、完善和优化孩子健全人格的过程，是父母遵循孩子的身心发展规律，满足孩子的各种心理成长需求，引发孩子成长的内驱力，采用积极养育的科学理念和有效方法，让孩子的人格不断获得更多积极品质的过程。

有研究表明，全世界每年大约有 20% 的青少年存在某种形式的心理健康问题，最常见的是抑郁、焦虑、低自尊、低幸福感等。调查发现，在过去的 50 年中，青少年自杀率几乎增加了两倍。联合国儿童基金会 2021 年发布的《青少年心理健康报告》表明，中国有近 25% 的青少年表示自己感到轻度或严重抑郁。据估算，中国至少有三千万 17 岁以下的少年儿童存在不同程度的情绪或行为问题，这些心理问题严重影响他们的健康成长。青少年心理健康问题已经成为全社会关注的热点问题，也是家庭教育必须面对的重要问题。

心理学多项研究发现，青少年的抑郁和焦虑症状是普通人群的两倍，青少年的心理健康问题与较高的辍学率、较差的学业成绩、较低的自我效能感和较低的学习满意度正相关。大量证据表明，乐观、坚毅、希望、感恩、自控力、刻意练习、成长型思维等积极心理品质，能够帮助孩子掌握更多的"心理技能""学业技能""幸福技能"，能够有效地提升孩子的心理健康水平，能够促进孩子全面健康成长。

2021 年 11 月 29 日，教育部部长怀进鹏指出，要把全面加强和改进青少年心理健康教育工作作为培育担当民族复兴大任的时代新人的重要内容。

青少年心理健康教育包括评估、咨询、干预、科普、预防、治疗等多个方面的内容，需要家庭、学校、医院、社区协同工作。怀进鹏部长进一步指出，青少年心理健康教育源头治理要全面培育孩子积极心理品质，把育德育心育智更加有机地结合起来，全面普及心理健康知识，采用立体多维的有效方式进行积极心理引导和干预，对青少年心理疏导要更早更及时。

积极心理品质是积极心理学研究的内容之一，积极心理品质研究随着积极心理学范式的不断发展而获得学者的重视，积极心理品质的概念受到人们越来越多的关注。积极心理学关注个人的积极特征、力量、长处、美德或能力，而不是强调问题、弱点或缺陷。积极心理品质是一个人在追求有价值目标的过程中，以一种允许最佳运行的方式认知、思考、感觉和行为的能力，积极心理品质是通过认知、思想、情感和行为表现出来的积极特征，可以随着时间的推移通过学习不断发展。

目前，积极心理学研究了 24 种积极心理品质，包含于六大美德之中：智慧和知识（创造力、好奇心、判断力、热爱学习、洞察力）、勇气（勇敢、诚实、毅力、热情）、人性（善良、爱、社会智慧）、公正（公平、领导能力、团队合作）、节制（宽恕、谦逊、谨慎、自律）、超越（美的欣赏、感恩、希望、幽默、精神追求）。

积极心理学家更是把乐观、勇气、好奇、意义、投入、积极情绪、心理韧性、积极思维视为一种普遍的美德和积极力量，一种获得高分、优秀、健康、人际关系成功和幸福的"燃料"或"营养"。也有心理学家把欣赏美、勇敢、好奇心、公平、宽容、感恩、幽默、善良、热爱学习等积极心理品质作为推动青少年积极进取最重要的力量。

积极心理学研究表明，具有某种积极心理品质的人会体验到更高的生活满意度和感受更强的主观幸福感，具有积极心理品质的人可以有效地预防心理问题的发生，有助于个体取得事业成功和人生幸福。

具有更多积极心理品质的孩子，心态阳光，自尊感良好，积极情绪体验多，人际关系和谐，具有成长型思维，行动更积极，更有爱心，创造力强，更有坚毅力，心理韧性更强，学业成绩更优秀，心理更健康，成就感和意义感更高。父母积极引导孩子获得、识别和使用自身的积极心理品质，可以使其有更强的能力，去面对和克服生活中的各种挑战，促进孩子全面健康成长。

积极养育就是要培养孩子具有更多的积极心理品质，培养孩子具有健全的人格，助力孩子人生最优发展。研究表明，责任心、坚毅、成长型思维、自控力、刻意练习等积极心理品质能增加孩子的学业投入，有效提高孩子的学习成绩和学业能力，极大地减少孩子的缺课率、厌学率和退学率，从而提升孩子的快乐感、幸福感、价值感和意义感。

幸福蓬勃的心理状态能够扩展和建构孩子生理、心理、社会的资源和能量，能够提升孩子的学习能力，使孩子保持良好的状态，让心智更灵活、思维更敏捷、态度更积极、行动更自觉、做事更主动。例如，积极情绪体验能够拓展孩子的认知和行为范围，调动孩子参加活动和学习的积极性，增强他们沉浸于活动的行为和认知能力，提升创造力，提高活动效率和效果，使孩子具有更广泛的注意力、更牢固的记忆力、更流畅的语言表达能力以及紧张情绪缓解能力。同时，坚毅的品格比智商和情商更能提升一个孩子的学业成绩。

对于大多数人来说，积极心理品质如爱、希望、感激、好奇和热情被发现与生活满意度联系最紧密，基于积极心理品质的积极心理干预方法，已被证明可以显著提高人们的生活满意度和主观幸福感。

父母采用积极养育的有效方法，在生活中有意识地对孩子进行积极心理干预和引导，能够培育孩子具有更多的积极心理品质。这些积极心理干预方法包括：关注积极生活事件、每天记录三件好事、感恩表达、正念练习、保持宁静、发挥性格优势、表达善意、品味美好、学会宽恕、关照身体健康、发展应对压力的策略、增进乐观、充满希望、肯定核心价值观、自我反思练习等。

孩子每一个阶段的成长和发展都不能出现失误，因此每一个阶段的家庭教育都很重要，父母尽量不要出现错误，因为任何一个阶段的教育失误都可能影响孩子健全人格的顺利发展。

积极养育就是父母采用科学的家庭教育理念、有效的方法和实用的技术，化解孩子每个成长阶段的心理发展危机，使孩子的人格不断获得优势、力量、美德、价值等积极心理品质的教育。积极养育对于孩子的成长是一种助力、推动力，能够促进孩子全面健康成长。

研究表明，家庭环境、家庭结构、家庭氛围、家庭风气、亲子关系等都会对孩子人格的形成和发展产生重要的影响。有研究发现，父母的教养方式对孩子人格的形成影响较大。父母对孩子持有冷漠、不关心的态度，忽视孩子的情感和心理需求，会使孩子的自我价值感、自尊感和成就动机水平较低；父母经常采用打骂、体罚的教养方式对待孩子，会使孩子难以管教，容易形成逆反、对抗、攻击、残忍、暴力等反社会性人格特质；父母采用溺爱的教育方式，孩子的人格会表现出缺乏爱心、自我中心、自私、任性、没有耐心、心理脆弱；一个过度焦虑的孩子常常有一个对其过度保护、过度照顾、对孩子反应十分幼稚化的母亲。

心理学研究发现，孩子从小缺乏母（父）爱，或者从小失去父母，或者生活在单亲家庭或寄养家庭中，都会对孩子早期人格的发展产生很多负面的影响，容易使孩子产生更多的心理问题，如出现焦虑、冷漠和回避情绪，对成人缺乏信任感，很少对成人形成安全型亲子依恋，语言发展落后，容易变得具有攻击性、反叛和难以相处。相反，那些从小生活在温馨、和谐、民主、尊重、平等、信任、理解、充满关爱的积极家庭环境中的孩子，更容易形成自主、友好、乐观、独立、自控、成熟的积极心理品质。

积极心理品质有助于孩子健康、快乐、幸福成长，使孩子更好地适应环境和实现最优的发展，有助于孩子获得学业、事业的成就，拥有美好的人生。在家庭教育中，父母应抓住孩子成长的不同关键期，有意识地对孩子进行各种力量、美德、优势等积极心理品质的培养、塑造和训练。

心理学家艾利克森指出，在孩子的每一个成长阶段都存在一个心理发展危机，每个阶段的心理危机得到成功的化解，孩子就会获得相应的积极心理品质，人格会不断地向前发展，自我也会变得强大和获得力量，心理也会不断变得灵活。反之，如果孩子每一个阶段的心理发展危机没有得到成功的解决，人格中就会获得消极的品质，这些会阻碍孩子人格的健全发展。

在 0~1.5 岁这个年龄阶段中，当孩子的心理发展危机得到成功的化解时，其基本信任超过基本不信任，孩子的人格中会形成希望的品质。具有希望品质的孩子对人有一种基本信任感，敢于挑战，积极探索，不会被困难和挫折所打垮，成年后性格倾向于乐观、开朗、信任、活跃和积极向上。而如果这一阶段的心理发展危机没有得到化解，孩子则难以建立人际信任，缺乏希望感，他们时刻为自己的需要是否能得到满足而担忧，人格当中会形成恐惧感，对周围的世界产生敌意，被目前的困难等所束缚，习惯于依赖父母，成年后性格倾向于悲观、多疑、烦躁、疏远、退缩等。

1.5～3岁这一阶段是孩子成长过程中的第一个反抗期，这一阶段是他们自主性、自主感、自主行动以及规则、规矩意识形成的关键期。处于这一阶段的孩子开始有了自我意愿，开始学会使用"我""我的""不"等概念表达自主性，想摆脱父母的控制和约束，从而获得自主感。父母应把握好教育的尺度，做到有所为有所不为，既放手让孩子做一些力所能及的事情，有意识地培养孩子的自主性，又要对孩子的行为进行一定的管教和控制，培养孩子的社会性。当这一阶段的孩子开始学会适应社会规则而又不至于过分丧失自主性时，对害羞和怀疑的危机就解决了，在其人格中会获得意志品质。具有意志品质的孩子，能够勇敢地面对怀疑与害羞的情境，表现出自我控制和坚持不懈的力量，为今后遵守学校纪律、社会规则和法律做好准备。

处在3～6岁年龄阶段的孩子，对周围的世界充满了好奇心和求知欲，具有强烈的探索动机和丰富的想象力，喜欢问问题，喜欢和同伴做游戏。这一阶段是孩子主动性、主动感、主动行为形成的关键期，如果父母鼓励孩子的独创性行为和想象力，他们会怀着一种健康的独创性意识离开这个阶段。如果父母讥笑孩子的独创性行为和想象力，采取否定和压制的态度，就会使孩子认为自己的游戏是不好的，自己提出的问题是笨拙的，自己在父母面前是被讨厌的，这会使孩子产生内疚感和失败感，孩子会缺乏自信心地离开这一阶段。由于缺乏自信心和主动性，他们容易产生内疚感，表现出退缩、被动和循规蹈矩，在父母限制的范围内不敢越雷池半步，倾向于在别人为他们安排好的舒适圈子里生活。如果在这个阶段，孩子的自主性超过内疚感，在其人格中就会形成目的或目标品质。具有目的品质的孩子会表现出做事的积极性、进取心和成长性心态。研究发现，一个人在未来取得的成就与该阶段孩子获得的主动性程度密切相关。

小学阶段是孩子能力形成的关键期，这里的能力不仅包括学习能力，还包括各种文体能力、为人处世的能力等。获得勤奋感是这一阶段孩子最大的心理需求。父母要积极回应孩子努力的行为和过程，用认同和正确表扬的方式培养孩子具有积极自我概念。如果孩子在学习过程中勤奋超过自卑，有更多的积极情绪体验，成功的经验多于失败的经验，其人格中将形成能力品质。反之，孩子会形成消极、自卑的性格特点，认为自己能力低下，不敢面对成长过程中的各种挑战和困难。

青春期阶段是人的一生发展中最重要的阶段，也是人格发展最关键的时期。青春期又被称为"第二次诞生"、"心理断乳"时期，在这一时期，孩子的身心发生巨大变化，生理发育成熟，第二性征出现，但心理发展相对不成熟，情绪、行为不稳定，他们的自我意识觉醒，成人感增强，注重自身的形象，不喜欢父母对他们过多的说教、控制和干涉，希望父母把他们当作大人看待，希望父母尊重、理解、支持、信任他们，对周围世界有自己的观察、判断和独立思考，很在意同龄人对他们的看法和评价。

青春期孩子容易出现自我同一性危机，形成积极的自我同一性是这一阶段的主要发展任务。青春期阶段的孩子经常会问自己一个问题，即"我是谁"？他们会通过自己掌握的所有信息，以及从周围家人、同学、老师对他们的态度和评价中，从自己扮演的各种社会角色中，逐渐认识自己，以便确定自己是谁，自己在社会群体中的地位，自己的优点、缺点、价值观、目标等，希望与成人处于平等地位，在心理上积极准备着迎接未来，也就是说他们想要获得积极的自我同一性。

所谓自我同一性，也称自我认同，是指青春期阶段的孩子对自己的本质、信仰及人生中的重要方面，具有良好的自我意识，是对自我前后一致性或连续性的感知，是一种熟悉自身、知道自己未来目标的感觉，一种从他信赖的人那里获得所期待的认可的内在自信，是内部心理活动与外部环境整合与适应的结果，常常出现在青春期阶段的后期。

自我同一性对青春期孩子健全人格的发展十分重要，自我同一性的形成标志着儿童期的结束和成年期的开始。如果这一阶段的青春期孩子不能获得积极的自我同一性，就会产生自我角色混乱或消极自我同一性，积极自我同一性与自我角色混乱或消极自我同一性之间的斗争，是这一阶段青春期孩子的心理发展危机。

自我角色混乱是以不能选择生活角色为特征，是指处于青春期阶段的孩子不能正确地选择适应社会的角色，不能确定自己是谁和自己能做什么，无法对未来进行明确的定向。消极自我同一性是指青春期孩子形成与社会要求相背离的同一性，如不加选择地把自己认同为社会青年，长时间和他们在一起，形成反道德价值观，这类孩子容易出现社会问题。

如果这一阶段的心理发展危机成功得到解决，孩子将形成积极的自我同一性，将获得忠诚的品质。这里的忠诚是指尽管价值体系有着不可避免的矛盾，孩子仍能毫不动摇，坚定自己所追求的价值目标忠于自我发自内心誓言的能力。

心理学有句名言，性格即命运，性格决定命运。一个人性格中的积极品质越多，如坚强、乐观、感恩、坚毅、勇敢、自信、挑战、刻意练习等，这个人对生活就越有掌控感，他的人生就越有快乐感、成就感、价值感、意义感和幸福感，越能更好地生存和发展。

在家庭教育中，父母应以积极心态、积极关系、积极情绪、积极语言、积极思维、积极解释、积极行动、积极改变，心平气和、理性地接纳孩子的一切，包括接纳孩子做得好的方面，也包括接纳孩子做得不好的方面，清醒地意识到孩子只是经由自己来到这个世界上，是具有独立人格需要平等对待和尊重的个体，他们并不是父母的私有财产。显然，每个孩子都有自己的思想、情感、喜好、意愿、真实感受和体验，父母不要把自己的主观意志强加给孩子，也不要对孩子进行心理控制，更不要强迫孩子成为父母所希望的人。

积极养育主张父母抓住孩子成长的关键期，化解孩子每个阶段的心理发展危机，使孩子获得这一阶段应具备的积极心理品质。父母学习积极养育的科学理念和有效方法，了解和遵循孩子的心理发展规律，满足孩子的心理成长需求，给予孩子充足的心理营养，引发孩子成长的内在动力，培养孩子具有更多的积极心理品质，促进孩子人格健全地发展。

积极改变：成为最好的父母

　　家庭教育最大的问题是父母自身的问题，更进一步说，是父母对待孩子以及对待孩子问题的方式、方法和态度出现了问题。更有甚者，有些父母根本不知道自己的问题所在，这主要是因为他们在教育孩子方面，缺乏应有的教育意识，不学习、不反思、不总结、不成长、不改变，具体表现为：自身的家庭教育素养满足不了孩子成长的需求、没有承担父母的主体责任、凭感觉教育孩子、带着情绪和孩子沟通、对孩子进行心理控制、功利心强、家长作风、对孩子的爱是有条件的、对孩子的错误采用简单粗暴的方式处理、过度焦虑等。

　　世界上没有完美的父母，最好的父母是那些永不止步自我成长，而且愿意与孩子一同成长，不断学习、经常反思和积极改变的父母。2015 年 10 月，在新东方教育集团举办的第八届家庭教育高峰论坛上，我应邀与台湾辅仁大学利翠珊教授、北京海文颖女士作为嘉宾在北京会议中心，进行了一场别开生面的"新父母新成长"的家庭教育高端对话。在对话的最后环节，我用一句话总结自己的发言："孩子不是问题，孩子的问题也不是问题，父母对待孩子以及对待孩子问题的方式、方法和态度才是问题。"

　　家庭教育最大的问题是父母不知道自己的问题所在，或者有问题不反思不改变。在家庭教育中，父母自我成长和改变是至关重要的，通过学习科学的家庭教育理念、掌握有效的教育方法、改变错误的教育方式，才能成为新时代合格的父母。

　　问题是孩子成长的契机，问题最考验父母的教育水平、教育能力和教育智慧。面对孩子成长中的各种问题，父母不要大惊小怪，也不要反应强烈，更不要一味地指责，而应以一种积极、平和、理性的心态面对和解决，指导和帮助孩子找到问题的原因和症结所在，给予孩子力量、勇气和信心，鼓励和支持孩子通过积极行动迎接人生的各种挑战。

父母是家庭教育的第一责任人，对孩子的成长具有不可替代的作用。父母要承担养育子女的职责，不能把教育孩子的责任推给老人或其他人。隔代育儿、父母当"甩手掌柜"，可能给孩子的成长和未来人生留下隐患。

在过去的十几年里，我在全国各地进行的各种家庭教育讲座中，接触了一些身居高位和有钱的父母，虽然他们的官很大、钱很多、个人事业很成功，但忽视了对孩子的教育，没有时间陪伴孩子成长，导致孩子出现学业失败、网络成瘾、心理不健康等问题，他们觉得自己很失败，也很后悔。我曾亲眼看见有父母在听家庭讲座的过程中一边听课一边低头流泪，也有父母在讲座后痛哭诉说自己养育孩子的失误和不当，自责自己不懂如何科学教子，后悔自己没有花时间和投入精力高质量陪伴孩子成长。

教育不能等，教育不能重来，没有任何一项事业比培养优秀的孩子更伟大。无数的事实表明，父母钱再多、官再大，都永远无法弥补家庭教育的失败。身为父母，应积极承担教育孩子的责任，用积极养育的科学理念和有效方法，促进孩子全面健康成长。

教育心理学研究表明，父母的教养方式对孩子健全人格发展具有十分重要的影响。父母教养方式是支配型的，孩子容易形成依赖、服从、消极、缺乏独立性的性格；父母教养方式是溺爱型的，会培养出任性、自私自利、以自我为中心、骄傲、缺乏独立精神、情绪不稳定的孩子；父母教养方式是过于保护型的，孩子的性格会缺乏社会性、依赖、被动、胆怯、沉默；父母教养方式是简单粗暴型（经常打骂孩子）的，孩子的性格表现为顽固、残忍、冷酷、无情、胆小怯懦、缺乏自信和自尊、盲从、不诚实等特点；父母教养方式是忽视型的，孩子容易出现嫉妒、情绪不安、创造力差的问题，甚至有轻生厌世的想法；父母教养方式是意见分歧型的，孩子容易形成生气、警惕性高、两面讨好、投机取巧、喜欢说谎的性格。

很显然，上述家庭教养方式对孩子的成长具有消极影响，父母应避免采用上述错误的方式教育孩子。下面，我们以溺爱型和简单粗暴型教养方式对孩子成长的危害为例加以说明。

　　常言道，惯子如杀子。虽曰爱之，其实害之。古今中外无数的事例都证明了这几句话中的真知灼见。父母对孩子过度溺爱会毁掉孩子。溺爱是一种伤害孩子、不负责任、不正确的爱，是父母对孩子毫无原则、过度满足、过度保护、过多照顾、有求必应、娇生惯养、没有要求、没有规矩和没有批评，是对孩子健康成长的威胁，会对孩子未来生活产生毁灭性影响。

　　溺爱型教养方式，会使孩子成为一个以自我为中心、任性、懒惰、自私、不负责任、意志力薄弱、自理能力差、缺乏独立性、爱发脾气、不懂感恩的人。溺爱不能使孩子人格得到健全发展，无法促进孩子健康成长。父母采用溺爱型教养方式，容易导致孩子成为"小皇帝""小太阳""草莓族""温室里的花朵"，他们只知索取，不懂回报，缺乏韧性，没有勇气，贪图享乐，追求物质，心理脆弱，经不起风吹雨打，一碰就碎，无法适应社会。

　　父母采用简单粗暴型教养方式对孩子的成长有百害而无一益。那些坚信"孩子不打不成才""棍棒底下出孝子"的父母，经常采用简单粗暴的打骂、体罚等"粗暴式教育"，轻则会导致孩子说谎、懦弱、自卑、悲观、厌世和亲子关系冲突，重则孩子会出现厌学、早恋、离家出走、结交不良朋友、暴力、仇恨、犯罪，甚至有的出现了令人痛心的家庭悲剧。

　　在家庭教育中，正确的教养方式是民主协商、平等尊重式的，也就是我们常说的明智型教养方式。明智型教养方式主张父母对孩子高要求高回应，一方面父母对孩子有要求、有规则、有批评，另一方面父母对孩子有回应、有关爱、有支持。研究表明，采用明智型教养方式有助于培养孩子形成独立、协作、社交、亲切、直爽、大胆、机灵、有毅力、有创造精神的性格特点。

　　家庭教育中除了爱、正确表扬、理解尊重、鼓励、支持、接纳、认同、陪伴等有效教育方式之外，还要有要求、威严、有规矩、有规则和正确的批评。我们反对溺爱型、简单粗暴型、过于保护型、支配型、忽视型、意见分歧型的家庭教养方式，但家庭教育中一定要对孩子的品格、修养、为人处世、言谈举止等有所规范。正所谓"不以规矩，不能成方圆"。那种对孩子毫无要求、放任不管、有求必应的家庭教养方式，同样无法培养出品德高尚的优秀孩子。

教育具有时代性，时代对父母养育孩子提出了更多新的挑战，包括"双减"的挑战、教育"内卷"的挑战、依法带娃和科学教子的挑战、心理健康教育的挑战、智能化的挑战，等等。新时代的父母需要在《家庭教育促进法》的指导和赋能下，不断学习、思考、总结、改变和成长，努力提升自身的科学家庭教育素养，不断提高自己的育儿能力和水平，在面对孩子和孩子成长过程中出现的问题时，能够做到懂教育、能教育、会教育、擅教育。

家庭教育的效果取决于父母是否具备科学的家庭教育素养，是否掌握有效的家庭教育方法，是否能做到懂教育、会教育、擅教育。父母经常学习和自我觉察，勤于反思和总结，积极改变和成长，不断提升自身的家庭教育素养，形成养育孩子的胜任力，才能更好地促进孩子健康成长。

在现实的家庭教育中，一些父母在面对孩子以及孩子成长过程中出现的各种问题时，简单粗暴，批评指责，不停唠叨，不尊重孩子，对孩子进行心理控制，抓住孩子的错误、毛病、缺点不放，这些做法只会使孩子心烦意乱、情绪抵触、心身疲惫、丧失自信、缺乏动力、变得自卑、亲子关系疏离，无法取得良好的教育效果。

最好的父母，是自我不断积极成长和改变的父母，改变自身错误的教育理念、无效的教育方法、有害的教育方式，努力成长为具有科学家庭教育素养的合格父母。父母把用在抱怨、指责、发脾气、过度焦虑上的时间，用在学习积极养育科学理念和有效方法上，用在自身的积极改变和成长上，以积极心态、积极思维、积极行动对孩子进行积极关注，接纳孩子的不完美，用心发现孩子身上的潜能、力量和优势，有意识地培养孩子更多的积极心理品质。正所谓父母积极，家庭积极，孩子积极。此乃父母养育孩子成功之道，也是有效家庭教育之良方。

当下，有太多的父母采用错误的方式教育孩子，具体表现为：以居高临下的强硬语气直接命令、批评与埋怨孩子，求全责备；看缺点，严厉指责孩子做错的事，认为都是孩子的错；对孩子进行心理控制、否定孩子、强迫孩子做事；功利性心态、把学习成绩当作教育的全部；热衷于说教、讲大道理，忽视孩子的心理感受；言行不一、不履行承诺；对孩子过分担心、过多限制和过分保护；把孩子跟别的孩子进行比较；等等。

作为父母，应尊重孩子，与孩子人格平等，多鼓励与支持孩子，对孩子关爱、接纳、信任、宽容和理解，多看孩子的优点和长处，表扬孩子具体的行为和过程，重品德、重人格、重价值观、重心理、重情商、重良好行为习惯的培养和教育，专注于倾听和身教，培育孩子自主性，鼓励孩子积极尝试、体验和挑战，培养孩子具有成长型思维，等等。

有一句耳熟能详的话"可怜天下父母心"，还有一句话"可恨天下父母心"，有太多的父母以爱孩子、一切为孩子好的名义，毁掉孩子，毁掉孩子的一生。家庭教育最大的问题是父母根本不知道问题在哪里，一些父母使用错误的方式养育孩子，自己却浑然不知，这是孩子的不幸，也是家庭教育最大的失败。

一个出生时心理健康、有无限发展潜能的孩子，由于父母错误的教养方式，把孩子"培养"成为一个心理不健康的人，这是我们都不想看到的结果，值得每一位父母深思。

孩子每个阶段的发展和成长都不能出现问题，都需要父母花时间、花精力用心培养、教育、陪伴、鼓励和引导。父母平时对孩子的品德、心理、修养、习惯、学业、为人、做事等方面，不闻不问、不管不顾，等有一天孩子出现了问题，父母也没有资格去批评和指责孩子。如果非要批评和指责，真正需要批评和指责的是父母本人。

好父母的标准是能够重视孩子的精神世界，关注孩子的心理成长，给予孩子心理与情感支持，培养孩子具有更多力量、美德、优势等积极心理品质，让孩子在被尊重、被关爱、被认同、被理解、被支持、被信任的积极家庭环境中健康成长。

优秀的父母在生活中具有乐观、自信和积极的心态，内心充满正能量，是孩子学习和模仿的良好榜样。优秀的父母愿意付出时间、精力和行动，经常检讨自身消极的语言、情绪和行为，用心学习科学的家庭教育理念、有效方法和实用技术，不断改变自身错误的教养方式，努力成为具有胜任力的父母。

　　家庭教育的最终落脚点是父母的积极行动，而不是讲大道理和不停地说教。也就是说，父母不仅要知道科学教子的方法，更要实施有效的教育行动，不仅说到，更要努力做到。父母首先自己要不断积极成长和改变，才能更好地促进孩子全面健康成长。在家庭教育中，父母自我积极改变和成长，并且与孩子一同成长，应该做到以下几点。

　　第一，父母不要否定自己。在家庭教育中，有些父母经常否定自己，认为自己不懂教育，也不会教育孩子，认为教育孩子是学校和老师的事情，表现出教育意识淡薄，不承担教育孩子的责任，在面对孩子成长过程中出现的问题时，心态消极，推卸责任。世界上没有不学习就会教育孩子的父母，父母教育的成功是不断学习科学家庭教育理念和总结教育孩子有效方法的结果。父母具有成长型思维，以成长型价值观为指导，不断积极改变和成长，相信自己和肯定自己，才能通过积极教育行动促进孩子健康成长。

　　第二，父母不要否定孩子。在家庭教育中，有些父母具有家长作风，表现出对孩子居高临下、自高自大的姿态，认为孩子小什么都不懂，对孩子进行心理控制，否定孩子的真实感受，忽视孩子的存在感，容易导致孩子出现自我否定、自我怀疑、不真实感、缺乏心理安全感、低自尊、失去自我价值感、形成讨好型人格等问题。孩子在成长过程中，需要有存在感，需要有自主感，需要被父母看见，当这些需要被满足时，孩子成长的内驱力才会激发出来。

　　第三，父母要肯定自己、肯定孩子。优秀的父母是那种既肯定自己，相信自己通过学习和改变能教育好孩子，同时也肯定孩子，相信孩子通过科学的家庭教育，能够全面健康成长的父母。在家庭教育中，父母应保持积极心态，采取积极行动，和孩子共同成长。

　　父母重视家庭教育，学习积极养育的科学知识，自我不断积极改变和成长，树立父母是家庭教育的第一责任人的观念，积极承担对孩子思想品德、学业能力、心理健康、行为习惯、生活技能等方面的培养和教育，对孩子进行美好假定和积极期待，通过采用积极养育的科学理念和有效方法，激发孩子成长的内驱力，培养孩子具有更多的积极心理品质，促进孩子健康成长。

积极养育：父教不能缺位

最近，有一位妈妈在公众号阅读我的文章《这样的家庭，才能塑造积极的孩子》之后，深有感触，在后台给我留言，说这篇文章讲得很对，对她很有启发，和她产生共鸣，但同时她也很无奈地表示自己内心充满矛盾，很是无助，不知从何做起。由于工作方面的原因，这位妈妈和她的丈夫在两个不同的城市，妈妈独自带着孩子生活，当遇到一些棘手的问题时，更多地采用电话沟通的方式来解决，自己的工作、家庭生活、孩子的教育、孩子的成长、孩子的学习等事情，很多时候都是由她一个人来面对和处理。尤其是孩子的教育问题，孩子表现好还可以，一旦孩子犯了错误或出现了问题，那就是妈妈的责任，会遭到丈夫的埋怨和指责，埋怨她不懂教育，指责她没把孩子教育好。这位妈妈为了孩子的成长付出了很多心血，却不被丈夫理解，在伤心难过的同时，自己充满了无力感。

不难发现，在现实的家庭教育中，这位妈妈的情况并非个例。有研究表明，一些城市的父母因为长期两地分居或经常出差，以及有些父母一心忙于事业上的打拼，而忽略了对孩子的教育和陪伴，造成对孩子的"隐性失陪"或"半失陪"，这样的家庭并不少见。

一个过度焦虑的妈妈，一个缺位的爸爸，或许这是现实中一些家庭教育的真实写照，但这绝不是正常的家庭教育，正常的家庭教育不应该是这样的，正常的家庭教育需要父母合力来完成。

家庭教育呼唤"父教"，孩子成长需要看见爸爸的身影。爸爸缺席家庭教育是一种不正常的现象，不利于孩子的健康成长，是急需改变的家庭教育问题。有调查发现，在孩子的养育过程中，有近一半家庭存在父教缺失、父爱缺位的现象。《中国家庭教育现状》白皮书显示，父亲主导教育的家庭不足两成。父亲忽略孩子的存在和成长，会对孩子的心理造成伤害，会影响孩子道德感、秩序感、责任感和价值感的形成。

最好的家庭教育，是父母共同参与合力的教育，是父母双方教育理念一致、步调一致、方向一致、互相支持、密切配合的教育。教育孩子绝不是妈妈一个人的事情，而应是父母双方共同承担的责任，再全能的妈妈也无法替代爸爸的角色，也无法取代爸爸在孩子成长过程中的作用。

在现实的家庭教育中，真正高质量陪伴孩子成长的爸爸并不多，很多家庭爸爸都是起辅助作用或者根本不管，完全放手。家庭教育呼唤父教，需要父亲归位，拒绝"丧偶式教育"。每个孩子的成长都需要爸爸的积极参与，需要看到爸爸的身影，听到爸爸的声音，有爸爸的用心陪伴和鼓励引导。在孩子成长过程中，爸爸不应成为"甩手掌柜"，变成"空气"，也不能以工作忙、没时间为借口，忽视对孩子的陪伴。

心理学家格尔迪曾说，父亲是种独特的存在，对培养孩子有特别的力量。这种力量不仅影响着孩子的性格和态度，更影响着孩子的人生走向和高度。弗洛伊德也曾说过，孩子眼中的父亲是集法律、约束力、威严、权力于一身的超人。

"父爱如山。""一个好父亲，胜过100个老师。"对孩子来说，父亲是他们心目中勇敢、自信、坚强、有担当、充满力量、无所不能的大英雄，是他们的精神力量和温暖的依靠。父亲和孩子在一起玩的时候，会经常选择玩那些冒险性、运动性、技能性、智能性和挑战性强的游戏，更注重对孩子力量、美德、勇气、责任等积极心理品质的培养。

心理学家弗洛姆曾指出父母之爱的不同：母亲代表自然世界，父亲代表思想世界，父亲是为孩子指出通往世界之路的人。对于孩子来说，父亲是力量的象征，父爱是威严、厚重和深沉的，会潜移默化地影响孩子的成长和发展，会启迪孩子的智慧，开阔孩子的眼界，培养孩子的规则意识，训练孩子的独立性，发展孩子的自主性，塑造孩子坚毅的品格，鼓励孩子勇敢地挑战，提升孩子抗挫折的能力，给孩子安全感和成长的积极力量。

在孩子的成长过程中，父亲的角色非常重要。耶鲁大学一项研究发现，父亲在孩子的成长过程中参与度高，孩子的智商会更高，在学校的学业表现更好，未来事业发展更成功。哈佛大学的研究发现，男孩缺少父爱，容易产生情感障碍；女孩缺少父爱，容易学不好数学。英国纽卡斯尔大学一项 11 年的追踪调查研究结果显示，那些经常有父亲陪伴的孩子，比少有父亲陪伴的孩子更聪明，人际交往能力更强，精力更旺盛。有研究表明，爸爸积极参与孩子的早期教育，孩子在语言、独立性等方面表现得更突出，爸爸平均每天陪伴 2 小时以上的孩子，比那些一周内相处不到 6 小时的孩子，更聪明、人际关系更好。

和妈妈相比，爸爸更喜欢陪孩子玩闹，更强调对孩子规则意识的培养，更注重培养孩子的独立性，更有助于孩子社会化的发展。爸爸陪伴孩子成长，有助于孩子的性别角色认同，有助于孩子积极个性品质的形成，有助于孩子智力水平的发展，有助于孩子交往能力的提升。

爸爸是影响男孩成长最重要的人。男孩从爸爸身上学会性别认同，具有男性的特质，形成男子汉气概，学会坚毅、勇敢和独立。"父爱缺乏综合征"的男孩容易胆小害羞、缺乏责任感、情绪沮丧、自暴自弃、不求上进、少言寡语、不爱集体、厌恶交友、急躁冲动、喜怒无常、害怕失败、感情冷漠、无视规则，严重的还可能逃课、早恋、离家出走、偷盗甚至具有暴力倾向。缺乏父爱的男孩更容易成长为一个危险的男人。

父爱缺失的女孩，会缺乏安全感，自理能力差，有叛逆心理，情商低，在婚姻情感、学业成绩以及职业发展方面更容易出现问题。如果父亲太严苛，女儿容易表现出自卑、胆小、懦弱、缺乏自信、害怕失败、不敢尝试的特点。相反，如果父亲经常鼓励、认同和肯定女儿，多对女儿说："你做得很好""错了也没关系""爸爸相信你""你比上次进步多了"，会让女儿更自信、更独立。

爸爸最大的使命，是多陪伴、多引导、多鼓励、立规矩、肯放手，让孩子在爱的环境里健康成长。无论是男孩还是女孩，从小爸爸陪伴的时间越长、做的游戏越多，孩子社会能力就发展得越强，聪明的可能性越高。有爸爸陪伴的孩子，往往更健康、更乐观、更理性、更独立、更勇敢、更坚强、更有担当，做事更果断，思想更活跃，抗挫折能力更强，人际关系更好。爸爸是力量的象征，是孩子人生方向的"领航人"。在孩子的成长中，爸爸扮演着富有力量、规则制定、纪律教育、情绪控制、行为监督等角色，对孩子自信、乐观、坚毅、独立、责任、有主见、有担当等积极品质的塑造具有重要影响。

在孩子的成长过程中，父母给孩子最好的礼物不是玩具，不是电子产品，也不是零食，更不是金钱，而是肯花时间、花精力用心陪伴孩子，陪孩子一起享受阅读的时光，陪孩子聊天、谈心，陪孩子一起户外运动，陪孩子做游戏、玩耍，陪孩子一起出门旅行，陪孩子一起讨论问题，陪孩子一起做道菜，陪孩子回家看望老人长辈，陪孩子一起做个新学期计划，陪孩子体验世界，陪孩子一起成长。

高质量陪伴是指在一定时间里父母与孩子彼此开心地互动，父母的眼里只有孩子，孩子的眼里也只有父母，彼此都很享受这个"身心在一起"的美好时光。高质量陪伴的前提是父母完全不想控制和改变孩子，孩子有存在感和安全感，父母看见的是当下孩子真实的样子，亲子双方此时此刻是完全愉悦放松的状态。

父母高质量的陪伴，尤其是给孩子情感和精神上的陪伴，就如同温暖的阳光和润泽的雨露，滋养着孩子的心灵。身为父母，需要扪心自问几个问题：你每天都能抽出一部分时间陪伴孩子吗？你每天能陪孩子的时间有多少？你是用什么方式陪伴孩子的？你陪伴孩子的效果如何？与社交和休闲活动相比，把孩子摆在什么位置？是否向孩子表达过，你很享受和他（她）在一起的时光？是否计算过，你能陪孩子的时间究竟有多长？如果你连陪孩子的时间都没有，还算什么事业成功？因为无论官再大、钱再多，都无法弥补家庭教育的失败。

陪伴是最好的教育，也是一种最有效的教育。每个孩子的成长都离不开父母高质量的陪伴，高质量的陪伴能够滋养孩子的心灵，能够让孩子感受到父母的重视和关爱，能够促进孩子健康成长，能够影响孩子的一生。

研究发现，孩子出生以后，缺失父爱或母爱的孩子会感到紧张、焦虑、担心，有不安全感，产生较多的负面情绪体验，表现得胆小、依赖、被动、消极，甚至会出现严重的情绪困扰、行为问题和人格障碍。

父母对孩子来说是无可替代的，对孩子的成长具有深远的影响。孩子从父母高质量的陪伴和良好的亲子关系中获得心理安全感，有助于孩子形成信任、希望、乐观、期待、憧憬、爱等积极品质和安全型亲子依恋，有助于与他人建立积极的人际关系，具有良好的社会适应能力。

父母不要把孩子当成自己的生活负担和累赘，不要表现出急躁和心烦，应以积极的心态和快乐的心情，珍惜与孩子在一起的美好时光，做真正高品质陪伴孩子成长的父母。因为随着孩子的不断长大，尤其是到了青春期，孩子自我意识觉醒，成人感增强，有自己独立的想法，不想再依赖父母，与父母的关系也会逐渐变得疏远。此时，不是孩子离不开父母，而是父母舍不得孩子。作为父母，一定要想清楚，我们要孩子的目的是什么，不是把孩子当作自己的私有产品留在身边，永远陪伴自己，而是发自内心由衷地祝福孩子，放手让孩子面向世界，展翅高飞，实现自己的梦想，做最好的自己。

高质量的陪伴能够满足孩子的心理需求，给孩子充足的心理营养，能感受到父母的关爱，使孩子有心理安全感，让孩子产生愉悦感，能建立良好的亲子关系，增进亲子之间的感情，能培养孩子乐观、自信、勇敢等积极的人格品质，能使孩子健康、快乐、幸福地成长，有助于取得良好的家庭教育效果。

父母承担教育孩子的主体责任，珍惜和孩子在一起的美好时光，珍惜作为父母陪伴孩子的"有效期"，做孩子的引路人，高质量陪伴孩子健康成长。教育不能等，教育不能重新再来。作为父母，每天再忙也要抽出时间和孩子沟通、互动、聊天，倾听孩子讲话，关心孩子成长，再累也要给孩子一个温暖的拥抱和"迪香式"的微笑。父母做到"严而不苛，爱而不溺"，无条件地用心陪伴孩子成长，是给孩子最好的礼物，也是最有效的教育。

积极养育：拒绝父母心理控制

在家庭教育中，我们应该听过一句很流行的话："有一种饿，叫妈妈觉得你饿了。""有一种渴，叫妈妈觉得你渴了。""有一种冷，叫妈妈觉得你冷了。"我们也看到过这样一些场景：一个小男孩不小心摔了一跤或撞到了墙上，疼得哭了起来，这时爸爸会说："不疼不疼，肯定不疼，不许哭，有什么好哭的，你是男子汉大丈夫，男儿有泪不轻弹。"

很显然，这些父母在用自己的感受和体验，去否定和替代孩子内心真实的感受和体验，而且自认为这是一种正确的教育方法，要求孩子无条件接受和服从，这些经常发生在家庭教育中的育儿现象，在心理学上被称为"否定感受"。

心理感受是人的心理所具有的十分重要的特性，是个体对心理对象的觉知、理解、意向和把握的自觉心理活动。人的心理感受具有主体性、客观性、个体性、自觉性、生成性和真实性的特点。自我感受对人的成长具有重要价值，反映的是人对内外部世界真实的体验，具有机体保护功能，能够使一个人在成长过中具有自主感、存在感、控制感和真实感。

有调查研究发现，在父母与孩子的日常对话和亲子沟通中，竟有44%的语言在否定孩子的感受，这是一个很值得我们深思的可怕现象。所谓否定感受是指父母有意或无意地忽视、否认或替代孩子表达出来的内心感受、心理体验和真实想法。否定感受是一种父母对孩子心理控制的方式或手段。在家庭教育中，除了否定感受以外，父母常用的对孩子进行心理控制的手段还包括：爱的撤回、压制思考、引发内疚、表达失望、激发焦虑、乱发脾气和过度分析动机等。

心理控制是指父母通过使用引发内疚感、焦虑感或爱的撤回等方式对孩子的思想、情感和心理需求进行控制的教养行为。采用心理控制教养方式的父母，不仅对孩子的情感和心理需求表现出低回应，而且限制孩子的自我情绪表达、感受表达和观点表达。有心理学家指出，心理控制是一种社会化压力，是一种"侵入式"教养行为，这种教养行为会阻碍孩子的心理发展，也会抑制孩子自我价值感的发展，导致孩子产生诸多心理社会功能失调，是影响父母与孩子之间亲子关系的消极行为。

家庭，不应是以爱的名义设置的"牢笼"和"枷锁"，更不应是父母以一切都是为孩子好为借口，掌控孩子的人生。在家庭教育中，一些父母无时无刻不在控制着孩子的一切，小到日常生活中孩子的穿衣戴帽、兴趣爱好、生活习惯、个人需求、吃什么、玩什么，大到孩子的学业、专业选择、职业发展、恋爱、婚姻，完全由父母安排和决定，孩子没有自主选择权和决定权。

有些父母认为，之所以这样做，都是出于爱孩子的考虑，担心孩子做不好，怕影响孩子的未来和发展，但这种爱细思极恐，对孩子来说，简直就是一场灾难，因为它太自私、太武断、太可怕、太恐怖、太有杀伤力、太满，会让孩子苦不堪言，感到窒息、压抑和绝望。

心理学研究发现，控制欲强的父母，会对孩子造成长久的心理伤害，让孩子失去自我，缺乏自信，没有自主性，低自尊感，情绪压抑，甚至患上抑郁症，长大以后幸福感较低，依赖性强，畏首畏尾，叛逆反抗，消极厌世。

研究表明，心理控制的父母在亲子关系中多居于支配地位，表现出无时无刻不在监视和评判孩子，对孩子经常指手画脚，冷嘲热讽，上纲上线，不停纠缠，干涉和限制孩子的自主选择、自主决定，强迫孩子按照自己的思维方式做事和看待问题。

有研究指出，父母心理控制水平越高，孩子对父母的信任程度以及与父母沟通的意愿越低。此外，心理控制影响孩子与同伴之间的关系。父母采用心理控制的方式对待孩子，不利于孩子做出自主决定和自主选择，也不利于孩子形成自主心理和自主行为，更不利于孩子成为自主的人和过属于他们的自主人生。

心理学家研究发现，经常对孩子进行心理控制的父母，容易培养出受控动机强的孩子，这类孩子学习、读书、做事更多地受他人驱动，是为了得到他人的认同，为了满足别人的需要，如不让父母失望、不让父母伤心、不辜负父母的期望等；而不是受自我内部动机驱动，实现自己的目标、获得自我肯定、实现自我价值。

为何父母不要否定或轻视孩子的感受？这是因为否定和轻视孩子的内心感受，对孩子的心理成长有诸多害处，具体表现为：否定孩子的感受会使他们感到迷茫、焦虑和困惑，会导致孩子怀疑自己是否正常，会压制孩子的真实感受和想法，会让他们的感觉变得模糊、混乱和麻木，会让他们贬低自己的存在价值，也会导致他们不自信，不接纳自己，很难感受到真实的自我，无法形成独立的自我，不利于孩子的心理健康和人格发展。父母否定感受最终会使孩子表现出两个极端行为：一是自主能力低下，缺乏自主性，无主见，不够自信，懦弱、自卑、内心压抑，在心理上过度依赖父母；二是容易心生怨恨，与父母唱反调，表现出抵触情绪，经常对抗父母，急于逃离，产生更多的叛逆行为。

在家庭教育中，很多父母容易犯这样的错误，即面对孩子的问题和过错时急于说教，上来就是一顿批评指责和讲大道理，否定、轻视或忽略孩子的心理感受，导致他们不愿意接受父母的教育，觉得父母根本不理解他们，与父母之间没有共同话语，不能进行有效的亲子沟通，这样就难以获得理想的教育效果。

积极养育主张，有效的亲子沟通，父母应与孩子产生心灵的"共鸣"，用心倾听孩子说话，不打断、不评价、不贴标签、不过早下结论，给孩子充分倾诉、宣泄自己负性情绪的机会，不仅听孩子讲了什么话，还包括话中的感受。从孩子的言行中，体会他们的情绪，理解他们的感受，并进行积极地回应，用恰当的语言把同感表达给孩子，回应的目的是让孩子知道父母确实在听，而且理解他所说的内容，接纳他的感受，真正与孩子实现共鸣。

家庭教育要先共情，后教育。当父母与孩子有了心理上的共鸣后，他们才愿意与父母进行有效的亲子沟通，才能心悦诚服地接受父母的教育。

父母学会做个感性的人，做到先理解、体会和接纳孩子的感受，再进行有效沟通。父母的感性是教育孩子的重要基础和有效工具。这里所说的感性是指父母在情绪情感方面具有较高的敏锐性和同理心，能认同和积极回应孩子的心理需求，理解和接纳孩子的心理感受。而并非指父母头脑简单，思想肤浅，看不到事物的本质。在与孩子进行亲子沟通时，感性高的父母，能表现出到位的共情，能设身处地地站在孩子的角度换位思考，善于体察，感同身受，为孩子着想，理解孩子、接纳孩子、支持孩子，能敏锐地关注和体会孩子的内心感受，能达到我们常说的心有灵犀的效果。

感性低的父母，与孩子说话时态度生硬，声调很高，语气带有压迫感和命令性，话语中充满了批判性。感性低的父母对孩子的要求多是基于自己的主观想法，自以为是地认为"父母是不会错的，我都是为你好，我要你这样做，你就得这样做"，很少从孩子的角度去体会他们的感受。相反感性高的父母，会经常从孩子的立场出发，尊重孩子，理解孩子，接纳孩子。他们在心里会首先问自己："我的孩子需要什么？"而不仅仅是"我想为孩子做些什么？"他们会站在孩子的角度思考："如果我听到父母对我提出这样的要求，我会有什么感受呢？"他们会以孩子的合理需求和内心感受为价值判断标准，而不是以父母的价值观为标准。

此外，感性高的父母能够观之于微，体会孩子的真实情感和内心感受。即使孩子表达欠佳或未能说清楚，他们也能做到准确地感知和意会，不会反复地询问、追问、逼问和质问。当孩子出现问题或过错时，感性高的父母很少对孩子动粗，他们不会斥责和打骂孩子，不会靠"恶"的方式，使用高压和强势手段解决问题，他们会在良好亲子关系的基础上，使用明智型的教养方式与孩子进行有效沟通，与孩子建立情感联结，使问题得到很好的化解。

父母如何做才能具有较高的感性，才能真正从心理上无条件接纳孩子的一切，才能做感性高的父母呢？

首先，父母要多听少讲。感性高的父母，是多听少讲的父母，是善于倾听的父母。被倾听是一种心理需求，也是一种心理营养。父母在与孩子进行沟通时，不仅进行信息沟通，更要进行思想和情感沟通；不仅用耳朵听，更要用心倾听；不仅听孩子讲话的内容，更要听出内容背后隐含的信息，真正做到为理解而倾听，为准确而倾听。感性高的父母允许孩子说，多听孩子说，用心听孩子说，积极满足孩子被倾听的心理需求。

其次，父母多引导少评判。听得明白的秘诀，就是不要过早地做出主观评判。很多父母在听孩子讲话时，缺乏耐心，没有听完便打断孩子讲话，过早地下消极结论，急于给孩子贴负面标签。感性高的父母在倾听孩子讲话时很少评判，他们会认真倾听，听孩子全部讲完，听懂、听明白后，再进行积极回应和反馈。

再次，父母多认同少否定。优秀的孩子是鼓励出来的，父母多关注孩子的优点，多表扬孩子做得好的方面，对孩子多肯定、多认同，尤其是孩子遇到挫折和困难的时候，最需要父母的鼓励、理解和支持，不要在此时雪上加霜，否定和打击孩子，父母多给孩子情感和心理支持，成为孩子背后强大的支持力量。

最后，父母多包容少责骂。父母要容纳孩子发脾气，在合理的情况下，允许孩子以适当的方式发泄自己的情绪。受传统观念的影响，很多父母认为孩子不能对父母有情绪，其实这是一种错误的认识。孩子也是人，其心理不成熟，情绪不稳定，缺乏理性，自控能力差，生气、发脾气不足为奇。感性高的父母能读懂孩子的内心，与孩子产生心理共鸣，让他们感到自由和轻松，为他们提供情绪价值，让孩子有更多的积极情绪体验，促进孩子健康成长。

第二篇

积极心理品质培育：孩子的健康经

孩子良好自尊心的培育

教育家苏霍姆林斯基曾说过，我们越是深入儿童的内心世界，体验他们的思想感情，就越能体会到这样一条真理：在影响儿童内心世界时，不应该挫伤他们心灵中最敏感的一个角落——自尊心。

自尊心，有时也称自尊、自尊感、人格尊严，是一个人基于自我评价产生和形成的自爱、自重，并要求受到他人、集体和社会尊重的情感体验。自尊是人格自我调节结构的心理成分，是一种积极的情感，是一种对自我客观理性的积极评价，是一种积极的自我概念和良好的自我意识。自尊的心理基础是一个人觉得自己有自主感、价值感和掌控感，觉得自己被他人理解、接纳和认同，觉得自己能够掌控生活、做出自主选择和自主决定。

尊严绝不是成年人的"专属"或"独有"，任何年龄阶段的孩子都需要自我的尊严感，渴望获得周围人的尊重，尤其希望得到父母的尊重。事实上，每个孩子都是经由父母来到这个世界上具有独立人格、需要平等对待和尊重的个体，他们的自尊心像黄金一样宝贵，父母一定不要因为自身不当的教育方式而伤害孩子的自尊心。

教育孩子的前提，是培养和保护孩子具有良好的自尊心。在家庭教育中，父母学会采用积极养育的科学理念和有效方法，培养孩子具有良好的自尊心，让孩子体验自尊感和自我价值感，是家庭教育的首要任务。

自尊心是人类生命的本源，是每个人都需要的。著名的人本主义心理学家马斯洛曾说过，期盼社会对自己的尊重，是一个人天性的需要。"童话大王"郑渊洁指出，父母毁掉自己孩子最有效的方法，就是摧毁孩子的自尊心。

前两年，网上一则新闻引起了无数人的关注。一个 14 岁初中男孩因为在教室与同学玩扑克牌，被其妈妈在学校走廊当众扇耳光，该男孩低头沉默两分钟后跳楼身亡。这一事件让人感到无比痛心和震惊，最终也引发人们对家庭教育方式的讨论。更准确地说，讨论的焦点是当孩子出现各种问题、错误、过失时，父母应该如何有效地面对和处理，采用何种教育方式既能达到教育的效果，又能保护孩子的尊严不受伤害，如何避免类似的家庭教育悲剧再次上演。

通过分析不难发现，引发这起悲剧的直接原因，是这位妈妈以非常不理智的粗暴方式，在同学面前打孩子耳光，这严重伤害了孩子的自尊心，使孩子感到非常难过、羞耻、愤怒、没面子、没脸见人和难以接受，在这种情境下，孩子选择了令人痛心的极端行为进行抗争。

众所周知，处在青春期阶段的孩子，其心理发展有一个非常显著的特征，那就是具有很强的自尊心，表现为自尊心很敏感，特别在意他人对自己的态度，尤其是同龄人对自己的评价和看法。青春期的孩子很渴望同龄人的接纳、尊重和认同，因此会在同龄人面前努力维护自己良好的形象。

什么是自尊心？为什么要保护孩子的自尊心？如何基于不同年龄阶段的心理发展特点，培养孩子具有良好的自尊心？这是父母应该掌握的重要家庭教育知识。为了更好地阐释和回答上述问题，我们先来看一个真实的案例。有一天，一位年轻的爸爸接到学校老师打来的电话，电话里老师告诉他："你6岁的女儿在学校尿湿裤子了，请你来把孩子接回去。"

这位爸爸听到这一消息后的第一反应是什么？他首先想到的是什么？接下来他又是怎么做的呢？这位爸爸第一反应不是觉得孩子的行为很丢人，都这么大了怎么还尿湿裤子，而首先想的是如何做才能化解尿裤子这件事可能给孩子带来的消极影响，尤其是对女儿自尊心的伤害。在这位爸爸的认知中，这件事如果处理不得当，很有可能会伤害孩子的自尊心，对孩子的自我概念带来负面的影响。因为，对于一个6岁的孩子来说，她会认为在班级尿湿裤子是一件很不光彩、很丢人的事，或者说是让人抬不起头的事情，何况老师和同学都知道这件事。

这位很注重保护女儿自尊心的爸爸，在去学校接孩子之前，故意用水把自己的裤子淋湿，制造了一种在别人看来他也尿湿裤子的假象，然后他就去学校接他的女儿。来到班里，他看到女儿坐在自己的座位上低着头，看起来很害羞和窘迫的样子。这位爸爸来到女儿的面前，没有对女儿说教和指责，而是故意拿起孩子书桌上的书本吸引女儿的目光。女儿抬起头看到爸爸来了，而且她一眼就看到了爸爸"尿湿"裤子的部位，这时女儿突然笑了起来，而且边笑边说："原来你们大人也尿裤子，原来爸爸也尿裤子。"在孩子说这句话的同时，或许她会想到"大人都会尿湿裤子，那我们小孩子尿湿裤子没什么大不了的"。

事实上，这位爸爸就是想要引导孩子这样思考和看待自己"尿裤子"这件事。这位智慧的爸爸用一个很巧妙的方法，成功化解了尿裤子这件事可能给孩子心理上带来的消极影响，没有由此给孩子幼小的心灵造成不良的冲击，保护了孩子的自尊心，取得了良好的教育效果。

我们在向这位爸爸致敬和学习的同时，也真切地感受到了教育所具有的力量和美好。在这则故事中，这位年轻爸爸的做法看似很简单，实则蕴含着非常深刻的教育原理和养育智慧，它带给当代父母的启示是：在家庭教育中，在孩子遇到或出现一些突发事件、负性事件、情绪问题、人际关系问题、行为问题或者学业问题时，父母应如何面对和解决，如何采用有效的方法帮助孩子消除这些事件可能对其带来的负面影响，从而有效保护孩子的自尊心。

心理学研究发现，良好的自尊会影响孩子的认知、情绪、行为和人格发展，对孩子的健康成长有着十分重要的促进作用。具有良好自尊感的孩子会悦纳自己、乐观自信、独立自主、待人友善。一个从小具有良好自尊的孩子，他很少表现出自卑和自负，他会愉悦地接纳自己，积极地看待自己，知道自己的优点和缺点，接纳自己的不足，克服自身的缺点，积极发挥自己的优势，努力让自己变得更好。一个自尊心良好的孩子，具有自主性和积极价值取向，善于发现生活中美好的事物，敢于在一些场合公开表达自己的意愿和想法，不会表现出担心和羞怯，也不会因为担心失败而放弃尝试和挑战。

父母有意识培养孩子具有良好的自尊心，积极引导孩子对自己以及自己的能力做出恰如其分的合理评价，理性看待自己和自己的能力，既不认为自己是全能的，也不认为自己是一无是处的，知道自己的优点和长处，也了解自己的缺点和不足，做到既不自负也不自卑。

自尊心过强的孩子容不得他人的批评、反对意见或指出缺点，这是一种不自信和缺乏良好自尊心的表现。真正自尊心良好的孩子，有积极的自我概念和良好的自我意识，不需要通过其他的方式来标榜自己，因为他们已经足够自信、自立、自强。

自尊是做人的基础，自尊心是人生之树的根基。稳定和健康的自尊，是建立在当之无愧的来自他人的尊敬之上的。孩子良好的自尊很大一部分来自父母的尊重、积极评价和无条件的爱。

在家庭教育中，父母一定要避免"人前教子"，不要将孩子的错误反复说给他人听，也不要为了自己的面子，当众厉声恐吓、训斥、贬损、责骂、轻视、羞辱孩子，这样会严重破坏孩子的自尊心，让孩子感到丢脸、伤心、难过、无地自容和愤恨，性格也会因此变得自卑、退缩、胆小懦弱，对他人缺乏信任感。

英国教育家洛克曾说过，父母不宣扬子女的过错，则子女对自己的名誉就愈看重，因而会更小心地维护别人对自己的好评；若是你当众宣布他们的过失，使其无地自容，他们便会失望，愈觉得自己的名誉已经受到了打击，则他们设法维持别人好评的心思也就愈加淡薄。

毁掉一个孩子最有效的方法就是让他当众出丑，让他丧失尊严。倘若父母不顾孩子的内心感受，当众揭孩子的"伤疤"，会极大地伤害孩子的自尊心，严重的甚至会导致孩子形成"破罐子破摔"和自暴自弃的逆反心理。中国古代主张教子"七不责"，其中第一"不责"就是"当众不责"，就是不要在大庭广众下揭孩子的短，不要在公共场所打骂孩子，要在众人面前给孩子尊严。

鲁迅曾说过，小的时候，不把他当人，大了以后，也做不了人。在家庭教育中，我们很担心一些父母态度恶劣、行为粗暴的错误教育方式，导致孩子从小丧失自尊心和没有羞耻感。

例如，一些家长经常吐槽："我家的这个孩子已经'没脸没皮'，简直没法教育了，我采用什么方法都不管用，打也打了骂也骂了，就是没有效果，不知道是什么原因。"事实上，这其中重要的原因是孩子的自尊心已经被严重伤害，父母经常采用打骂、羞辱和严厉的斥责方式对待孩子以及对待孩子的错误，导致孩子丧失自尊感和自我价值感，缺乏自我羞耻心，对自己没有要求，自甘"堕落"，形成"破罐子破摔"的消极心理，已经不在意别人如何看待和评价自己了。

孟子说过，爱人者，人恒爱之；敬人者，人恒敬之。我们都希望孩子具有自尊的积极品质，也希望孩子获得他人的尊重，更希望孩子能够尊重父母、尊重师长、尊重他人、尊重差异、尊重规则、尊重知识、尊重真理和尊重自然。孩子只有先学会尊重他人，才能得到他人的尊重。孩子需要父母的尊重，任何一个孩子的自尊心都是从小培养起来的。父母培养孩子良好的自尊心，就是把孩子当成独立的人来尊重，尊重孩子的人格，尊重孩子善良的人性，尊重孩子的感受，尊重孩子的想法，尊重孩子的隐私，尊重孩子的情感，尊重孩子的选择，尊重孩子的成长规律，尊重孩子"生而为人"的权利。唯有如此，孩子才会具有良好的自尊感，才能学会尊重他人。

屠格涅夫说，自尊自爱，作为一种力求完善的动力，是一切伟大事业的源泉。从小得到父母尊重的孩子，会产生良好的自我意识，会养成成长型思维、成长型心态和成长型价值观，会通过自己的积极行动不懈努力，更容易获得人生的成功。

在日常生活中，在孩子的成长过程中，不可避免地会遭遇打击、困难、挫折、坎坷、不幸、诱惑、失败等。一个具有良好自尊心的孩子，是一个从小受到了父母平等对待和尊重的孩子，是一个内心充满正能量和具有良好价值感的孩子，是一个心理强大和具有坚毅精神的孩子。在面对各种困难、打击和挫折的时候，他们会充满自信，乐观向上，有较强的心理灵活性，积极应对、努力化解。

孩子黄金般的自尊心需要父母的悉心保护和培养。根据不同年龄阶段孩子的身心发展规律和特点，父母可以采用积极养育的方法有针对性地培养孩子的自尊心。

对于幼儿阶段的孩子，父母培养他们具有良好自尊心的方法如下。

一是父母要多与孩子进行身体接触，包括抚摸和拥抱。在幼儿阶段，父母的抚摸、拥抱可以有效地促进孩子的脑发育，让孩子产生心理安全感，让孩子感觉到父母是喜欢自己的、是爱自己的。对于孩子来说，这是一种心理需求，也是一种心理营养，会让他们有愉快的体验。

二是父母用温和的语气和态度与孩子讲话。在亲子沟通过程中，父母与孩子讲话的语气与态度尤为重要。孩子喜欢父母说话的语气和态度，才愿意听父母讲话的内容，听懂了才会按照父母说的去执行。因此，父母与孩子进行亲子沟通时，一定要做到心态积极、情绪稳定、尊重孩子、有同理心，用孩子接受的方式和态度与孩子进行沟通。这样，才能取得良好的沟通效果，才能达到有效亲子沟通的目的。

有效的亲子沟通具有十分重要的教育功能和价值。一些父母的家庭教育效果之所以不好，主要原因之一是亲子沟通无效，亲子关系出现问题。因为这些父母习惯采用居高临下的沟通方式，表现出家长作风、不容置疑、不能反驳、不允许孩子顶嘴、不让孩子解释的做派。事实上，有效的亲子沟通不是单向的，而是双向互动的。沟通不仅仅是信息沟通，信息沟通很容易，沟通还包括情感沟通、思想沟通和心理沟通，这是沟通的重点和难点。

为了更好地理解沟通的含义，我们可以把亲子沟通分为"沟"和"通"。"沟"包括表达、陈述、倾听、提问、反馈，"沟"是手段和过程；"通"是指明白、理解、共识、一致，"通"是目的和结果，"沟"是为了达到"通"。在日常的亲子沟通中，很多家长不重视沟通，认为沟通不重要，缺乏与孩子的有效沟通。例如，在一些家庭中，父母能够认真听孩子讲话的时间一周加起来不超过一小时。孩子刚要说就被父母打断，"不要说了，写作业去，不要说了，你这点心事我还不懂吗？"父母习惯以他们自身的价值观，主观地认为孩子还小，什么都不懂。父母要多听孩子讲，用心听孩子讲，才能真正了解孩子的想法、要求和烦恼，才能有效地满足他们的要求和消除他们的烦恼。

事实上，一些父母与孩子的亲子沟通是无效的沟通。很多父母认为，反正我已经告诉孩子了，告诉孩子了就达到了沟通的目的。但其实孩子根本没接收到，根本没有听懂，也没有接受，没有与父母形成一致的协议，也没有相应的后续行为，更谈不上改变和成长。很多父母不知道，这种沟通是一种单向的沟通、是无效沟通。对于父母来说，亲子沟通最起码要做到有"沟"的手段和过程，最后达到"通"的目的和结果。

沟通的最高水平是不沟而通。什么叫不沟而通，不沟怎么会通？其实是可以的。不沟而通是说父母可以通过使用非言语方式达到有效沟通的目的。具体来说，父母以敏锐的观察力和领悟力，在了解孩子的心理状态和情绪状况的情况下，不需要过多的言语询问和追问，利用关爱的眼神、鼓励的目光、温暖的拥抱等非言语形式，表达对孩子的接纳、理解和关爱，达成一种心灵的默契，给予孩子力量。这就能达到我们平常所说的"此时无声胜有声"的沟通目的。

例如，一位很懂教育的妈妈，她了解自己女儿对数学还不太擅长。有一天女儿放学回到家，在自己房间里写作业，妈妈在客厅里安静地读书。过了一会儿，妈妈听到女儿的房间传出"啪"的重重摔东西的声音。听到声音后，妈妈放下手中的书，快步来到女儿的房间，想看一下发生了什么事情。在女儿的房间，妈妈看到的情景是这样的：一本数学练习册被重重地摔在地板上，女儿正在委屈地抹眼泪，但她并没有哭出声来。

看到这种情形，妈妈并没有急于用语言去对女儿讲大道理、去安慰女儿，也没有埋怨、批评和指责女儿为什么要摔书，更没有不断地询问、逼问和追问女儿到底怎么了，而是走过去坐在女儿的身边，拉着她的手，用一种非言语行为和态度，默默表达对女儿的关爱、理解、信任、支持和接纳。因为妈妈了解女儿此时的心情，女儿首先需要有人理解她，理解她的内心感受和体验，然后要宣泄掉自己心中的委屈情绪。过了几分钟，女儿突然扑在妈妈怀里哭出声来，哭了一会儿，释放完委屈的情绪之后，女儿主动跟妈妈说："妈妈，这道数学题我怎么算都没算对，怎么办呢？"此时与女儿有效沟通的时机来了，妈妈拉着女儿的手来到客厅，坐下来和女儿一起讨论该如何学好数学。妈妈耐心地指导和启发女儿如何在课堂上专注地听数学老师讲课，如何养成课前预习和课后复习的习惯，要有错题本和难题本，要掌握学习数学的科学方法，等等。经过一学期的刻苦努力，女儿的数学成绩有了显著的提高，也开始在数学学习方面变得更加自信。在这个例子中，这位妈妈首先以共情的方式表达对女儿的理解，然后与女儿进行有效的亲子沟通，达到了良好的沟通效果，值得广大父母学习和借鉴。

三是父母能准确敏锐地观察到并及时满足孩子的身心需求。例如，父母要能敏锐地观察到孩子口渴、饿了、害怕的信号，并在第一时间出现给孩子喂水喂食、拥抱、抚摸、陪伴，给孩子心理安全感。也就是说，父母要对孩子的身心需求给予积极回应。如果因为父母的喂养方式不科学，父母以消极的态度对待孩子的各种需求，孩子的一些生理需求、心理需求和情感需求没有及时得到满足，甚至孩子不知道什么时候能满足，都不利于孩子自尊心的培养。

父母培养小学生具有良好的自尊心，要在原有幼儿阶段的基础上，在方式和方法上略有不同。

第一，父母要多鼓励孩子的进取心和求知欲。处于小学阶段的孩子，他们会表现出主动的探索欲望，充满好奇心和求知欲，他们会在学业上勤奋努力，希望取得优异的成绩。父母要对孩子的勤奋努力和刻苦学习给予充分的认同和肯定，多采用正面强化的方式鼓励孩子的进取心和求知欲，这样有助于培养孩子具有良好的自尊心。孩子通过自己的勤奋努力取得优异的成绩，会体验到自身的价值感和成就感，会充满信心，会有良好的自我效能感，相信自己有能力把事情做好。鼓励是教育孩子非常有效的一个方法，优秀的孩子是鼓励出来的，而不是打骂出来的。

事实上，父母采用打骂的方式教育孩子，是无能、没有智慧、没有方法、简单粗暴、不懂教育的表现。棍棒底下打不出才子。父母对孩子管教，偶尔采用一些适度的惩戒是可以的，但绝对不是体罚和打骂。父母在良好亲子关系的基础上，通过父母的正常权威，采用平等的、民主的、鼓励的、尊重的家庭教养方式，对孩子进行科学有效的引导、启发和教育。

第二，父母多对孩子做正面回应。正面回应就是积极发现和关注孩子身上的力量、美德和优势，就是能准确地指出孩子做得好的方面，表扬孩子做得好的具体事情，不要笼统地说你是好孩子，你是优秀的学生。例如，表扬孩子对老师有礼貌，今天帮助了小同学，在班级主动帮同学打扫卫生，今天的作业写得特别工整，古诗背得特别熟练，等等。父母对孩子表现好的方面进行积极回应，能够让孩子清楚地知道自己哪些事情做得对，会获得正面强化和自我激励，接下来孩子还会继续这样做，这种积极的行为出现的频率会不断增加。这也是家庭教育中父母所希望的，希望孩子能做出更多的积极行为，避免出现一些消极的问题行为。

父母对孩子进行正面回应，要做到少斥责、多鼓励，少惩罚、多表扬，多用积极的语言与孩子沟通，对孩子的行为进行积极的解释和归因。根据不同年龄阶段孩子的心理特点，父母可以采用口头表扬、小贴纸、小勋章、小奖状等对孩子进行正面强化，多对他们的努力进行积极回应。

"童话大王"郑渊洁采用正话反说逆向思维的方式，为我们厘清了家庭教育过程中需要避免的陷阱。他告诫父母绝不要用下列手段对待孩子：父母当众出孩子的丑；将孩子贬损到卑微的地位上；让孩子觉得自己什么都不行，什么都不如别人；自己不顺心时迁怒孩子；绝不给孩子一点儿自由；对孩子说话语气强硬；经常拿别人家的"好孩子"刺激他；强迫孩子做他不愿意做的事情；父母把自己塑造成一个牺牲者的形象。这些手段是毁掉孩子的利器。

第三，父母要允许孩子失败，鼓励他们不断努力和尝试。在孩子的成长过程中，父母让孩子做事情，让孩子挑战、尝试、体验，让孩子独自去面对，他们不可能像父母所希望的那样做得非常好，他们一定会出现所谓的问题和过失。

事实上，即使是成年人有时也难免出现失误，也会说错话或做错事。孩子在成长过程中，在学习生活中，没有达到父母提出的要求时，父母不要一味地否定、批评和打击孩子。父母应允许孩子失败，要接纳孩子的失败，科学指导孩子学会在失败中总结经验，在失败中历练自己，不断完善自己。孩子的问题不是问题，父母看待孩子问题的方式、方法和态度才是关键。父母教孩子学会接受失败，孩子才能不惧怕失败，才能正确看待和分析失败，才能在失败中吸取教训，避免以后再犯同样的错误，才能最终取得成功。

在孩子的成长过程中，父母要允许他出现一些所谓的失败、问题和过失。孩子出现的这些所谓的失败、问题和过失，恰恰说明他没有真正掌握，说明他还不太擅长，说明他还没有真正弄懂，说明他还不十分理解，说明他还欠缺相关的知识、技能和方法。针对这些问题和失败，父母要科学分析问题背后的真正原因是什么，然后对症下药加以有效解决，缺什么补什么，哪方面不足就在哪方面加强，这是父母面对孩子问题的理性态度和科学认知。

父母允许和接纳孩子暂时的失败，鼓励孩子勇于面对困难，从中可以培养其坚毅的品格和乐观自信的性格，使孩子继续不断努力、尝试和挑战，直到取得成功为止。即使在他今后的人生中遇到更大的困难，他也不会逃避，不会找理由和借口，而是目标坚定，努力寻找解决问题的有效方法和可行路径，勇于面对，积极应对，最终获得人生的成功。

在中学阶段，父母培养孩子具有良好的自尊心，在方法上要比小学和幼儿阶段时委婉一些，要更加灵活和变通，要能适合这个年龄阶段孩子的心理发展规律和特点。具体做法如下。

第一，父母要多给孩子自由选择和表现的机会，要尊重他们的选择和决定。这一点特别重要，因为中学阶段的孩子正处于青春期，青春期的孩子自我意识觉醒，成人感增强，他们认为自己已经长大了，不希望什么事都依赖父母，希望有自主性，想自己进行选择和做决定。对于孩子这种心理需求，父母应该给予尊重、鼓励和支持。父母有意识地给孩子创造机会，放手让他们学会选择，并且尊重他们的选择，将有助于他们更好地成长。

在家庭教育中，对于一些诸如穿衣戴帽的生活琐事，父母学会放手让孩子自己选择，让他们会选择、敢选择、能选择，然后给予他们支持、肯定和认同，这样会锻炼孩子在今后的人生发展中，当面临一些重要的选择，如专业、工作和婚姻的时候，能够做出合理的选择。否则的话，孩子可能会成长为不敢选择、不能选择、不会选择、不善于选择、凡事总是依赖父母的人。这样的家庭教育是失败的，会导致孩子在面临选择的时候优柔寡断和痛苦纠结。父母要给孩子充分选择的机会，尊重和支持孩子的选择。如果父母很强势，不让孩子选择，很少给孩子选择机会，替代孩子选择，或者孩子选择了父母很少表现出认同和肯定，就会造成孩子以后拼命地逃避人生的各种选择，把选择当作一件痛苦的事情。

父母教育孩子要目光长远，不要仅仅看眼前，要看五年以后孩子怎么样，十年以后孩子发展得如何，甚至放眼孩子一生的发展。也就是说，父母在教育孩子的过程中，要有长远眼光，要视野开阔，要有大格局，不要固守自己狭隘的心理定式。对孩子过多的控制、限制、照顾、包办替代，其背后的潜台词就是告诉孩子"你什么都不会""你什么都做不好""我对你不放心"。事实上，家长越是这样对待孩子，越不放手让孩子大胆去尝试和体验，孩子真的就越有可能成为一个具有无能感、无力感且无所作为的人。

第二，父母多鼓励孩子参加集体活动和社会服务，让他们在实践活动中增强自信和提高自我价值感。父母鼓励孩子多接触社会，鼓励他们多为社会做贡献，让他们有成就感和人生的意义感，在做的过程中得到别人的认同，得到社会的积极评价和回应，让他们更自信、更乐观、更积极。因此，父母鼓励孩子多参加班集体、学校和社会的义务活动，例如，在一些博览会、教育活动、健康咨询活动中担任志愿者，让他们在这些活动中学到知识，积累经验，提升能力，不断成长。通过鼓励孩子参加各种社会实践活动，培养孩子的社会性，有助于孩子将来更好地生存和发展。

培养孩子具有良好的自尊心，有效的方法可以概括为两句话：无条件爱孩子，用正面和鼓励的语言进行亲子沟通。父母不要认为无条件爱孩子就是溺爱，无条件爱孩子并不是溺爱，不是毫无底线和原则，过度满足孩子的各种要求。无条件爱孩子的爱是一种父母对孩子纯粹的、没有功利性的爱。在家庭教育中，很多父母对孩子的爱是一种功利性的、有条件的爱。孩子表现好，考试得了 100 分，父母会对孩子"爱得不得了"，把孩子搂过来亲一口。而如果孩子表现不好，没有达到父母提出的要求和制定的标准，父母会一改常态，表现出截然相反的情绪和态度，用孩子的话来形容就是："我的妈妈上一秒因为我表现好，对我又搂又抱又亲，对我非常好，而下一秒因为我做错一道题，就马上翻脸，对我表现出凶恶的一面，犹如变色龙一样，让我很难适应。"

有一年的全国高考语文作文题反映的主题就是父母有条件的爱。题目是呈现几幅漫画，让考生看图写作。第一幅漫画是一个小学生回到家，手里拿着一张考了 100 分的试卷，孩子脸上有一个唇印，漫画上配有妈妈对孩子说的话："好孩子，你真棒！"第二幅漫画中还是这个孩子，这回孩子手里拿着一张考了 96 分的试卷，孩子一侧脸上有一个巴掌印。这代表什么？这就是父母对孩子有条件的、不纯粹的、功利性的爱。

在家庭教育中，当孩子表现好的时候，父母对孩子表扬、认同和肯定，表现出高兴、欣喜、自豪和愉悦。其实孩子做得不好的时候，更需要父母的爱、力量、理解、支持和鼓励。爱是家庭教育中最有力的工具，但这种爱一定是纯粹的爱、无条件的爱，而不是有条件的爱。有条件的爱是：孩子做得好的时候父母对其关爱有加，孩子做得不好的时候父母翻脸不认人。当父母对孩子表现出有条件的爱时，孩子会觉得父母对他的爱是功利性的，他会觉得无所适从，甚至也学会与父母讲条件。

教育的极致是行为的影响，父母的行为会对孩子产生重要的影响。父母用什么方式对待自己的孩子，孩子就学会了用同样的方式对待家长、对待周围的人。因此，要培养孩子成为一个自信、乐观、健康、快乐的人，父母要给予孩子无条件的爱。当孩子表现不好的时候，父母更应该给予理解和关爱。因为当孩子出现问题时，其实他主观上也不希望出现这种结果，原因可能是自身能力欠缺，也可能是自我经验不足。此时，孩子最需要的是来自父母的爱、理解、信任、接纳、支持和鼓励。

父母经常使用积极和鼓励的语言教导孩子，有助于培养孩子良好的自尊心。语言的力量是巨大的。因为语言具有象征性，是第二信号系统，具有评价的功能，语言会让人产生认知融合。在人际沟通中，有的人一开口就伤人，而有的人一讲话就让人感觉特别舒服，如沐春风，这就是语言的力量。在生活中我们不难发现，人们最容易用语言伤害自己身边的亲人，特别是有些父母，容易用语言伤害自己的孩子，而且美其名曰："我这都是为你好。"在亲子沟通过程中，父母应充分发挥积极教育语言的力量，对孩子多讲正向的语言，多讲鼓励、认同、尊重、宽容、理解、信任、支持和激励的话。积极的语言会让孩子感到快乐，会使亲子关系和谐，会使亲子沟通更加有效。反之，父母的恶言恶语会让孩子痛苦、自卑，伤害他们的自尊心。

语言是一门科学和艺术，需要父母不断地学习、实践和总结。父母在与孩子进行亲子交流和沟通过程中，多讲正向的、积极的、有利于孩子自我实现的语言，少讲甚至不讲那些伤害的、打击的、侮辱的、斥责的、恐吓的、威胁的语言。父母要充分发挥积极教育语言在家庭教育中的重要作用，从而达到理想的家庭教育效果。

孩子具有良好的自尊心，心中便充满了力量，在人生的成长过程中，他们就能够勇于面对各种挑战、坎坷、挫折和不幸，这是良好自尊心带给他们的力量。每个孩子都有自尊的需要，这是一种正常的情感需求，父母以正确的方式满足他们的自尊需求，从而培养孩子具有良好的自尊心。父母能否培养孩子具备良好的自尊心，是衡量家庭教育是否有效甚至成功的一个重要标准。

保护孩子的自尊心，培养孩子具有良好的自尊心是家庭教育的第一要务。在不同年龄阶段，培养和保护孩子自尊心，秘诀有两条。一是要做到无条件地爱和接纳孩子，无条件的爱绝对不是溺爱，而是一种纯粹的、没有功利性的爱。也就是孩子表现好父母要爱孩子，表现不好同样也要爱孩子，给他强大的心理支持。二是要以积极的语言、温和的态度跟孩子讲话和沟通。

当代著名作家周国平指出，爱孩子是一种本能，尊重孩子则是一种教养，而如果没有教养，爱就会失去品格，仅仅停留在动物性的水准上。真正有品格的爱，是孩子能在父母无私的爱里，成长为一个具有良好的自尊、自爱、自主、自律、自强、自我价值的人。父母学会培养和保护孩子具有良好的自尊，不要做出伤害孩子自尊心的言行，有利于孩子全面健康成长。

孩子正确价值观的培养

父母的教育观涉及的是如何培养孩子，以及把孩子培养成什么样的人的问题。在现实的家庭教育中，一些父母持有的是功利主义的教育观，即把孩子的学习成绩作为教育的全部，并以此作为评判孩子好坏的唯一标准。

这种功利性的教育观会导致孩子为了学习而学习，为了获得高分而学习，为了父母的面子而学习，忽视了对孩子成长更为重要的价值观教育、品德教育、人格教育、心理健康教育、习惯养成教育、幸福教育、情商教育、人际关系教育、利他亲社会教育等，不利于孩子全面健康成长。

父母单纯追求考试成绩、唯分数第一的功利化教育倾向，会导致无视孩子的积极天性、自主性和全面发展，把孩子当作完全没有思想的"考试机器"，这种唯分数论成败的狭隘教育观，会把孩子从小牢牢地束缚在"死读书"和"读死书"上，忽视对孩子创造力的培养。父母为了让孩子"成龙成凤"不断内卷，为了追求所谓的高分，违背孩子的身心发展规律，违背教育规律，这极容易导致孩子出现厌学、弃学，甚至心理不健康等现象。

家庭教育的内容是多方面的，绝不仅仅就是向孩子传授知识，还包括培养高尚品德、塑造健全的人格、养成良好的习惯、促进身心健康成长等。在诸多重要的家庭教育内容中，价值观教育是重中之重。积极正确的价值观对孩子的行为和人生发展方向具有重要的驱动、激励和指引作用，能帮助孩子判断什么是对的，什么是错的，进而让孩子知道什么事应该做，什么事不应该做。能够有效地激励孩子以积极的行动追逐自己的梦想，去做那些可以给自己生活带来意义的事情，实现人生的目标，拥有属于自己的幸福美好生活。

简单地说，价值观就是做人做事的出发点和方向，它主导我们的思想和行为。具体来说，价值观是一个人内心深处真正看重的东西，是自己所秉持的人生信念和处事原则，是个人对客观事物以及对自己行为结果的效果、意义、作用和重要性的总体评价，是对什么是好的、哪些是应该做的的明确看法，是激励和指引一个人采取决定和行动的原则、标准。价值观回答的是你想要自己的生活成为什么样的，你的人生方向是什么，你想要如何行动，你想具有什么样的优势、力量、美德等积极品质。换句话说，价值观是人内心最深的渴望，是一个人想要如何表现，如何对待自己、对待他人和周围的世界。

明确价值观是为自己创造一种有意义的生活的重要一步。价值观的本质是行动，基于价值观的行动是积极的、正向的、具有建设性的，这种行动不仅仅涉及是什么的问题，更重要的是寻问为什么，也就是行动的目的和意义。例如，当孩子在成长过程中遇到烦恼时，父母倾听孩子的心声是一种行为，认真探究为什么要做出这种行为则与父母关心、理解或支持等价值观有关。受良好价值观驱动的积极行动，会带给人内心的满足、成就、意义、快乐和幸福。

心理学认为，价值观是个体用语言建构的、持续动态的、想要追求的、自由选择的人生方向。价值观一旦形成就会相对稳定，它是一个人当下行动的内在指南针，基于价值观引领的积极行动会随着时间的推移以动态灵活的方式向前发展。价值观能帮助人们调动、汇聚心理能量和资源，激发自我内在的潜能，使行动更有力量，更有助于个体实现人生的目标，过一种丰富、充实、有意义的生活。

当前，一些父母在养育孩子方面，存在生而不养、养而不教、教而不当的现象，忽视对孩子积极价值观的培育，使孩子缺乏价值观，没有存在感，出现所谓的"空心病"，不知道自己是谁，不清楚自己的人生方向和目标是什么，不明确自己的人生价值在哪里。

父母是孩子的第一任老师，家庭是孩子的第一所学校，父母要为孩子扣好人生第一粒扣子，教会孩子迈好人生第一步。孩子正确价值观的形成，离不开父母的悉心培育和积极引导，也离不开积极家庭环境潜移默化的熏陶和塑造。在家庭教育中，如何把孩子培养成为一个有爱心、讲道德、懂道理、明是非、知好坏、会做事、敢追求、善良、真诚、尊重、合作、宽容、助人、友爱的人，如何对孩子传递和施加正确、积极、良好的价值观教育，如何避免一些不良社会风气如拜金、拜权、自私自利、享乐主义、不劳而获、"摆烂"、"躺平"等消极价值观对孩子成长的不良影响、冲击和侵蚀，防止孩子的价值观出现扭曲，是父母的重要责任，也是家庭教育至关重要的内容。

积极的家庭，积极的父母，积极的养育方式，才能培养出价值观"正"的积极孩子。中国近代著名教育家蔡元培先生曾说，要有良好的社会，必先有良好的个人，要有良好的个人，就要先有良好的教育。蔡元培先生这里所讲的"良好的个人"是指那些具有正确的价值观、健全人格、是非观念和懂得如何为人处世的人。蔡元培主张要通过德智体美劳"五育并举"的科学教育，培养健康成长和全面发展的良好的个人。

我们常说做人要"三观"正，要有好的"人设"，不能为谋取个人私利三观尽毁。作为"三观"中的重要"一观"，价值观在"三观"中处于核心地位。价值观代表着人们对事物价值的判断和选择。正确的价值观就如同一个指南针，指引着人生的行动方向，正向影响着人的心理成长、学业发展、家庭关系、事业发展等，激励人们追求丰富、充实、有意义的美好生活。

古今中外，不乏一些对孩子进行良好价值观教育的成功案例，比如我们所熟知的"孟母诫子"就是其中非常著名的一个。

孟子在年少的时候，读书并不是很用心、很努力，经常表现出一副漫不经心、毫不在意的懈怠态度。孟母为教育孟子改变当下的消极状态，故意用剪刀把正在织的布剪断，以此告诫孟子如果他现在荒废学业，不思进取，不勤奋刻苦，迟早有一天会像剪断的织布一样毫无价值，半途而废，一事无成。孟子听后幡然醒悟，领悟到母亲的良苦用心，下决心不再懒惰和贪玩，一定要发奋读书。自此以后，孟子每天从早到晚勤学苦读，坚持不懈，最终不负孟母所望，成为中国古代伟大的思想家，为世人所敬仰。孟母用"子不学，断机杼"的身教方式，训诫、引导和培育孟子形成勤奋刻苦、专心致志、严谨治学、持之以恒的正确价值观，为中国古代对孩子价值观教育的成功案例。

在近代教育史上，中国著名教育家陶行知先生"四块糖"的故事，堪称对孩子进行价值观教育的典范。让我们重温这个现在读起来依然让人深受启发和蕴含教育深意的故事。

陶行知先生任育才学校校长的时候，有一次在操场上看见一名小学高年级男同学正想用砖头打一个低年级男同学，他及时制止并要求这名高年级男同学去校长办公室等他。陶行知在了解了事情的经过后回到办公室，发现这名男同学已经恭敬地站在校长办公室门口等候他，表现出一副十分紧张等着挨训的神态。

让这名男同学意想不到的是，陶行知先生并没有严厉地批评他，而是先从兜里掏出一块糖很和蔼地说：这是奖励给你的，因为你很准时，比我先到了，这块糖奖励你很守时。这名男同学一副惊讶的表情，将信将疑地接过糖。然后陶行知先生又掏出第二块糖：这也是奖励给你的，刚才我不让你打人，你立刻就住手，说明你尊重我，听从了我的话。在男同学感到意外时，陶行知先生又掏出第三块糖：据我了解，是那名男同学先欺负一名女同学，你才想用砖头打他，制止他欺负女生的行为，这块糖奖励你有正义感。此时，男生感动得声泪俱下：校长，我知道错了，不管怎么说，我想用砖头打人的行为是不对的，我以后不会这样做了。陶行知校长满意地笑了，随即掏出第四块糖递给学生：你已经知道错了，我们的谈话结束了。

从陶行知先生与这名学生的简短的对话中，我们学习到了陶行知先生"千教万教，教人求真"的科学教育理念和先进教育思想，感受到了他的人格魅力、教育智慧和"爱满天下"的教育信念和育人情怀，也真切地感受到了教育的伟大、美好和力量。即使是在这名男同学要拿砖块打其他同学明显犯错误的情形下，陶行知依然没有采用训斥、苛责、罚站、打骂等简单粗暴的方式，对其进行批评和讲大道理，而是采用理性、平和、尊重、欣赏、引导、循循善诱的科学教育方式，用心寻找这名学生身上所具有的"闪光点"，积极引导这名学生成为"智仁勇""真善美"的"真人"，对其进行正确价值观教育，帮助这名学生建立守时、尊重师长、见义勇为和知错就改的积极价值观。试想一下，一个学生在其求学生涯中，能与校长有一次如此意味深长的面对面谈话经历，一定会终生难忘，这将影响其一生的发展。

积极养育倡导从价值观、品格、道德品质、生命意义等方面促进孩子健康成长和全面发展，充分发掘孩子身上所具有的美德、力量和优势等，主张父母在家庭教育中，通过自身对周围人、事、物所持有的积极态度、积极关系、积极情绪、积极语言、积极解释、积极思维、积极行动、积极应对和积极改变，对孩子良好价值观的形成产生言传身教、潜移默化的积极影响。

需要说明的是，价值观不同于目标，价值观比目标更强有力。价值观的选择权在个人手上，而目标的实现并不完全取决于个人，还受到其他因素的影响。价值观体现的是你在当下想要如何表现，而且在持续的基础上今后都这样表现。价值观与人们的行动有关，在任何时候，我们都可以按照自己的价值取向持续不断地行动。目标是着眼于未来，想要得到、拥有或实现的事情，目标一旦实现或完成，目的达到了，使命完成了，行动就会终止。

例如，想让孩子考取班级第一名是目标，想要孩子成为积极进取、学习有效率和富有成就的人，真正起作用的是树立正确的价值观。再比如，想得到他人的爱和尊重是目标，使自己充满爱和令人尊重则是价值观。又比如，停止打骂孩子是目标，成为一个学会接纳孩子、善解人意、尊重孩子的父母则是价值观。在家庭教育中，我们很多父母的关注点是如何给孩子树立目标，树立什么目标以及如何实现目标，而忽视了对孩子积极价值观的引导、传递、培育和建构。

孩子正确价值观的培育、塑造和形成是个长期的过程，绝非一朝一夕轻而易举就能完成的，需要父母持续不断、有意识地积极引导和悉心培育。有些父母会想当然地认为，孩子还小，什么都不懂，无须过早进行价值观教育，等孩子到一定年龄，他们自然就会懂得如何分辨是非和为人处世。小孩子真的如这些父母所认为的，年龄还小没有是非观，不知好坏，无善恶判断的标准，什么都不懂，无须进行价值观教育吗？

显而易见，答案是否定的。心理学家通过研究指出，成年人的"你是小孩，你懂什么"这一认知观念并不正确。很多人认为婴儿是通过父母的帮助以及后天的学习，才逐步懂得如何分辨好人和坏人的。有研究人员发现，部分婴儿在 6 个月大时，就已经能辨别玩具娃娃中的"好人"和"坏人"了。

美国心理学家布鲁姆用实验的方法，对 6 ~ 12 个月大的婴儿进行研究，研究结果发现，孩子天生就有道德感，具有区分善恶的本能。在这里，布鲁姆所说的道德感，并不是指做好事或做坏事的行为冲动，而是指区分好坏与善恶的判断能力。比如，当我们目睹一个男人在打一个女人，知道这个男人的行为是不对的；又比如当我们看见一个小偷正在偷别人的钱包，知道这个偷窃行为是违法的。这种区分好坏、判断对错的能力就是布鲁姆所说的道德感。

那么婴儿真正理解的道德是什么呢？心理学家基利·哈姆林等人在《自然》杂志上报告了他们的研究。

他们挑选了一些 6 ~ 10 个月大的婴儿，用木制玩具娃娃为他们演了一出"戏"。研究人员设计了一项实验，目的是研究婴儿对帮助和阻碍这两种行为的认知是怎样的。他们让接受实验的婴儿观看动画片，其中一个场景是：一个圆形试图爬上山顶，一个三角形在后面推了一把帮助圆形爬了上去。另外一个场景是：一个圆形试图爬上山顶，却被一个正方形踢了下来。为了了解婴儿对作为"帮助者"的三角形和"阻碍者"的正方形的态度，研究人员又设计了另外两个场景：用一个圆形去接近三角形和用一个圆形去接近正方形，当圆形接近正方形时，不论是 6 个月大还是 10 个月大的婴儿，都睁大眼睛盯着屏幕，他们被圆形的"行为"惊呆了，因为他们预期圆形会去接近充当"帮助者"的三角形。而当场景切换成他们预想的画面，圆形接近三角形时，他们的眼光并未持久停留在画面上。

在成人看来，这些场景中潜藏着道德观念。正方形是一个"令人讨厌的坏家伙"，而三角形是一个"乐于助人的好人"。研究人员试图了解婴儿是否和大人有同样的认知，即他们也会喜欢好人而讨厌坏人吗？研究人员将上述场景做成三维动画片，播放之后，研究人员会把场景中一模一样的三角形和正方形放到婴儿面前，看他们如何选择。结果发现，婴儿们无一例外地选择了充当"帮助者"的三角形。

接下来，研究人员又增加了一个既不帮助也不妨碍圆形爬上山顶的"中立者"，以进一步明确婴儿的判断和选择。研究结果显示，婴儿会在"帮助者"和"中立者"中选择"帮助者"，在"中立者"和"阻碍者"中无一例外地选择"中立者"。

这一系列实验研究表明，婴儿头脑中已经具有初步的道德观念与道德判断，也许他们还没有明确的道德观念意识，因为婴儿的人生阅历还是一片空白，他们的反应只是停留在本能的层面，但他们的认知充满强烈的感情和愿望。

研究人员把播放动画片的方法改成"玩偶戏"，即扮演"中立角色"的娃娃吃力地往一个斜坡上爬，扮演"好人角色"的娃娃从后面推"中立角色"的娃娃，帮助它到达坡顶，而扮演"坏人角色"的娃娃则把"中立角色"的娃娃推下斜坡。在"玩偶戏"演完后，研究人员把"好人角色"和"坏人角色"的娃娃摆在婴儿面前，让他们挑选，结果几乎所有婴儿都把"好人角色"的娃娃选为他们的玩具，在对"中立角色"和"坏人角色"娃娃进行选择时，婴儿偏爱"中立角色"娃娃，当面对"中立角色"和"好人角色"娃娃时，大多数婴儿再次选中后者。

另有研究发现，5 岁的孩子已经学会了"爱面子"，在知道自己被别人注视的时候，会表现得很友好、很大方。在幼儿阶段被表扬形象好的孩子，上了小学以后，作弊的概率很小，而且不论有没有被鼓励"你是个好孩子"，几乎所有的孩子都认为作弊是一件"不光彩的事"。

上述研究表明，孩子天生就有道德感，能够区分善意行为和恶意行为。正如有研究者所说的，道德感就像一个人的大腿和胳膊一样，是他身体的组成部分。也就是说，每个人都被赋予了道德感，只是有的比较强，有的比较弱，就像每个人四肢的力量也有大小之分一样。

那些 20 世纪 70 年代出生现在早已为人父母的人，一定还记得小的时候经常哼唱的一首儿歌：我在马路边，捡到一分钱，把它交到警察叔叔手里边……这首儿歌表达的就是一种积极的价值取向，告诉我们从小要养成诚实可信、拾金不昧、友好善良、乐于助人、不是自己的东西不拿的正确价值观。

古人云："勿以恶小而为之，勿以善小而不为。"这句话表达了这样一个道理，即不能因为好事小而不做，只要是善的，即使是小善也要做；也不能因为不好的事小而去做，只要是恶的，即使是小恶也不要做。不要轻视小事，"善小"中也会含有"大义"；同样，不要去碰"小恶"，做到防微杜渐，否则"小恶"积多了会演变成"大恶"。

正所谓"千里之堤，毁于蚁穴"，小错误不注意会酿成大祸。正如《易经》中所言："善不积不足以成名，恶不积不足以灭身。"孩子小的时候出现骂人、说谎、不诚实、小偷小摸、不懂是非等看似小的品行问题，如果父母不及时加以管教和予以纠正的话，长大以后就可能发展演变成大的品德问题，严重的甚至走向违法犯罪的道路。

父母要给孩子讲好"人生第一课"，帮助孩子扣好人生第一粒扣子，教会孩子迈好人生第一步。这是强调父母在孩子的早期发展阶段，对他们进行启蒙教育和正确价值观教育的重要性，孩子早期积极价值观的教育，具有先入为主第一影响力的作用，能直接助益于后续学校教育、社会教育和自我教育的影响效果。

教育的极致是行为的影响，父母的行为将会影响下一代。在对孩子进行价值观的教育中，父母的身教是一种十分有效的教育方式，具有强有力的感召力、感化力和感染力，对孩子积极价值观的形成、塑造具有潜移默化至关重要的影响作用。孔子有云：其身正，不令而行；其身不正，虽令不从。古人认为：使人行者，身先行之。这些著名论断都表明，对于孩子价值观的培育，除了要对孩子进行传授知识、提出要求、解释道理、制定规范、建立规则、正面引导、有效沟通、鼓励支持等之外，最有效的方法是父母一定要以身作则和做出示范，成为孩子良好价值观学习和模仿的榜样。

正所谓"言传身教，身教重于言教""讲千遍道理，不如行动一次""身正则威""身正为范""以身教者从""行不言之教，胜有言之教""行之以躬，不言而信""身行一例，胜似千言"。上述这些至理名言都表明，在孩子价值观的培育过程中，父母以身作则的重要性。

教育无小事，生活即教育，事事皆教育。在家庭教育中，可以说真正的大事情并不多，大多是一些小事情，但小事情如果处理不好就是大事情。日常生活中是培育孩子正确价值观最好的场所和舞台，父母具有明确的教育意识，有目的地通过日常生活中的各种事情，对孩子进行是非善恶、为人处世的教育，会取得良好的效果。在对孩子进行价值观教育时，一定要避免父母自身存在不良价值观，从而可能对孩子带来消极影响和错误引导。令人遗憾的是，有些父母缺乏清醒的自我意识，觉察不到自己的问题所在，对自身错误价值观不进行深刻的反思，自我不学习、不改变、不成长，势必会对孩子良好价值观的形成带来消极的影响。

墨子见染丝者而叹："染于苍则苍，染于黄则黄……固染不可不慎也。"墨子的这句话揭示了环境和周围的人对一个人的巨大影响作用。在家庭教育中，我们经常看到一些由于父母自身的言语不当和行为失范，而导致孩子形成扭曲的价值观现象。比如，那些不尊重他人、说话不文明、满嘴粗话和恶语伤人的父母，会使孩子形成没有礼貌和不懂得尊重他人的价值观；那些要求孩子要绝对服从自己、对孩子实施高压控制、不允许孩子辩驳的父母，会使孩子容易形成不平等和缺乏民主意识的价值观。

再如，有些父母告诉孩子不能让别的同学成绩比你好，教孩子采用损人利己的手段攻击和诋毁对方，这种教育方式容易使孩子形成恶意竞争、嫉妒、仇恨、无法接受别人优秀和成功的价值观。还有些父母经常若无其事习惯性地领着孩子横穿马路，闯红灯，购物不排队等，此种无视社会规则的行为，也会容易导致孩子形成漠视规则和法律的价值观。凌驾于规则之上的人最终会受到惩罚，会付出代价。

家庭和父母对孩子具有先入为主的根本性影响，有什么样的家庭，有什么样的父母，就会有什么样的孩子。既然孩子会深深打上家庭的烙印，具有父母的影子，父母榜样示范的作用就至关重要。毋庸置疑，在对孩子价值观的培养方面，父母身教的力量要远大于言传的影响。教，上所施，下所效也。这就要求父母在家庭教育中首先要做好自己，严格要求自己，以身作则，榜样示范，注重身教，做好表率，尊道德，讲道德，守道德，勿以善小而不为，勿以恶小而为之。父母从身边的一件件小事做起，心存善念，多做好事，多行善事，积小成大，积少成多，成为孩子模仿学习的榜样。

正如著名心理学家胡科特所言，想拥有什么样的孩子，请你先成为什么样的父母。你希望自己的孩子成为一个具有高尚道德和崇高理想的人，你首先是个具有高尚道德和崇高理想的人；你希望你的孩子成为一个积极的人，你首先要是个积极的人；你要求孩子做有益于他人的事情，你首先要做到；你不允许孩子做的违背社会规则的事情，你自己坚决不做；你希望孩子拥有一些良好的价值观，你要拥有良好的价值观。父母要时时处处为孩子做出表率，成为孩子学习模仿的榜样。

父母是孩子最好的老师，父母影响孩子的一生。在日常的家庭生活、学习和工作中，父母自觉做到诚信、善良、正直、感恩、助人、有修养、有爱心、自律、文明、守纪、守法、言行一致、表里如一，积极遵守各种社会规范、规则和准则，不在公共场所大声喧哗，不随地吐痰，不乱扔垃圾，不横穿马路，不闯红灯，不说脏话，不损人利己，不做违反道德和违反法律的事情。父母以身作则，才能在不知不觉中对孩子产生潜移默化的积极影响，才能使良好的价值观内化于孩子的人格之中，外化为孩子的自觉行为。

莎士比亚有一句名言：上天生下我们，是要把我们当作火炬，不是照亮自己，而是普照大地。在家庭教育中，父母注重对孩子良好价值观的培育、熏陶、感召和引导，使孩子拥有成长型价值观和成长型心态。通过采用科学有效的积极养育方法，引导孩子更好地感知和认同核心价值观，并把其内化于自我的认知结构中，在日常生活学习中不断践行，鼓励孩子用良好价值观引领和驱动自己的行动，朝着有意义的人生方向不断进取，激励孩子即使身处逆境，仍然要坚持不懈地追求，培养孩子具有更多的力量、美德、优势等积极心理品质，通过自己的积极行动追求幸福美好的生活，成为有益于他人、有益于社会、有益于国家、有益于世界的人。

孩子自主性的培养

在家庭教育中，经常会看到诸如此类的现象：一些父母在要求孩子读书、写作业或者让孩子做家务如洗碗、擦桌子、扫地时，习惯于用金钱或物质的方式来"激励"他们。具体的做法是：洗一个碗给几元钱，扫一次地奖励多少钱，考试得了 100 分可以买自己喜欢的物品，成绩考得好就可以获得某种福利，等等。此种激励方式在开始时确实会有一定的效果，但从长远来看，效果就没有预想的那么理想，孩子很难持续长久。

事实上，从长远效果和培养孩子的内驱力的角度来看，父母的这种做法并不可取，并不能有效地激发孩子继续做这些事情的兴趣和内部动力，相反会使他们把洗碗、扫地和学习活动等当成一项任务，对做家务和学习本身并不感兴趣，取而代之的是完成任务之后获得的某种外部奖励或福利，以至于难以体验做家务和学习活动本身所具有的乐趣、价值和意义，认为获得奖励才是自己最想要的。同时，会使孩子形成一定的得失心，形成凡事都要讨价还价和讲条件，对自己没有好处的事情就不做的功利心态。很显然，在这些受外部激励驱动而进行的活动任务中，孩子的自主性和内在自我决定的成分很少，此种奖励方式难以有效激发孩子做事的内部动机，不利于孩子的自主发展，无法培养孩子的自主性，难以使孩子成为一个自主的人。

自我决定论是由美国心理学家爱德华·德西和理查德·瑞安提出的。该理论认为，个体本性中存在着自我发展的心理需要。通过研究，德西和瑞安鉴别出三种基本心理需要：自主需要、胜任需要和关系需要。自主需要指的是能够控制自己的行为，由此产生自主感或自我决定的需要；胜任需要指的是在与环境的相互作用中，有能力做好，实现了自己的目标，拥有胜任感的需要；关系需要指的是隶属于某一群体的需要，能感受到归属感和被关爱、被支持感。如果社会环境支持并促使这三种需要的满足，那么个体的内部动机和天性就会得到积极的发展，其自身也能健康地成长。

内在动机是由活动本身带来的快乐、满足和价值，内在动机的奖励来自活动的内部，也就是活动本身就是对个体最好的奖励。换言之，内部动机是人们出于对活动本身的意义和价值考虑，它含有更多的自主或自我决定成分，行为主要受自我内部驱动，而不是受外部驱动。一个人为了获得他人奖赏或者避免惩罚做出的行为，是外部动机在起作用，受外部动机驱动时，个体的自主程度最小。

此外，认知评价理论指出，凡是能满足人们能力和自主性需要的活动，如积极反馈、勇于挑战等都能很好地提高个体行为的内在动机。德西和瑞安通过研究发现，事件对内在动机的影响是通过个体对事件的两个基本认知评价过程实现的。第一，个体的能力知觉。当事件激发了人们的成就感时，行为的内在动机就会增强；反之，则会降低行为的内在动机。第二，个体的自主感。人们在体验到成就感的同时，必须同时体验到行为是自我决定的，在这种情况下才能真正对内在动机具有促进作用。

下面，我们通过一个故事，来说明孩子的内部动机是如何被外部激励取代的，在此基础上，进一步分析其背后的心理学原理，以及由此带给家庭教育的重要启示和深刻思考。

一群孩子在一位老人家门前嬉戏打闹，叫声连天，非常吵闹，一连几天都是如此。因为年纪大了，加上身体的原因，老人难以忍受这样的吵闹声，他心里很想把这群小孩赶走，但越是赶他们走，他们可能越会来这里玩。怎么办呢？老人想了一个办法，他出来给每个孩子10元钱，对他们说："你们让这儿变得很热闹，给我带来了快乐，让我觉得自己也年轻了不少，你们辛苦了，这些钱是对你们的付出表示感谢，你们明天继续来玩吧，只要你来，我就给你们每人10元钱。"孩子们喜出望外，很是高兴。于是，第二天他们又来了，一如既往地嬉闹。这样几天之后，老人说："孩子们，我不能再给你们10元钱了。我只能给你们每人5元钱了。"孩子们有些不悦和失望，但是也接受了。又过了几天，老人说："从今天开始，我只能给你们每人1元钱。"孩子们生气地说："1元钱太少了，知不知道我们有多辛苦？"最后，老人一分钱也不给他们了，结果孩子们觉得自己受到的待遇越来越不公正，认为"不给钱了谁还给你玩"。于是，他们向老人发誓："以后我们再也不会到这里来，再也不会为你玩了。"

为什么这位老人能够成功地实现他所想要的结果，其背后的心理学原理是什么？这则故事带给家庭教育的重要启示是什么？让我们来进行专业的分析和解释。心理学研究表明，人的任何行为背后都存有某种动机，不存在没有动机的行为。孩子们天性喜欢玩耍、追逐、打闹，这些事情本身能给他们带来快乐，能让他们感到开心，这是一种很单纯的内部动机，他们从中获得了极大的满足和乐趣，奖励来自玩本身。后来，老人用给钱的方式使孩子们玩的动机发生了改变，金钱这一外部奖励替代了内部激励，这种外部强化压制了内部激励的现象，在心理学上被称为"过度合理化效应"。过度合理化让孩子的激励由内部转到外部，而那些曾经得到奖励的孩子一旦得不到奖励，即老人取消外部强化时，他们对玩的兴趣就会终止。

我们知道，有了金钱作为外部激励，玩的性质就会发生改变，孩子们就不再对玩本身感兴趣了，再玩就是受外部激励驱动，也就是为了得到金钱的回报。也就是说，孩子们把玩变成一个自己付出时间和劳动，从而获得某种利益的任务或工作。而当老人给的钱越来越少，最后一旦没有了回报时，孩子们就会感觉到极不公平，认为自己的付出和回报不相符，此时就会失去再"给老人玩"的兴趣，直至最终选择退出。

这位老人用增加金钱这一外部激励，巧妙地把孩子们的内在动机转化成外在动机，让孩子们觉得他们是在为老人玩耍的，然后再对外部激励做了智慧的"技术处理"，即停止给钱这一外部奖励，让孩子们得不到他们以为会有的物质奖励，孩子们的兴趣就会逐渐消退，从而成功地达到让孩子们主动离开的目的。

心理学家曾做过这样一项研究，他们以两组喜欢画画的学生为被试者，一组学生在画好画以后可以得到一张奖励证书，另一组学生只画画没有证书。两组学生都很高兴地画画。几天后，当心理学家再让两组学生画画时，第一组获得证书的学生明显没有另一组学生积极；而且，没有得到奖励的学生对画画变得更感兴趣了。这是因为第二组学生喜欢画画是受内部动机驱动，奖励来自画画本身，而不是受外部奖励驱动，因此，对画画表现得更积极和更感兴趣。

由此可见，在家庭教育中，父母的责任，不是对孩子进行过多的心理控制，也不是包办替代，为孩子安排好一切，更不是把孩子"雕刻"成特定的"产品"或塑造成父母希望的那个样子，而是有意识地教育、培养、训练和发展孩子的自主性，让孩子从小学会自主思考、自主选择、自主决定、自主计划、自主探索、自主行动，激发孩子成长的内部动机，鼓励孩子主动追求自己的梦想，实现自己的目标，使孩子成为真正自主的人，拥有属于他的自主人生。

接下来，我们结合实例指导父母在家庭教育中，如何培养孩子的自主性，让孩子具有自主感，成为一个自主的人。我们以培养孩子刷牙习惯为例，阐述父母培养孩子自主性的方法。父母或许都有过这样的经验，你在教自己3岁的孩子学会按时自己刷牙时，其实并不是一件十分容易的事情，因为对于这个年龄的孩子来说，刷牙这件事他并不喜欢也不情愿。我们父母习惯性的做法是使用讲大道理、物质奖励、强迫、惩罚、讲条件等"威逼利诱"的手段，从长期来看效果并不十分理想，重要的是这些方式不利于孩子自主性和自控力的培养。

基于心理学的科学原理，培养孩子学会自己刷牙的习惯，父母可以采用如下四步法。

第一步，接纳。即接纳和认同孩子的心理感受和情绪体验。多数幼儿开始刷牙的真实感受和体验是难受、心烦、不高兴、不喜欢。此时，父母应使用共情的方法，同理孩子的这种感受和体验。可以温和地对孩子说："宝贝，看起来你不喜欢刷牙，你现在是不是很烦啊？"或者说："刷牙是挺让人讨厌的，你不情愿刷牙，是吧？"孩子的感受需要父母的认同和接纳，这样孩子会觉得父母理解他、信任他、支持他，会使孩子处于良好的情绪中，有助于进一步进行有效的亲子沟通。相反，如果父母采用否定、替代和忽视孩子感受的回应方式，会让孩子感到困惑、迷茫和自我怀疑，甚至产生抵触和逆反的心理。

第二步，解释。即向孩子解释和说明为什么要刷牙。在对孩子表达了接纳和认同的语言之后，接下来父母可以向孩子解释刷牙对健康的重要性，告诉孩子如果每天不按时认真刷牙，时间长了就会出现蛀牙，牙齿就会生病坏掉，就会很痛，影响吃饭。但事实上，即使父母向孩子解释了为什么必须刷牙的道理，对于一个 3 岁的孩子来说，仍然会没有效果，孩子依旧不喜欢刷牙。这时，父母可以采用给孩子看为什么要好好刷牙的绘本和动画片的方法，让孩子进一步认识到刷牙的重要性。此外，父母和孩子一同到社区牙科诊所，听牙医讲解刷牙的重要性，看那些不喜欢刷牙的孩子出现虫牙和蛀牙的图片。还可以请牙医现场检查孩子牙齿的健康状况，告诉孩子一定要注意坚持认真刷牙。事实表明，这是一种有助于培养孩子刷牙习惯的有效方式。

第三步，支持。即父母以实际行动给孩子提供情感和心理支持。就是每次父母都和孩子一起刷牙，为孩子树立榜样，让孩子觉得刷牙不仅是对孩子提出的要求，也是对大人提出的要求。具体可以通过亲子游戏的方式，比赛看谁刷得认真，谁刷得干净，同时多鼓励和表扬孩子认真刷牙的态度、过程和行为，以此可以调动孩子刷牙的积极性，让孩子觉得刷牙的过程很有趣、很快乐。

第四步，选择。即在限定的范围内，给孩子自主选择、自主决定的机会和权利。比如在晚上睡觉之前，父母可以对孩子说："一会儿你是先刷牙，还是先洗澡？"给孩子选择的机会和权利。父母这样做的好处有两点。一是表现出民主和平等的态度，能够使孩子体验到父母对自己的尊重。父母征求孩子的意见，给孩子自己选择的权利，这是把孩子当作具有独立人格的个体来尊重的表现，而且一旦孩子做出了选择，他就会心甘情愿地去做。二是有助于培养孩子行为的自主性、自主感和自主能力。

美国著名心理学家艾莉森·高普尼克在其《园丁与木匠：顶级心理学家教你高手父母的教养观》一书中，开宗明义地指出：父母不要做木匠，而要成为园丁。高普尼克借用一个比喻告诉我们，照顾孩子就像照顾花园，做父母就像做一个园丁。因为优秀的园丁会根据不同植物所具有的性状、生长特点、适应气候的优势，同时考虑不断变化的天气情况和季节环境，致力于创造一个适宜植物生长的环境，提供肥沃的土壤和充足的阳光，涵养水源，去除杂草，使植物具有更强的适应性，茁壮成长，开花结果，绽放自己的美丽。

综上所述，在家庭教育中，父母应有意识、有目的地增强孩子学习、探索、求知、读书、交友、运动、做事等活动行为的内部动机，尽量不要用金钱、物质、讲条件等外部力量作为激励手段，不遗余力地推着孩子甚至是扛着孩子向前走。而是要有效激发和唤醒孩子的内驱力和心理力量，让孩子在生活、学习和成长中体验到一种做事的掌控感和自主感。同时，努力把外部激励转化为内部激励，发掘孩子自身的潜能、力量、美德和性格优势，给孩子无条件的爱和情感支持，满足孩子各种心理成长需求，给孩子充足的心理营养，给孩子自我成长的空间和时间，积极引导孩子用心发现、感受和体验学习、读书、求知、探索、运动、交友等活动本身的价值、意义、成就和乐趣，让孩子具有胜任感、满足感和快乐感，如此能够有助于培养孩子的自主性，发展他的自主能力，让他成为一个自主的人，能够独立面对未来复杂的世界。

我们或许听过这样的话语，即"有一种饿叫妈妈觉得你饿了""有一种冷叫妈妈觉得你冷了"；我们或许也看到这样的一些场景：一个小男孩不小心摔了一跤或撞到了墙上，疼得哭了起来，这时爸爸会说："不疼不疼，肯定不疼，不许哭。有什么好哭的，你是男子汉大丈夫，男儿有泪不轻弹。"

很显然，这些父母在用自己的感受和体验去否定和替代孩子内心真实的感受和体验，而且自认为这是一种正确的教育方法，要求孩子无条件服从和接受，这些经常发生在家庭教育中的育儿现象，在心理学上被称为"否定感受"。

所谓否定感受是指父母有意或无意地忽视、否认或替代孩子表达出来的内心感受、心理体验和真实想法。否定感受是一种父母对孩子进行心理控制的手段。

心理感受是个体对心理对象的觉知、理解、意向和把握的自觉心理活动。人的心理感受具有主体性、客观性、个体性、自觉性、生成性和真实性的特点。自我感受和体验对人的成长具有十分重要的意义，能够使一个人在成长过中具有自主感、存在感、控制感和真实感。

有调查研究发现，在父母回应孩子的话语中，竟有 44% 的语言在否定孩子的感受，这是一个应该引起我们深思的可怕现象。父母否定孩子的感受最终会使孩子表现出两个极端行为：一是自主能力低下，缺乏自主性，无主见，不够自信，懦弱、自卑、内心压抑，在心理上过度依赖父母；二是容易心生怨恨，与父母唱反调，表现出抵触情绪，经常对抗父母，急于逃离，产生更多的叛逆行为。

除了否定感受以外，父母常用的对孩子心理控制的手段还包括爱的撤回、压制思考、引发内疚、表达失望、激发焦虑、乱发脾气和过度分析动机等。

采用心理控制教育方式的父母，不仅对孩子的情感和心理需求表现出低回应，而且限制孩子的自我情绪、感受和观点的表达。有心理学家指出，心理控制会阻碍孩子的心理成长，也会抑制孩子自我价值感的发展，导致孩子产生心理社会功能失调，是影响父母与孩子之间关系的消极行为。

家庭不应是以爱的名义设置的"牢笼"，更不要以爱之名去掌控孩子的人生。在家庭教育中，一些父母有形或无形中控制着孩子的一切，从日常生活中的穿衣戴帽、兴趣爱好、个人需求，再到专业和工作的选择，不容孩子有选择和决定的权利。或许这是父母出于爱孩子的考虑，但这种爱细思极恐，因为它太自私、太有杀伤力、太满，会让孩子感到窒息。英国伦敦大学研究发现，控制欲强的父母，容易对孩子造成长久的心理伤害，孩子长大以后缺乏自主性，依赖性强，幸福感较低。

对孩子进行心理控制的父母在亲子关系中多居于支配地位，表现出经常对孩子指手画脚，冷嘲热讽，干涉和限制孩子的自主选择、自主决定，强迫孩子按照自己的思维方式感受和看待问题，导致孩子对父母的信任程度以及与父母的沟通意愿都相对较低。

心理学家研究发现，经常对孩子心理控制的父母，容易培养出受控动机强的孩子，这类孩子学习、读书、做事更多地受他人驱动，是为了得到他人的认同，为了满足别人的需要，如不让父母失望，不让父母伤心，不辜负父母的期望等，而不是受自我内部动机驱动，为了实现自己的目标，为了获得自我肯定和认同。

　　在家庭教育中，很多父母经常容易犯这样的错误，即面对孩子的问题和过错时急于说教，上来就是一顿批评指责和讲大道理，否定、轻视或忽略孩子的心理感受，导致他们不愿意接受父母的教育，觉得父母根本不理解他们，与父母之间没有共同话语，无法进行有效的亲子沟通，难以获得理想的教育效果。

　　家庭教育需要父母首先与孩子产生心灵的"共鸣"，要用心倾听孩子说，不打断、不评价、不贴标签、不过早下结论，给孩子充分倾诉、宣泄自己负性情绪的机会，不仅听他们说的话，还要留意话中的感受，从孩子的言语中，体会他们的情绪，理解他们的感受，并进行积极的回应，用恰当的语言把同感表达给孩子，回应的目的是让孩子知道父母确实在听，而且理解他所说的内容，接纳他的感受。

　　父母的感性是教育孩子的重要基础和有效工具。这里所说的感性是指父母在情绪情感方面具有较高的敏锐性和同理心，能认同和积极回应孩子的心理需求，理解和接纳孩子的心理感受，而并非指父母头脑简单，思想肤浅，看不到事物的本质。

　　在与孩子进行亲子沟通时，感性高的父母，能表现出到位的共情，能设身处地站在孩子的角度换位思考，善于体察，感同身受，为孩子着想，理解孩子、接纳孩子、支持孩子，能敏锐地关注和体会到孩子的内心感受和真实情感，即使孩子表达欠佳或未能说清楚，也能做到准确地感知和意会，不会反复地询问、追问、逼问和质问。

　　感性高的父母会经常从孩子的立场出发，尊重孩子，理解孩子，接纳孩子。他们会在心里首先问自己："我的孩子需要什么？"而不仅仅是"我想为孩子做些什么"。他们会站在孩子的角度思考："如果我听到父母对我提出这样的要求，我会有什么感受呢？"他们会以孩子的合理需求和内心感受为价值判断标准，而不是以自己的主观想法为标准。

　　当孩子出现问题或过错时，感性高的父母很少对孩子动粗，他们不会斥责和打骂孩子，不会靠"恶"的方式，使用高压和强势手段解决问题，他们会在良好亲子关系的基础上，采用明智型的教养方式和孩子进行有效沟通，使问题得以很好地化解。

感性低的父母，与孩子说话时态度生硬，声调很高，语气带有压迫感和命令性，话语中充满了批判性。感性低的父母对孩子的要求多是基于自己的主观想法，自以为是地认为"父母是不会错的，我都是为你好，我要你这样做，你就得这样做"，很少从孩子的角度去体会他们的感受。

家庭教育要先共情，后教育。父母与孩子有心理上的共鸣，他们才愿意与父母进行有效的沟通，才能心悦诚服地接受父母的引导和教育。父母学会做个感性高的人，不要对孩子进行心理控制，做到先理解、体会和接纳孩子真实的感受，再进行有效沟通，会取得良好的教育效果。

孩子心理韧性的培养

在身处同样的逆境下，有的孩子表现出良好的适应能力，在不利情境中依然健康成长，而有的孩子则适应不良，被逆境压垮，出现各种心理问题。到底是什么因素导致出现这种差异，这一在逆境适应中表现出的个体差异现象，促使心理学家提出了"心理韧性"的概念。

坚忍创造成功者，成功者是通过坚忍磨砺出来的。那些把事业和人生做到极致的成功者背后，都有一种共同的积极心理特质，即坚忍的精神，也就是我们所说的心理韧性。

进化论提出者达尔文曾说过，在生物竞争中，生存下来的不是强大的生物，不是聪明的生物，而是能够适应环境的生物。心理韧性是人类在长期的进化中形成的竞争优势和积极力量，不仅能使人在逆境、压力、危机、苦难、挑战中迅速恢复"正常"，表现出良好的适应；还能提升人的积极心理功能，使人从逆境中获益，自我变得更加强大，具有积极力量。也就是尼采所说的，任何不能杀死我的，都会使我更强大。除此之外，心理韧性能激励人们在追求长远目标时，付出坚持不懈的努力，保持足够的耐力，即使面对各种打击、困难和挫折，依然充满希望，坚定方向，坚忍前行，直至目标的达成。

心理韧性是积极心理学研究的热点内容，也是积极养育中的一个重要心理品质。心理韧性，也称心理弹性、心理复原力、心理抗逆力，是指个体在面对逆境、创伤、危机、威胁、困难或其他重大压力源时的有效应对和良好适应。心理韧性表现为，不仅能适应良好和恢复原状，而且能够获得积极成长。

对于心理韧性的含义，可以从结果、过程和品质（能力）三个层面来理解。我们可以把它看成面对严重威胁时，个体的适应与发展仍然良好的结果；也可以把它看成个体在逆境中，迅速恢复和成功应对的良好适应的动态过程；还可以把它看成个体承受破坏性变化的能力，克服和战胜逆境并恢复常态以及灵活地适应外界的积极心理品质或能力。

心理韧性经常被描述为个体应对压力情境的能力或品质，包括坚定信念、成就动机、自尊、专注、耐心、毅力、适应能力、沟通能力等。心理韧性能力系统包括适应力、成长力、抗挫力、积极力、控制力和关系力六种能力，每种能力都可以通过有效训练得到提升。虽然心理韧性与坚强意志、心理恢复力、执行力和自信心密切相关，但心理韧性并不等同于这些概念。

心理学家提出了心理韧性的四个维度：挑战、责任心、控制、信心。挑战是把压力性事件看成一种机遇，而不是威胁，包括承担风险和学习经验；责任心是设定清晰有价值的目标，制定实现目标的策略，承诺执行计划，尽最大的努力履行承诺达成目标；控制是有能力管理和调节好自己的生活和情绪，包括"我真的相信我能做到""我能控制好我的生活""我能管理好自己的情绪"；信心是相信自己能够掌控命运，包括对个人能力的信心和人际交往的信心，如"我相信自己有能力做好""我能影响他人""我能和他人建立融洽的人际关系"。

对于心理韧性，有些人会存有一定的误解，认为心理韧性是以男性为主导，是男性所应具有的特质。大量研究表明，男性和女性在应对方式和情感表达方面或许存在差别，但在心理韧性这一积极特质上不存在差异。还有些人认为，具有心理韧性的人强势、自我中心、冷漠以及难以接近。这种说法并不准确，事实上，真正具有心理韧性的人是自信的、包容的、温暖的，自我情绪控制能力强，更善于与人相处，并不需要靠打击或贬低他人来获得自尊感和自我价值感。

有研究表明，心理韧性水平高的孩子心理更健康。心理韧性与乐观、自尊、自我效能感、心理恢复能力、积极情绪、生活满意度、主观幸福感存在正相关，与倦怠和状态焦虑存在负相关。心理韧性高的孩子焦虑水平较低，更少体验到压力源所诱发的无力感状态，也更少出现无力感所导致的消极情绪、行为和生理结果。高心理韧性的孩子更倾向于积极寻找并使用不同的策略和技术，应对各种压力性事件。

研究者还发现，拥有较强心理韧性的初中生，手机依赖的发生率较低；具有高心理韧性的孩子有较强的社会适应能力和情绪管理能力，能很好地控制自己情绪，具有同理心，理解他人的感受，人际关系和谐，能战胜挑战和化解冲突。

心理学家对青少年犯的研究发现，心理韧性水平越低，就越可能采取反社会行为应对生活中的压力、挑战和应激性事件。提升青少年的心理韧性水平，有助于发展他们积极应对负性事件的能力，表现出更多的亲社会行为，减少消极思维、"躺平"思维、成瘾习惯、自我伤害、伤害他人和反社会行为的可能性。

有研究发现，心理韧性与被欺凌知觉之间存在显著相关。欺凌行为是蓄意伤害或打击他人。在校园里，有些学生对欺凌行为存在认知偏差，他们觉得自己被欺凌了，自己是个受害者，而真实情况很可能是他们过于敏感、多疑，对他人的言行赋予了自己偏见的看法和解释。心理韧性高的学生，对他人不经意的挑衅言行或动作会一笑了之，并没有感到威胁或被欺凌；心理韧性低的学生则不然，他们心理敏感，对任何程度的挑衅行为或玩笑都反应强烈，并且感受到了威胁。

孩子在成长过程中，会产生安全、爱、归属、自尊、掌控、求知、审美、价值实现等方面的心理需要，这些需要驱动着他们积极适应内外部环境的各种压力和挑战，并保持良好的动态平衡。作为应对压力和不利情境、追求自我实现的一种心理潜能，心理韧性是一种自我保护性资源，来自个体不断成长和发展的积极内在力量。

作为一种刺激源，压力、威胁或挑战打破了个体内部的动态平衡，为保持这种平衡，心理韧性过程会被激活，该过程有助于调动个体认知、情绪、行为、身体、社会的能量和资源，把破坏性情境转变为保护性情境，促进其积极适应和良好发展。例如，通过积极赋义、认知重构、制定计划等方法，发现负性事件背后的功能和成长价值，改变不合理信念和负性自动思维，制定切实可行的有效计划和方案，与优秀的人为伍和向优秀的人学习，积极主动应对当前的逆境。

研究表明，父母教养方式对孩子心理韧性具有重要的影响。温暖关爱、理解支持的教养方式能增强孩子的心理韧性，严厉惩罚、拒绝否认的教养方式不利于孩子心理韧性的培养。父母过于严苛的养育方式，会让孩子有一种"压迫"感，产生叛逆和逃避行为，严重的甚至出现极端行为。父母给予孩子关爱、温暖和理解，从内心深处真正接纳孩子，有利于培养孩子的心理韧性，使孩子更好地应对成长过程中出现的各种压力、挑战和逆境。

心理韧性是孩子与其家庭环境提供的经验之间相互作用的产物，那些从小在"坚忍"的环境中成长的孩子，和那些在"敏感"的环境下成长的孩子，其心理韧性发展水平会呈现很大的不同。

例如，孩子在出生头几个月时生病，如果妈妈表现出过分焦虑和担忧，采用不恰当和不一致的方式与孩子互动，导致喂食和作息不规律，会使孩子缺乏心理安全感，表现出不适应行为，会大大降低妈妈育儿的积极情绪体验，减少与孩子积极亲子互动的时间，妈妈这一回避的行为，会导致孩子语言发展能力欠缺和社会交往困难，不利于孩子心理韧性的发展。

反之，如果妈妈有效克服了最初的焦虑和担忧，营造温暖、亲密、关爱、富有活力的积极养育环境和氛围，母婴之间进行持续的良性亲子互动，则有助于孩子心理韧性的发展。

孩子心理韧性可以通过有效干预获得，尤其通过积极心理干预效果更好。心理韧性的早期干预被证明是有效的。研究发现，温暖和谐的家庭氛围、早期安全的依恋关系、父母对子女的积极关注、明智型教养方式、无条件接纳、良好亲子关系、有效亲子沟通、父母对逆境的态度、不断尝试和挑战，都是培养孩子心理韧性特质、发掘孩子心理韧性潜能的重要条件。对孩子心理韧性进行干预，对他们的心理健康、学业成绩、学习与生活平衡、幸福感、与父母的亲子关系、未来发展等，都会产生积极的影响。

积极参加体育运动，是提高孩子心理韧性的有效方式。运动具有一定的挑战性，需要孩子的积极性、自信心、专注力、自控力、坚毅力和刻意练习，克服各种障碍和不适感，付出更多的意志努力，坚持不放弃，展现自己最好的水平。同时，具有心理韧性的孩子更愿意参加各种运动，二者相互促进，互为影响。

　　培养孩子的心理韧性，增强孩子的心理韧性能力，父母可以基于国际上著名的心理韧性培养计划，采取"我有""我是""我能"的教育策略。"我有"是帮助孩子发现自己拥有的支持性系统与资源，发展安全感和受保护的感觉；"我是"是帮助孩子发现个人的内在力量，包含积极自我、自我效能感、积极思维、积极态度和积极信念等；"我能"是帮助孩子发现和培养人际交往和问题解决的能力，如沟通力、情商力、创造力、计划能力、行动力、坚毅力等。

　　"生命最大的荣耀不是从来没有失败，而是每次失败后的不断奋起。"衡量一个人成功的标志，不是看他登到顶峰的高度，而是看到他跌到谷底的反弹力。父母引导孩子积极看待逆境、失败和挫折，把逆境、失败和挫折看成让自己变得强大和积极成长的机会。

　　通过心理韧性有效干预和训练，建立和提升孩子自信心，设定清晰、明确、可实现的目标，激发孩子成长的内在动力，体验积极情绪的力量，做出持续行动的承诺，积极面对压力和应对挑战，培养孩子的抗逆力、抗压力、复原力，让孩子变得更加"坚忍"。就如同心理学家安杰拉·达克沃思所描述的"小沙粒"一样，无论怎么碾压，它都不会变形。

　　没有压力，就没有动力。逆境是孩子成长的养分。《老人与海》中有这样一句话，你尽可以打倒我，但永远也打不败我。面对挫折和失败，不轻易认输和放弃，乐观、自信地面对和积极应对，不断积累经验和提升自身的能力，内心就会变得越来越强大，自我也会变得越来越有力量。

　　在孩子的成长过程中，适度的压力和逆境是有益处的，使孩子有机会磨炼心智，培养成长型思维，形成积极认知风格，提升自我效能感，提高环境适应能力，学会利用各种资源，积极应对各种压力、挑战和挫折，培养孩子心理韧性品质，增强孩子心理韧性能力。

　　人生是一场马拉松，需要持续不断的坚忍力，才能完美地到达终点。心理韧性决定孩子人生的上限，能促进孩子全面健康成长，走得更好，走得更远，走得更久，走得更稳。

如何让孩子拒绝"躺平"和"摆烂"？

近几年，"躺平""摆烂"这两个词语在互联网上流行，这些网络"热词"原是指当下部分年轻人在压力较大和严重"内卷"的社会环境中自我排解、自我调侃的一种方式，但对尚未形成稳定价值观的未成年人来说，在浏览网络信息时会受到这种"丧文化"和"佛系文化"的消极影响，容易出现"躺平"和"摆烂"行为。

2021年11月一项针对全国30多万名中小学生社会心理适应情况的调查表明，孩子表现出"四无"现象，即学习无动力、做事无兴趣、社交无能力、生命无价值感。学习无动力表现为在学习上被动、依赖，缺乏明确的学习目标，没有父母和老师的督促就不爱读书和思考；做事无兴趣体现在对现实世界中真实的人、事、物没有兴趣，喜欢沉迷于网络游戏和社交媒体中；社交无能力是说孩子不擅于人际交往，缺乏一定的人际沟通能力；对生命无价值感是指孩子没有自我存在感，没有人生的追求，在学习和生活上缺乏积极的成就感和意义感。

一些家长反映暑假期间，孩子在家百无聊赖，无所事事，没有上进心，学习没有动力，对任何事情都提不起兴趣，缺乏积极行动，什么都不想做，不想读书、不想思考、不想户外运动、不想交友，口口声声表示要"开摆"。对于部分孩子在假期缺乏做事的内驱力，表现出"躺平""摆烂"的心态和行为，父母应该如何正确看待和积极应对？

"躺平"是一种妥协、顺从、放弃、自我矮化、不努力、不追求、不作为、不反抗的态度和行为。"摆烂"与"躺平"的意思相近，是指因为预见未来不好的结果而放弃努力和积极改变，任其发生，所以，结果注定是不好的。

从心理学角度来看，认知决定情绪和行为。孩子之所以出现"躺平""摆烂"的行为，是因为在他们的认知结构中存在自动负性思维，包括绝对化观念、以偏概全、夸大化、主观化和缺乏事实根据等不合理认知，容易导致他们出现悲观、消极的心态和情绪，对未来不抱希望，自我成长内驱力不足，缺乏人生目标和做事的激情。

"躺平""摆烂"的出现存在各种原因，但与不当的家庭教育密切相关。研究表明，采用控制型和忽略型教养方式的父母教出的孩子往往会更容易缺乏自主性、积极性和进取心，表现为消极、被动和依赖，持有的是固定性思维，喜欢待在"舒适区"，不敢面对挑战，没有坚毅力，缺乏掌控感和成就感。

在家庭教育中，父母不要一味地采用外部激励的方式要求孩子做事情，而应注重激发孩子做事的内在动机。因为，真正让一个人幸福，激发个人内在行动力的不是外在物质的奖励或感官的暂时满足，而是事情本身的价值和意义。也就是说，高级社会情感需要的满足更能激发人做事的积极性和主动性。对于孩子学习和成长来说，父母应让孩子真切地感受到学习行为和成长本身的价值和意义，这样会让孩子体验到努力行为和成长过程带给他的成就感、快乐感和幸福感。

对于平时尤其是假期容易出现"躺平""摆烂"行为的孩子，父母不要只是一味地抱怨、批评和指责，这种做法并不可取，不但没有什么教育效果，甚至还可能适得其反，破坏良好的亲子感情。正确的做法如下。

首先，父母要管理好自己的情绪，为孩子提供情绪价值，对孩子进行积极的引导和鼓励。

其次，父母和孩子一起合理规划假期生活，让假期生活丰富多彩。凡事预则立，不预则废。父母通过良好的亲子关系和有效的亲子沟通，与孩子进行平等协商，征求孩子的意见，鼓励和支持孩子的想法，制定合理、可行的行动计划，对于帮助孩子度过一个丰富多彩、收获满满的假期生活尤为重要。

最后，父母要高质量陪伴孩子，加入孩子的行动，和孩子一同执行假期计划。孩子的成长离不开父母的陪伴，高质量的陪伴是父母给孩子最好的爱，也是最有效的教育。在日常生活中，尤其在假期里，父母关注孩子的需求，看见孩子的情绪，经常和孩子一起亲子阅读，一起玩耍，一起做家务，一起户外运动，一起思考和解决问题。父母用心陪伴孩子，在孩子身上倾注爱心、耐心和精力，是给孩子最宝贵的礼物，能促进孩子全面健康成长。

在制定计划的过程中，父母需要注意以下几点。

一是制定真实、有效、可行的目标。目标的制定应该与孩子的能力相匹配，孩子通过自身的努力能够实现和达成，这种目标最有激励作用，更能激发孩子的内在动力。引导孩子实现目标的过程中采用"小步子原则"，对目标进行分解，逐步实现，能够让孩子具有成就感和掌控感。

二是结合孩子自身的兴趣制定切实可行的计划。父母在了解孩子真实兴趣的基础上，在征求孩子的意愿，与孩子平等协商同意后，制定切实可行的计划，有助于激励孩子自觉自愿、主动自发地积极行动。

三是计划执行过程中要具有灵活性。在计划实施的过程中，要根据实际的客观情况，进行及时的调整和优化。父母和孩子在制定计划的时候，要有 A 计划、B 计划甚至是 C 计划，以有效应对可能出现的意外情况。

四是计划实施过程中要及时进行反馈和评估。通过及时的反馈，评估计划的进展情况。同时，让孩子感受和体验到活动计划带给孩子的价值感和意义感。

在评估计划的进展过程中，引导孩子分享计划实施中自己的内心想法。如每天坚持亲子读书和户外运动后自己的收获有哪些，让孩子及时体验到自己付出的阶段性成果。有时孩子分享的内容或许不是家长想要的答案，父母一定要接纳和尊重孩子内心真实的想法，并进行积极的引导。对于孩子取得的成绩进行正确及时的表扬和鼓励，表扬他们努力的行为、过程，表扬他们的专注、细心、坚持、付出和负责任，有助于培养孩子积极进取、坚持不懈的精神。

父母要认知到，"躺平""摆烂"的心态和行为，会不断强化孩子的消极、妥协、被动、顺从、颓废、缺乏责任感和不作为，会容易形成习得性无助，使孩子处于一种消极的状态中，对孩子的全面健康成长带来不良的影响。对此，父母应加以重视并进行积极应对，引导和帮助孩子高质量度过假期，自觉拒绝"躺平"和"摆烂"，让假期生活收获满满。

通过积极的行动追逐自己的梦想，才能不负生命，才能有所作为。父母采用积极养育的科学理念和有效方法，预防和应对孩子"躺平""摆烂"的心态和行为，培养孩子具有积极心态，激发孩子成长的内驱力，具有成长型思维和成长型价值观，面对困难和挫折，勇于挑战，提升自身的抗逆力，形成坚毅的品格，感受积极成长带来的价值感、意义感、快乐感和幸福感。

孩子乐观性格的培养

乐观是对未来事件所持有的普遍的积极倾向，表现为对事物的发展充满信心，满怀希望，心怀正向期待、美好憧憬和向往，期望未来发生的好事多于坏事。乐观不仅具有认知的特征，而且含有情绪和动机的成分。乐观是一种由内而外"乐而观之"的透过快乐心境审视现实的能力和品质。作为一种品格优势、一种积极的预期，乐观通常与目标选择、希望、意志和坚持不懈相联系。

中国传统文化中蕴含着非常丰富的"乐思想""乐文化""乐资源"，具有深厚的乐观传统，特别倡导做人要有乐观精神，面向未来，满怀希望，积极进取，敢于挑战，永不放弃。如《论语·雍也》中的"贤哉回也！一箪食，一瓢饮，在陋巷，人不堪其忧，回也不改其乐。贤哉回也！"以及李白的"天生我材必有用，千金散尽还复来"，都体现了中国人自古以来的乐观品格。

悲观是个体遭受挫折或打击时，深陷在那些自认为具有毁灭性的原因中不能自拔，将事情灾难化，总是倾向于看到事情的阴暗面，对事情进行最消极的解释，相信他们的问题是永久且无法改变的，坚信自己是造成挫折的唯一原因，将无法控制的事情怪在自己身上，认为自己具有个性上的缺陷，不去积极尝试就放弃。

例如，当一个孩子对自己说"我真是个失败者""我从来就没有成功过""永远没有人会喜欢我""我从来就没有朋友""我向来就与人合不来""他们总是欺负我，我总是被孤立"时，其所说的这些都是悲观者的典型认知、想法和解释。

积极心理学研究发现，孩子最初的乐观或悲观的解释风格在儿童时期逐渐形成，他们不仅从现实生活世界中获得，更主要地是从观察、聆听和模仿父母如何批评孩子以及父母如何自我批评中习得。

有研究表明，孩子的悲观，有一部分来自父母的影响，来自父母悲观的认知、思维、言行。如果孩子从小习得的解释风格是悲观式的，他会把注意力集中在自身或其他方面的最坏可能上，在他的成长过程中，当面对失败或者挫折时会出现习得性无助，产生沮丧的想法和行为，认为自己没有任何机会，永远不可能成功，表现出难过、悲伤、忧愁、被动、消极、退缩、意志消沉、自怨自艾、较低的成就感、抑郁和不敢面对人生的各种挑战，严重影响孩子的身心健康和积极成长。

然而，孩子的悲观和向无助妥协并非不可避免的。当孩子出现各种错误和问题时，父母学会采用正确的方式批评孩子，通过培养孩子乐观的解释风格，提升孩子的"心理免疫"力，将看到事情的消极面转变为看到事情的光明面，将无助转变为希望，将悲观转变为乐观，从而能够有效地预防抑郁、消沉、退缩等情绪和行为问题。可见，孩子的乐观需要从小培养。

例如，当孩子犯错误或出现某种问题需要改变的时候，父母应该采用正确的方式批评他，要让孩子知道自己错在哪里，不要把问题解释为永久的、普遍的、内在的因素，从而能够培养孩子从小习得乐观这一积极心理品质，成为一个具有乐观心态、乐观信念、乐观认知、乐观情绪、乐观行为的人。

当父母批评一个犯错误的孩子时，必须十分谨慎，批评方式要恰如其分，因为你的批评方式正在塑造孩子的解释风格。研究发现，当父母习惯性采用永久性及普遍性的因素批评孩子时，他就开始形成自己的悲观解释模式，长大后容易成为一个悲观者。如有些父母在面对孩子的错误或者问题时，习惯性地使用下列词语批评孩子："你怎么总是不听话""你为什么每次都做不好""你就是个天生的笨孩子"等。如果孩子从小形成的是悲观的解释风格，长大以后会比较容易出现抑郁、被动、消极、沮丧、失败、社会困扰、低成就感和心理病态等问题。

反之，当父母将问题的起因归于可变化的与特定的因素时，孩子就开始习得乐观的解释风格。如父母采用如下的语言方式："你只是这次没做好，我相信只要你肯努力，下次一定会做得很好。"由此可见，任何时候当父母发现孩子有错误时，应着重于将孩子的错误归因为特定的及暂时性的因素，避免归因为孩子的个性或能力这些稳定的及内在的因素。

我们先来看一个积极养育中关于乐观解释风格的经典案例。

有一天下午，妈妈带着 10 岁的女儿和 3 岁的弟弟去儿童动物园，从上车开始，姐姐就不停地捉弄和吓唬弟弟，她告诉弟弟，爸爸是她一个人的，爸爸不喜欢弟弟，弟弟真正的爸爸是只猩猩，她还告诉弟弟，动物园里的狮子会咬掉他的头。姐姐很少像今天这样调皮捣蛋，看到此种情景，妈妈心里很不高兴。

"你真是烦死了，你为什么总是这样顽皮和胡闹，本来打算我们三个人出来好好开心玩的，你却来故意捣蛋破坏，反正每一次，你都要搞一些把戏，把事情弄糟，害得大家都不高兴。"如果妈妈采用这样的批评是非常有害的，妈妈把姐姐称为"顽皮"小孩，指责她总是破坏妈妈的计划（永久的、不变的）。当孩子接收到这种批评后她所得到的信息是："我是个很坏的人，妈妈希望我不是她的孩子，我总是搞坏她所做的事。"姐姐会觉得自己没有价值，大家都不喜欢她，她唯一能够做的就是很情绪化地退出。

如果妈妈用以下的方式批评姐姐："你不准再捉弄弟弟了，你今天是怎么了？你一直以来都是个好姐姐，你照顾弟弟，你教弟弟玩游戏，你与弟弟分享玩具，可是今天你对他却不友好，动物园对年龄小的孩子可能是个可怕的地方，你这样吓唬他，对他一点好处也没有，你知道我是不喜欢这种行为的，我希望你向弟弟道歉，如果你今天再捉弄他，晚饭后就不准到外面去玩。"

很显然，姐姐需要被批评和惩罚，因为她使弟弟难过和伤心。妈妈要女儿对自己的行为负责并加以改正，妈妈指出特定的与暂时的行为问题（今天捉弄弟弟了），同时指出这种行为不是姐姐一向就有的（"你一直以来都是个好姐姐"），妈妈用实际的例子，"你照顾弟弟""你教弟弟玩游戏""你与弟弟分享玩具"，来指出问题并非普遍性的，使姐姐仍以己为傲。妈妈告诉姐姐她必须做的特定的事（"向弟弟道歉"），以及如果再继续捉弄会有怎样的后果（"晚饭后就不准到外面去玩"）。这种批评才是正确的和最理想的方式。

姐姐从这里得的信息是："妈妈觉得我通常是个好姐姐，可是她觉得今天我对弟弟很不好，我可以向弟弟道歉，那么妈妈和弟弟都会很高兴。"妈妈的批评方式表达的信息显然是特定情境下的而且是可变的、偶然的、非个性的因素，她指引姐姐朝向一种正确的行为方式，而没有指责姐姐不变的、内部的、人格化的因素。

研究表明，从小形成乐观解释风格的孩子，会将好事归因为自己稳定的人格特质或能力，对未来充满希望和憧憬，相信美好结局，坚信自己一定能行，不怕困难，坚定不移，勇于面对挑战，对其心理健康和今后良好的学业成绩、职业适应、坚持性、有效解决问题、家庭生活都有显著的正向影响。

积极心理学研究发现，乐观能够有效缓解压力，预防心理问题的发生，提升人的心理健康水平；乐观有助于促进个体的创新行为；乐观者倾向于选择积极重评策略进行负性情绪调节。乐观能提高人们的幸福感，改善人与人之间的关系，促使人们积极表现，通过自己的努力更加趋向目标，因此也更有可能取得成就和获得成功。另有研究发现，乐观与否与孩子成年后在不同职业领域取得的成就大小、生活中的快乐多少、个人受欢迎程度、身心健康水平、夫妻关系评价和长期的婚姻满意度关系密切。

此外，乐观对面临亲人离去和损失的应对方式有十分重要的积极影响。面对打击和不幸的事件，乐观的人表现出较好的心理调节能力，善于发现生活中的积极意义，倾向于采用积极的认知方式进行解释和归因，积极寻求社会支持，利用各种有益活动和爱好来转移注意力，对别人更加宽容、更加友善，较少出现抑郁和焦虑状态，对未来充满信心和希望。

心理学研究发现，13 岁的青少年中几乎有 1/3 的人有抑郁的症状，等到他们高中毕业时，几乎有 15% 的人经历过一次抑郁症。心理学家通过研究指出，乐观能够有效抵抗无助感和预防抑郁症的发生，能增强孩子对悲观的心理免疫力。孩子的成长需要乐观，乐观需要从小培养，采用积极养育的科学理念和有效方法，能够培养和维持孩子的乐观品格。

在家庭教育中，父母如何帮助孩子习得乐观的解释风格，如何将悲观转变成乐观，将无助转变成自主，让孩子成为一个乐观的人，具体方法如下。

第一，父母成为孩子乐观的榜样。孩子乐观品格的形成，有一大部分是来自父母的影响。父母想教孩子乐观的认知技能，首先应将这项技能融入自己的思维和生活中，熟练地加以应用。在日常生活中，父母积极地看待、解释和应对人生的各种挑战、挫折和失败，对未来充满希望，为孩子树立乐观的榜样，有助于孩子习得乐观的解释风格，形成乐观的个性。例如，对于已经发生的不好的事情，父母能够即时地觉察和捕捉到头脑中出现的那些自动负性思维，接下来通过寻找证据评估和确认这些自动负性思维的合理性，用积极的正确解释取代消极的认知，进而使自己的情绪得到改善，行动变得有效。

孩子乐观解释风格的形成和发展，受到父母认知模式、积极心态、情绪状态、心理健康水平、榜样角色类型、父母对孩子乐观的鼓励和正强化等的影响。乐观的父母培养乐观的孩子。父母是乐观的人，具有乐观的认知、思维、解释、观念和想法，对孩子乐观解释风格的形成具有潜移默化的重要影响，这些会内化于孩子的认知结构中，成为孩子生命中的一部分。

第二，父母采用积极的归因方式。父母从小教育孩子学习如何把好事或成功解释为普遍的、持久的和稳定的内部人格因素，把问题或失败归因于特殊的、暂时的和可变的外部情境因素。例如，父母不要把孩子的问题或失败归因于能力低下等不变因素，使用诸如"永远""从来都这样""总是如此""天生就这样"等话语；而应把失败和不好的事情看成是"有的时候这样""最近的事情""偶发的事件"等可变因素，从而有助于培养孩子具有成长型思维和成长型价值观，成为一个乐观的人。因为将孩子的失败归因于永久性的能力问题是一种悲观的解释风格，这种悲观的解释会使孩子不敢去积极尝试和面对挑战，在面对失败时，也会使他们产生无助感和变得被动消极。例如，对一个刚上小学的孩子，如果父母因为学习问题，不断地指责其能力低下，是非常可怕的事情，会让孩子产生习得性无力感。此时，父母可以把孩子学习成绩不好归因为上课不专心听讲、不认真思考、不努力学习等暂时的及可变的因素。

第三，父母鼓励孩子不断尝试和挑战。父母积极鼓励孩子用乐观的方式去应对各种挫折、困难和挑战，通过情感和心理支持不断强化孩子的乐观和坚忍性。例如，父母在辅导孩子解决他不会的问题时，不要因为你给他讲了一遍或两遍，孩子还是没理解，不会做，父母就随意地对他说"你怎么总是那么笨，讲多少遍你都不会""你从来就没有做正确的时候"，或者"我都说八百遍了，你怎么就是不长记性"等。相反，父母可以换一种鼓励的说法，如可以这样说："你现在可能做不好，但别灰心，只要不断地努力，掌握正确的方法，你就会越来越擅长。"或者说："虽然这次做错了，只要你把漏掉的、忽略的找出来，肯定能搞明白。"父母把悲观的归因变成乐观的解释，会使孩子把失败看成一种挑战，会激励孩子以积极的行动去不断尝试和探索。

第四，父母为孩子提供情绪价值。父母保持积极心态，具有积极思维，做好自我情绪管理，增加积极情绪，减少消极情绪，对孩子进行积极评价和解释，防止孩子形成对世界的悲观认识。在家庭教育中，如果父母情绪抑郁，心理焦虑，孩子经常被批评、被打击、被忽视、被虐待，父母习惯把孩子的失败、问题、消极事件等归因于内部的、普遍的、永久的和稳定的因素，容易使孩子发展成为具有悲观解释风格的人，会认为不好的事情全都是自己的错误，进而会产生抑郁、自责、内向、无助、沮丧、被动、退缩、放弃等悲观态度和消极情绪。

第五，父母培养孩子合理的认知方式。父母教孩子学会与自己不合理认知辩论的技术，有助于培养孩子乐观的品格。父母教孩子与自己不合理认知辩论的技术，最重要的原则是基于可被证实的事实。父母教孩子与自己不合理认知辩论的技巧，掌握与自己不合理认知辩论的有效方法和工具，能够培养孩子乐观的品格。如果孩子与自己不合理认知辩论缺乏事实根据、模糊不清，只有空泛的说辞，则不能使孩子挑战自己的消极思维，也不会消除或改变孩子的悲观态度。

对不合理解释最有效的挑战工具，是与自己不合理想法辩论的 ABCDE 认知改变技术。在这里 A 代表"不好的事情"，B 代表"不合理的想法"，C 代表"不良的后果"，D 代表"基于事实与自己不合理想法的辩论"，E

代表"辩论之后带来的新情绪和行为结果"。

下面，我们结合一个例子，来说明 ABCDE 辩论技术的使用方法。

不好的事情：我在班级上台发言，由于过于紧张，发言时语无伦次，前言不搭后语，面红耳赤，引起同学们哄堂大笑。

不合理的想法：我真丢人，我真是太笨了，每次上台发言我都讲不好，其他同学都能讲好，唯独我总是无能又胆怯。

不良的后果：我觉得自己一无是处，真的好笨。我假装不在乎，眼睛盯着黑板，其实我现在很窘迫，很想哭，我好恨自己。

基于事实与自己不合理想法的辩论：我只是不善于当众发言，这并不代表我一无是处。只要我用心学习当众发言的技巧，经常找机会练习，我也会讲得很好的。何况发言的结果真的那么重要吗？能站在讲台上讲话不也是一种有勇气的表现吗？还有同学不敢上台发言呢。

辩论之后带来的新情绪和结果：我开始觉得好些了，不再觉得那么窘迫、难过或自己一无是处了，心情也开始变得轻松了些。

乐观这种积极的人格品质，可以通过积极养育习得。在家庭教育中，父母改变自己养育孩子的方式，采用积极养育的科学理念和有效方法，从小培养孩子形成乐观的解释风格，具有乐观的个性，成为乐观的人，对未来充满希望和憧憬，有助于孩子拥有乐观的人生。

孩子希望品质的培养

希望是一种对未来的美好期望意识，是人们对目标达成的积极认知、积极情绪和积极渴望，是对目标的意义感、信心感、能力感、目的感、掌控感等积极力量的美好预期。

希望是积极心理学研究中的重要核心概念，是一个与目标、理想、梦想、抱负、计划等密切关联的面向未来的积极心理品质，属于积极情绪情感中的一种。大多数研究者认为，希望既包含认知成分，又包含情绪反应成分，是一种动态的认知动机系统。积极心理学研究表明，作为一种指向未来的积极人格特质、积极心理资本、积极认知、积极态度、积极情绪，希望是给未来确立目标、设计途径、制定行动策略、激发内在动力的一种积极认知力量。

希望中的"希"原义指罕也、少也，以此引申为仰慕和希求；"望"原义指站在高处，举目远眺，可以引申为生命对光明的渴求以及寻求一种内心最好可能性的心理。综合起来，希望是对未来的愿望或理想，是以一种敞开的积极生命状态趋向美好，憧憬一个更优秀"我"的出现，是引领和促成生命内在和外在不断延展的精神力量。

"生命是有限的，希望是无限的；生命是可贵的，生活是美好的。只要我们不忘每天给自己一个希望，就能拥有一个丰富多彩的人生，也能活出一个精彩的自我。"正如上面这句话所讲的，希望是生命的源泉，能够为生命打开新的成长空间，给生命以积极的追求和美好的期待。

我们常把希望比喻成春天、绿洲、种子、光明、一剂良药等，就是要告诉人们，希望是一种强大的精神力量，能激发生命的潜能和优势，能唤起生命的内在活力，使人们朝向阳光，追求美好，唤醒生命中那个更优秀的自我，使人进入一种新的生命状态。

人生要有希望，没有希望的生命是枯萎的，我们很难想象没有希望的人生会是什么样的。积极寻找通往希望的有效路径，勇于面对各种挑战，锲而不舍地追求人生的目标，有助于自己梦想成真。

心理学家斯奈德认为，希望包括能力和动机两个因素：能力负责排除障碍和规划，设计达到预期目标的有效路径、方式；动机则负责提供目标追寻所需要的精神力量，使人们沿着有效路径向前推进目标。具体来说，希望是一种目标导向的思维，它包含个人对自己有能力找到达到目标的有效途径的认知与信念（路径思维）和个人对自己激发沿着既定目标前进的必要动机的认知及信念（动力思维）。因此，目标思维、路径思维和动力思维是希望的三个重要心理构成，是希望的有机组成部分。对于希望的实现，目标思维、路径思维、动力思维三者各自独立，互相作用，相辅相成，缺一不可。

首先，目标是希望的根本，没有目标也就无所谓希望。具体来说，对个体有价值且具有一定挑战性的目标是希望的出发点、方向和终点。在设置目标时应注意以下几点：目标必须是基于个体的兴趣，是个体想要接近和实现的；目标必须对个体有意义、有价值，是积极的；目标是具体的、明确的、清晰的；目标是适当的、可行的，既要有一定的难度，又要有实现的可能性。

其次，希望中的能力，也就是斯奈德所说的路径思维，是寻找实现目标的有效方法。它包括详细规划和设计好目标实现的日程、途径、方式以及对找到有效方法和路径能力的自我意识。如"困难没有方法多，我肯定能找到实现目标的最佳路径""我一定能找到问题解决的方法"等积极心理暗示都属于路径思维的内容。有研究表明，在实现目标的过程中，如果缺少路径思维，则会出现由于不断遭受失败、挫折和打击，目标追求的过程停滞不前的现象。

最后，希望中的积极动机状态，也就是斯奈德所说的动力思维，它反映的是激发个体启动并沿着有效路径不断积极进取的目标导向的心理能量和意愿动力，以及对这种能量和动力的感知与坚定信念。如"我一定能做到""我一定要坚持下去""坚持就是胜利"等积极心理暗示词语都属于动力思维的内容。在目标的追寻过程中，即使个体有实现目标的有效方法和路径，但是如果没有基于内在成功感的坚持不懈的强烈意愿动力、坚定信念和精神力量，同样无法实现既定的目标。

在家庭教育中，父母采用积极养育的科学理念与有效方法，积极引导和点燃孩子心中的希望，能够提升孩子的学业能力，有助于孩子取得理想的学业成绩。有研究发现，当一个目标是个体自主选择的、具有价值和一定的挑战性，并且通过自己的不懈努力能够克服一些障碍时，此时这个人的希望感是最强烈的。相反，当目标很容易达成时，则无所谓希望，而当确定的目标实现难度非常大，无论怎样努力都无法实现时，人会产生无力感，并最终导致无望感和绝望感。

没有希望的孩子遇到难以克服的困难时，情绪变化遵循一个可预测的变化曲线：从希望到愤怒，从愤怒到失望，从失望到绝望。一个内心充满希望的孩子，在应对挑战和挫折时，会具有良好的自信心和坚定的信念，经常进行积极的自我对话，积极关注成功而不是失败；在实现目标的过程中遇到障碍时，会较少体验消极情绪，会创造性地寻找其他可选择的实现目标的有效方式，他们倾向于把大的、模糊的问题，变成小的、明确的、可掌控的问题。

有研究表明，高希望水平正向影响个体的生活意义感，还能直接降低焦虑、抑郁等消极情绪对人的影响。心理学家研究发现，希望感强的孩子，其积极情绪、智商、责任心、发散性思维、学习适应性、学业成绩、应对方式、生活满意度、幸福感、心理健康水平等方面的得分也要高一些。有心理学家研究发现，高希望水平的中学生在自尊感、社会支持、适应性、生活满意度和家庭和谐等方面的得分均显著高于低希望水平的中学生；另有研究表明，提升学生对生活和学习的希望感，能够激发其学习动机，提高其学习兴趣，消除其厌学情绪，促进其人格完善发展。

希望是人类适应环境、应对环境的一种重要特征。

0～12个月的婴儿，其主客体开始分化，因果关系初步形成，他们产生了探索实现目标之路径的想法，开始学会表现自己的行为目标。

1~2 岁的孩子学会做出目标定向行为，开始尝试通过自己的努力达到期望的目标，并开始认识到克服障碍的路径、方法可以由自己计划和主动实施。孩子在成人的帮助下，开始逐步形成坚忍和希望的品质。

3~6 岁时，身心的发展使儿童能找出解决问题的路径，具备把各种计划付诸实践的能力，儿童开始意识到自己对目标的追求有时会帮助或阻碍他人对目标的追求，这帮助儿童在自己的计划中也考虑别人的愿望和想法。

中学和青年初期，身心的发展使青少年增强了谋划的复杂程度，以及紧随目标路径向前推进的能力，并在各种社会关系背景中实现目标。在青春期，孩子抽象推理能力不断增强，这有利于复杂问题的解决。自主性的发展、亲密友谊的形成、职业计划的发展，也都给计划的过程，以及如何克服困难实施计划提供了机会和条件。在整个发展过程中，父母正确的教养方式和良好的家庭环境最有利于儿童发展出充满希望的特质。

孩子的自我希望感是人际信任和健康人格发展的基础，是人生各个阶段人格健康发展的起点。在家庭教育中，父母如何培养孩子对未来充满美好的希望，让希望成为促进孩子全面健康成长的积极心理力量，具体方法如下。

第一，父母成为孩子希望的榜样。父母是具有希望感的人，对未来有所向往，有所展望，成为孩子希望的学习榜样，能够培养具有希望感的孩子。父母具有目标导向的思维模式，给自己树立具体、明确、可实现的阶段性目标，满怀希望，乐观地面对生活、事业和人生，对未来抱有美好的积极期待，面对负性事件和出现不如意时，不消极、不绝望、不发牢骚、不怨天尤人，能够培养孩子具有希望感的品质。

生活即教育，生活是培养孩子希望感最好的场所。在日常生活中，父母以积极的心态和积极的行动，和孩子一起憧憬未来，能够激发孩子的希望感。培养孩子的希望感，父母要以身作则，具有进取精神和成长型思维，有明确的目标，制定切实可行的方案，寻找有效的方法和路径，积极面对挑战和困难，坚持不懈地努力，最终实现预期目标。

第二，父母为孩子营造充满希望的家庭环境和氛围。研究发现，尊重、平等、民主、宽容、关爱、支持、和谐的积极家庭环境和氛围，能够培养出高希望水平的孩子。父母和孩子经常谈论目标、梦想、美好的未来等话题，以及探讨如何实现目标的有效方法和路径，能够对孩子产生潜移默化的积极影响，有助于培养孩子对未来充满希望、积极期待和美好憧憬。父母为孩子创设一个充满力量、支持、温暖、信任的家庭环境，能够使孩子对父母产生信任感，形成安全型亲子依恋，有助于孩子形成希望感。研究表明，一个从小生活在被忽略、被虐待、不受尊重或者父母不和家庭的孩子，是很难发展出充满希望的积极人格品质的。

第三，父母培养孩子具有更多的优势、力量、美德等积极心理品质。各种积极心理品质，如自主性、主动性、自控力、乐观、坚毅、勇敢、自信、成长型思维等，能够激励孩子展望未来，具有"向上看""向前看"的美好愿望，产生对目标和幸福生活的渴望、热情、雄心和理想。积极心理品质能够把"希望"内化于孩子的心理，增强孩子的希望感，提升孩子的希望水平，成为孩子不断进取和实现目标的积极力量，有助于把目标落实到行动上，并在实现目标的过程中，坚定信念，积聚力量，找到切实有效的方法，不断付出努力，克服各种困难，坚持不懈，以锲而不舍的精神不懈追求，最终实现自己的人生目标。

父母通过科学有效的希望引导、希望训练、希望干预等策略，有意识地对孩子进行希望教育，培养孩子具有希望感，鼓励孩子从小树立可实现的有价值目标，对未来充满美好期待，关注行为的积极结果，对自己所追求的目标坚定信念，激发内驱力，通过积极行动，不断努力和勇于挑战，让希望成为激励孩子应对成长道路上各种困难、挫折和坎坷的积极力量。

对于那些在生活和学习中不能合理设置适当目标，缺乏自信心，没有动力，轻易放弃，无法做到持续坚持，以及在实现目标过程中遇到困难、挫折、障碍时，缺少有效解决问题的方法、途径和技巧的孩子，父母尤其要对他们进行有针对性的希望教育、训练和干预，让孩子满怀期待、充满信心、坚定信念、提升能力，这有助于提升他们的希望水平。

心理学家斯奈德曾说，希望是"心灵的彩虹"。哲学家更是把希望视为"更美好生命的梦"。希望能让孩子乐观向上，积极进取，能带给孩子美好的生命前景，能在孩子伤心、烦恼、迷茫、无助、痛苦、绝望时，给孩子信心、鼓励、方向和光明，尤其是能帮助那些遭受打击、迷失方向和在无望中挣扎的孩子，看到自我新的力量，重新唤醒生命的活力，追求人生中更多的新的可能。

无论孩子现在存在什么问题，出现过什么错误，表现得如何不尽如人意，父母都不要放弃对孩子的美好希望。尤其是对那些习惯于主观评价和认知狭隘，武断地认为自己的孩子是"笨孩子""懒孩子""问题孩子""淘气的孩子""不听话的孩子""学习不好的孩子"的父母来说，更不能对孩子的全面成长失去信心和期待，对他们的未来不抱任何希望。之所以有些父母对孩子失去希望，是因为这些父母对孩子的教育过度焦虑和内卷，持有功利心和输不起心态。事实上，一些父母看到的只是孩子当下暂时的状态，这绝不能代表孩子未来的发展状态，更不能决定孩子将来成为一个什么样的人。

我们从另一个角度来看，即使孩子真的从小平庸，天资不够聪慧，目前表现不够突出，学业成绩不够理想，这更说明他们需要父母的鼓励和期待，需要希望力量的引领、催化和激发。只有当一个孩子对未来充满希望时，他才会有锲而不舍、不断进取的成长动力，才有可能成就美好幸福的人生。

希望不是空想和虚幻，也不是喊口号和心灵鸡汤。作为一种强大的精神力量，一种积极的情绪，希望是生命最真实、最美好的存在。希望展现了人的良好主观意愿和积极心理倾向，又体现了其在现实中的潜在性和可能性。希望不是凭空产生的，希望来源于生命的有限性、自身的局限性，来源于自我内在的积极天性、生存力量和坚强勇气，来源于重要他人的影响，来源于客观环境和生活现实，尤其来源于当个体深陷挫折与困境时，生命自身对美好渴求的自我积极表达。

希望为人们的行动指明了方向，使目标得以实现，使人生变得更加美好。家庭教育是一个不断培养孩子怀有希望、引导孩子学会希望、激励孩子实现希望的过程。父母采用积极养育的科学理念和有效方法，让孩子每天生活在美好的希望之中，对生活、对学习、对梦想、对成长、对生命、对未来满怀期待和无限憧憬，让希望光芒照亮孩子通往美好人生目标的道路，拥有丰富多彩的幸福人生。

　　无论你的孩子目前是否优秀，现在是不是你满意的样子，是不是你心目中的理想状态，父母都不要随意给孩子贴上"无可救药"的标签，也不要轻易下"未来没有希望"的结论，更不要对孩子失去信心和期望。父母以发展和欣赏的眼光看待孩子，看待孩子的潜能，看待孩子的未来，看见孩子未来的巨大成长空间和无限发展可能性，以积极乐观的心态鼓励孩子，对孩子充满美好的希望，让希望成为助力孩子全面健康成长的强大精神力量。

孩子感恩之心的培养

中华民族自古以来就有感恩的优良传统，把感恩视为一种高尚的美德，积极倡导感恩教育，教导人们要常怀感恩之心，具有感恩之意，表达感恩之情，做出感恩之行，对生命中拥有的一切美好事物心存感激，对来自他人的帮助表达感谢。

我们所熟知的"鸦有反哺之义，羊有跪乳之恩""受人滴水之恩，当以涌泉相报""投之以桃，报之以李""知恩图报，善莫大焉"等广为流传的古训，无不彰显了中国传统文化对感恩和感恩教育的强调、推崇和重视。事实上，上述这些为世人所称颂的论断不仅是千古流传的古训，更是我们每一个家庭都应传承的优秀家风、家规和家训。

感恩是一切美德之母，是积极心理学24种最重要的积极心理品质之一，也是近年来研究者关注的重要主题。心理学研究表明，人们会对懂得感恩的人产生更多的好感，会把感恩视为一种美好的品质，视为一种美德。

《说文解字》对"感""恩"的解释分别是："感，动人心也""恩，惠也"。《现代汉语词典》（第7版）对感恩的定义是对别人所给的恩惠表示感激。

感恩是一种亲社会的积极人格品质，是人际关系的一种积极心理反应，是一种内心积极情感的表达和流露，它源于因他人的支持和帮助而使自己获得积极结果的知觉。简单来说，感恩是指一种意识到并感激对自己有价值、有意义的事物而产生的积极情绪或良好状态，是个体用感激认知、感激情感和感激行为回应这些有价值、有意义事物而使自己获得积极经验或结果的心理倾向。如由大自然美景、积极生活事件、他人善举和亲社会行为等引发的感恩心境和感恩体验。

　　培养感恩品质是实施道德教育的切入点，感恩教育有助于其他力量、美德、优势等积极品质的获得，有助于立德树人教育任务的实现。感恩是心怀感激并愿意回报他人和社会的一种情怀，不只是简单的感激意识，而是一种责任意识、自立意识、自尊意识和追求人生精神境界的意识。大量实践表明，感恩教育能够使受教育者充满爱心、心态阳光、宽容善良，做出更多的亲社会行为，具有积极的心理能量，人际关系变得和谐，能够促进他们身心全面健康成长。

　　感恩教育是指教育者采用有效的教育方法，对受教育者实施的识恩、知恩、报恩和施恩的教育。简单来说，感恩教育就是让孩子知道为什么要感恩以及如何感恩的教育。

　　感恩教育是素质教育和道德教育的要求，也是新时代构建精神文明社会的要求，更是孩子全面健康成长的要求。感恩教育的内容和方式多种多样，既包括报答父母的养育之恩、感激老师的培育之恩、感谢他人的帮助之恩，也包括敬畏大自然的馈赠之恩和让自己变得强大的逆境之恩。

　　当前，对孩子感恩教育的缺失，更加凸显了感恩教育在家庭教育中的重要性。感恩是做人的一种基本美德，懂得感恩才是为人之道，毕竟世界上没有人有义务对你好。然而，在现实生活中，有些孩子感恩意识淡薄，没有感恩之心，缺乏感恩之情，自私自利，不知回报，不懂感恩，不想感恩，不去感恩，不会感恩。例如，一些在父母爱意浸泡中长大的孩子，对父母的付出不以为然，不懂回报，漠然地认为父母对他们的爱是应该的、是理所当然的，内心毫无感恩可言，有的甚至从来没有对父母说一声"谢谢"，更有甚者目无尊长，刁蛮任性，无理取闹，抱怨嫌弃，不懂得关心和尊敬父母，还有的稍不顺心就对父母出言不逊，做出一些伤害父母感情的行为，简直就是养了一个"白眼狼"。

　　又如，网上有报道襄樊5名受助大学生受助一年多，没有主动给资助者打过一次电话、写过一封信，更没有表达过一句感谢的话，这种自私、冷漠、没有人情和缺乏最起码的感恩之心，让资助者伤心、寒心。最终，主办方取消了5名受助大学生继续受资助的资格。

　　再如，前些年报道的"丛飞事件"，也充分说明了我们对青少年感恩教育缺失而暴露出的现实扎心问题。歌手丛飞一生资助了178名贫困学生，去世时这些被资助的学生或被资助学生的家长竟无一人前去相送，真是令人愤怒。诸如此类的事情，不胜枚举。可见，并不是所有的人都能够做到心怀感恩，知恩图报。感恩教育在一定程度上并没有得到很好的重视。

有研究发现，感恩无论对于施惠者还是受惠者都有益处，会使双方获得一定程度的积极心理体验，感受到世界的美好，体验到人生的快乐。一方面，感恩能够使施惠者体验到"赠人玫瑰，手留余香"的认同感、满足感、价值感、成就感、意义感和幸福感；另一方面，感恩能够使受惠者体验到"世间有大爱"的美好之情、感激之情、希望之情、喜悦之情和快乐之情。

作为一种美德、一种道德情感、一种积极情绪体验、一种积极人格品质，感恩具有积极的心理功能。心理学家研究发现，感恩是幸福的源泉，是身心健康的促进因素。尤其是感恩表达，作为一种接受他人好意而产生的积极回馈行动，感恩表达能够引发更多的亲社会行为，产生更大的积极社会效应，有助于发展和维系和谐的人际关系，无论对个体健康成长，还是对社会良好发展，都具有积极的促进作用。

研究发现，三星期的连续感恩，会提高人的健康水平，每星期写一下该感恩的人，能提升人的幸福感。心理学家的一项实验研究表明，在亲密关系的互动中，一方对另一方的感恩做出积极回应，会显著提高双方的关系质量，增进彼此的亲密度。这说明感恩表达传递出的不仅是一种积极情绪，更是一种彼此的接纳、理解和欣赏，愿意为对方做出更多的付出，表达更多的爱意。

感恩作为自我实现者的核心特征，有助于对他人产生更多的同理心，做出更多的利他、助人等亲社会行为；感恩能降低抑郁和减少躯体疾病，促进身心健康。感恩能提高孩子的创造力和学习成绩，感恩倾向高的孩子与他人的关系更和谐，整体生活满意度和主观幸福感更高，更愿意品味美好，回忆快乐的生活事件，常怀感恩的孩子长大后事业会更成功，家庭会更美满，对人生目标有更执着的追求，对未来有更美好的期待和憧憬，对消极事件有更强的适应性和积极应对能力。

　　此外，感恩有助于孩子体会生活中的美好，提升自我价值、自尊感和自我接纳程度，帮助孩子应对紧张的情境，有效地应对压力；感恩有助于密切孩子与同伴间的感情和建立新的合作关系，防止攀比心理，增加积极的情绪情感体验；感恩有助于培养孩子良好的品行，有了感恩，愤怒、痛苦、焦虑等消极情绪会减少。研究发现，感恩干预可以有效改善睡眠质量，减少疼痛，提高心理韧性。其他研究也证实了感恩与更好的情绪和睡眠、更少的疲劳以及更强的自我效能关系密切。

　　法国教育家卢梭曾说过，没有感恩就没有真正的美德。感恩是一种宝贵的品质，一种美好而又稀缺的礼物。心怀感恩会让孩子的心灵更善良、心态更阳光、性格更乐观、行动更积极、生命更有活力。父母教育孩子常怀感恩之心，具有感恩之情，珍视已经拥有的，对周围一切美好的事物心存感激，生活会因此变得更加快乐，人生也会因此变得更加幸福。

　　父母对孩子从小实施感恩教育，进行感恩训练，让孩子具有感恩意识，学会感恩表达，做出感恩行动，不仅对孩子的身心健康具有促进作用，提升孩子的人际交往能力，做出更多的亲社会行为，而且有助于实现立德树人的教育任务。

　　感恩教育的内容非常丰富，包括感恩国家、感恩父母、感恩老师、感恩大自然、感恩逆境、感恩所有帮助过自己的人等，每种感恩教育都应结合孩子的生活实际，具有可行性，易于被孩子理解和接受。例如，对孩子实施感恩父母的教育，要在认知和观念上，让他们懂得"谁言寸草心，报得三春晖"和"百善孝为先"的道理，以反哺之心感谢父母的养育之恩，表达对父母的感激之情，真正做到"父母教，需敬听""孝于亲，所当执"，在日常生活中，用自己的实际行动尊敬父母、孝敬父母和回报父母。

　　在家庭教育中，父母基于积极养育的科学理念和有效方法，采用如下方式对孩子进行感恩教育。

　　第一，父母引导孩子经常记录生活中值得感恩的点滴美好事情，培养孩子具有感恩之心。积极心理学家索尼娅研究指出，人们通过经常记录和随时思考一些值得感谢和感激的事情，能够提高他们的内在感恩动机，促使他们做出感恩行动。父母积极引导孩子每天思考或记录那些令人快乐的、美好的事情，包括家人的拥抱、周围的人发自内心的微笑、获得礼物、助人行为等；鼓励孩子坚持写感恩日记，频率是每周两次；让孩子从小懂得生活中有很多美好的事情是值得感恩的。

此外，每天晚上睡觉之前，父母和孩子轮流分享当天发生的 3 件好事或 3 件顺利的事情，把这些好事写在专门的记录本上。3 件好事练习的价值：一是增加父母与孩子在一起感恩表达的机会，有助于建立亲子之间的情感联结；二是当孩子认真回忆和写下当天发生的好事的时候，他内心是温暖、快乐、满足和美好的感受，自然而然会产生愉悦、欢喜和感激等积极情绪。父母与孩子坚持每天进行记录 3 件好事的练习，时间长了会使孩子以一种积极思维和积极视角发现、关注、感受、欣赏、思考生活中那些美好的事物，有助于培养孩子的感恩能力，增加孩子的感恩行动。

第二，父母训练孩子多使用积极的语言表达自己的情感和与人交流，培养孩子具有感恩之情。积极语言是那些包含尊重、肯定、赞赏、认同、宽容、理解、信任、支持、表扬等具有正向引导的语言。心理学家研究表明，经常说一些积极正向的语言，如"爱""感激""宽容""谢谢"等，能使人更愿意做出有利于社会、他人和自己的事情。如父母教导孩子每天多向帮助他（她）的人说"谢谢你"，并且记录每天说了多少次"谢谢你"，鼓励孩子尽量使这个数字不断增加，长期坚持说"谢谢你"，有助于孩子学会和养成感恩表达的习惯。

第三，父母鼓励孩子写感恩信件或打感恩电话，培养孩子具有感恩之行。心理学家罗伯特实验研究表明，思考感恩信息或者撰写感恩信件，能够让人产生积极的情绪情感体验，而且不论是否寄出感恩信件，仅是创作和写作的过程，都能使人感受到爱、温暖和快乐，提升人的幸福感，有利于做出感恩的行动。父母鼓励孩子每周坚持写一封值得感恩的信件，可以寄出去也可以不寄出去，有助于孩子学会用自己的实际行动，直接向他人表达感恩。

需要加以说明的是，感恩信的内容不要写得太少、太简单，不能只是一句"谢谢你"、"我爱你"或"感谢你对我的帮助"，这是远远不够的，达不到感恩教育的目的。父母指导孩子写感谢信应包含以下具体内容：首先写出对方有哪些善良的行为，也就是对方对你帮助和支持的具体行为是什么，帮助到你什么了；其次写明对方的帮助给你带来的好处和让你产生了什么样的快乐体验；最后表达你真挚的谢意。

第四，父母做一个有道德、有爱心、善良、利他、温暖、具有感恩之心和感恩行动的人，为孩子树立感恩学习和模仿的榜样，能够培养孩子成为一个感恩的人。行胜于言，身教重于言教。父母讲千遍道理不如行动一次，不如给孩子树立个好榜样。在日常生活中，培养孩子感恩品质最好的方法，不是父母的说教和讲大道理，而是父母的以身作则，导之以行，榜样示范。教育的极致是行为的影响，父母的感恩行为将影响孩子的感恩行动。父母用心体验、感受和欣赏身边一切美好的事物，常怀感恩之心，表达感恩之情，做出感恩之行，用自己的积极行动对孩子产生积极的引导和影响，有助于感召孩子从小成为一个心怀感恩的人。

在这里需要强调的是，对孩子进行感恩教育和感恩训练，应坚持科学性与生活化、灵活性与有效性相结合的原则，基于孩子的身心发展规律和年龄特点，把感恩教育与孩子的日常生活学习相结合，对孩子进行循序渐进有针对性的感恩训练和有效指导，不要采用空洞的说教培养孩子的感恩品质。

在家庭教育中，父母对孩子进行感恩教育，应侧重掌握正确的感恩理念，认识感恩的重要价值，学习科学的感恩知识，具有较强的感恩意识，建立有效的感恩认同，培养高尚的感恩情感，创设积极的感恩环境，使孩子形成良好的感恩习惯，做出有效的感恩行为，体验感恩行动带来的快乐感、满足感、幸福感、价值感、意义感等。

通过对孩子实行各种科学有效的感恩教育和感恩训练，使感恩内化于孩子的人格之中，植根于孩子的内心之中，外化于孩子的行为之中，成为一种积极的优势、力量和美德。同时，把感恩融入孩子的日常生活学习之中，使其成为一种良好的生活方式和行为习惯。

需要注意的是，对孩子实行感恩教育，绝不能使感恩教育流于形式化、庸俗化、简单化和复古化，不能把培养孩子感恩之心变成了激发孩子内疚之心。感恩之心与内疚之心二者完全不同，前者是一种积极情绪，后者是一种消极情绪。感恩是发自内心地表达感谢之情，脸上流露出的是微笑、温暖、感动的表情，它会使人热泪盈眶；内疚表达的是一种亏欠之情，脸上表现出的是悔恨、难过、沮丧、紧张的表情，它会让人痛哭流涕。如果父母经常激发孩子的内疚之心，会让孩子怀疑自我存在的价值，认为自己是父母的负担、累赘，对不起父母，自己是个令人讨厌的人，会因此变得谨小慎微、战战兢兢、压抑自己的想法，甚至出现叛逆行为。

教育就是上行下效，家长为孩子做出感恩示范，成为孩子学习和模仿的榜样，给孩子分享感恩的积极情绪，传递感恩的美好，能够让孩子学会感恩和变得更加懂得感恩。

在家庭教育中，培养孩子具有感恩之心，应在积极引导孩子学会感恩，对孩子传播和宣传感恩的理念、价值和方法的同时，努力营造和建设一种有助于诱发、唤醒、激励和维持孩子感恩情感和感恩行为的良好环境和氛围。

父母以身作则，给孩子无条件的爱，让孩子真正感受到父母为他的付出，并认识到父母的付出并不是理所当然的，有助于培养孩子的感恩之心。父母成为孩子感恩的学习和模仿榜样，通过言传身教对孩子进行潜移默化的积极影响，引导孩子学会表达感恩，使孩子真正成长为感恩国家、感恩社会、感恩父母、感恩师长、感恩生活等具有感恩之心和感恩之行的人。

孩子坚毅品格的培养

坚毅作为一种重要的积极心理品质，与人的目标、执着、勤勉、奋斗、坚强、坚忍、投入、努力、耐力、意志力、毅力、恒心、不屈不挠、坚持不懈等概念相关联，包含自主、自尊、自律、自强、自信、自我选择、自我激励、自我控制、自我管理和自我调整等积极自我的特征。

虽然坚毅与上述概念密切相关，但相比而言，坚毅的内涵要更加丰富，涵盖了目标、希望、热情、成长型思维、刻意练习等方面的内容。用坚毅研究最具代表性的心理学家安杰拉·达克沃思给出的明确定义：坚毅是指面对长远目标始终坚持自己的持久激情，即使历经失败，仍然能够坚持不懈地努力追求和实现目标的一种积极心理品质。

《现代汉语词典》（第7版）中，坚毅是指坚定有毅力。这一词中含有"愚公移山""精卫填海""宝剑锋从磨砺出"中不畏艰难、勤奋顽强的精神，暗含了为长期目标而持续努力的恒心、持久的热情和坚强的意志。坚毅概念必须至少具备两个方面的含义：一是为长远目标付出的坚持不懈的努力，面对失败或困境能做到不放弃；二是对这个目标保持一如既往的兴趣，能一直饱含热忱地为之奋斗。

有研究表明，与人的智商、情商和责任心相比，坚毅更能正向预测一个人未来取得的成就，是可靠的预测职业发展和人生成功的关键指标，也是个体心理健康和自我控制的重要衡量指标。正因为如此，坚毅也被称为人类的精神力量，受到心理学家和教育者的积极关注。

综观古今中外，那些成功者和杰出人士，他们无不具备坚毅的品格，勇往直前，永不言败，即使面对挫折和身在逆境中，依然长期坚持不懈地追求自己的人生目标，直至成功。

中国自古以来就极力推崇和倡导人要有"千磨万击还坚劲，任尔东西南北风""只要功夫深，铁杵磨成针""梅花香自苦寒来""不经历风雨怎能见彩虹"等坚忍不拔的执着进取精神。孟子所言"故天将降大任于是人也，必先苦其心志，劳其筋骨，饿其体肤，空乏其身，行拂乱其所为，所以动心忍性，曾益其所不能"，便是告诫人们，一个人想完成上天赋予的伟大使命，取得人生辉煌的成就，一定要先使他的意志和身心受到磨炼，以此来使他性情坚忍、提升心智水平，具有坚毅的精神。

世界上没有什么可以取代坚毅的地位。有才能而失败的人比比皆是，才华横溢却不思进取者众多，受过教育但潦倒终生的人也屡见不鲜，唯有坚毅的人才能达到自己的目标。

的确如此，具有坚毅品格的人拥有长远目标，对未来充满希望，保持乐观态度，具有积极心态，不惧怕挫折，始终坚持不懈地追求目标，即使面对困难和挑战也不会轻易动摇，能充分借助身边的资源发展自己，做到知、情、意的和谐统一，从而坚定执着地实现预定的目标。

正因为坚毅更能准确地预测人生成功，积极心理学家更是把坚毅力、激情、自制力、乐观态度、感恩、情商力、好奇心作为能预示孩子未来成功的七项关键指标。

与心理学中的坚忍、心理韧性、心理弹性等类似，坚毅包括坚持不懈的努力和兴趣的一致性两个维度，这两个维度往往与战胜困难和克服挫折相联系，体现了个体在追求目标过程中敢于面对挑战和困难所表现出的坚持不懈的努力和坚忍不拔的品质。

研究表明，坚毅的第一个维度（坚持不懈努力）能预测个体自我调节学习的七个指标，包括自我价值感、自我效能感、认知、元认知、动机、时间和学习环境管理策略、拖延；坚毅的第二个维度（兴趣一致性）与自我调节学习的后两个指标时间和学习环境管理策略以及拖延存在显著的相关性，也就是说，兴趣的一致性可以使个体具有有效的时间和学习环境管理策略和减少拖延的行为。

可以毫不夸张地讲，坚毅力的培养作为一种全新的前沿教育理念，近年来已经风靡国际教育界，受到各国研究者和教育者的极大关注。毋庸置疑，培养孩子具有坚毅的品格是家庭教育尤为重要的内容，坚毅的品格对孩子的成长和发展具有十分重要的价值。坚毅理论认为，孩子想要取得优秀的学业成绩和未来获得卓越的事业成就，智力与坚毅二者缺一不可。

有研究表明，坚毅能正向预测青少年未来学业的表现，是青少年学业成绩最关键的预测指标。与低坚毅水平的学生相比，高坚毅水平的学生能取得更好的学业成绩；在具有挑战性的活动任务中，能持续不断地努力，有较高的积极投入；具有较高的抗压能力并保持心理健康；高坚毅水平的九年级学生，出现手机成瘾、打架、离家出走、不良嗜好等问题行为的概率更低。培养和塑造孩子坚毅的品格，能够提升其主观幸福感和生活满意度，增强积极情绪情感体验，较少地受到消极情绪的困扰和影响。此外，坚毅水平还会影响学生对学业目标的执着坚持程度。

坚毅品格不是一成不变的，是可以通过教育和训练不断提高的。研究发现，父母采用高要求高回应的权威型的家庭教养方式，比放任型、忽视型和专制型的教养方式更能培养孩子坚毅的品格。有心理学家指出，为了避免与"专制型"教养方式相混淆，应该把"权威型"教养方式称为"明智型"教养方式。

明智型教养方式的特点和优势是对孩子支持和要求同时兼顾的养育方式，能够培养孩子具有坚毅的品格。明智型教养方式的父母，其权威是基于自我的品格、智慧、知识和良好的亲子关系，而不是来自控制、粗暴和打骂。明智型教养方式的父母知道要给予孩子无条件的接纳、关爱、温暖、尊重和自由，给孩子充分的情感温暖和心理支持。同时，明智型教养方式的父母更懂得要给孩子提出明确的要求，给孩子建立规则，对孩子进行正确的批评，尤其懂得要为孩子树立坚毅的榜样，给孩子做出示范，对目标保持持续不断的激情和付出。

有研究表明，父母教养方式中母亲的情感温暖、给孩子独立自主的锻炼机会、父亲的积极引导与接纳，能正向预测孩子坚毅品格的形成和发展。情感温暖是一种积极养育方式，当孩子遇到困难和挫折时，父母的关心和鼓励，尤其是母亲给予孩子更多的情感温暖、关爱和支持，可以让孩子保持持续的行动激情，能够培养和塑造孩子坚毅品格。

母亲的过度保护和父亲的拒绝、惩罚对青少年坚毅品格发展不利。当孩子遇到困难或是迷惘的时候，在拒绝、惩罚教养方式长大的孩子会否认自我，甚至会出现过激的叛逆行为；在过度保护教养方式长大的孩子会失去自我，一旦受到一点小挫折就会寻找父母的庇护，如果孩子一直没有机会战胜一些困难，他可能永远不会具备面对挑战的自信，不会学会自己去面对解决，从而降低其坚毅品质。对孩子过多的保护和干涉、责骂批评或者无理由拒绝，也会降低孩子坚持目标和克服困难的勇气和积极性。青少年具有很强的成人感，心理上希望摆脱父母的控制，对于干涉他们行为的外在力量十分反感，如果父母依然把孩子放在从属地位，过于干涉他们的生活，很容易引起他们的反感，引发他们的反抗。另外，父母的过分干涉保护会限制孩子探索外界新鲜事物的机会，阻碍他们独立性和探索性的发展，不利于培养孩子坚毅品格。

明智型教养方式的父母能准确地判断和积极满足孩子的各种心理需求，发掘孩子的潜力和优势，激发孩子成长的内驱力，培养孩子具有更多的力量、美德、优势等积极心理品质，塑造孩子成为一个坚毅的人。

心理学家在过去 40 年的大量研究中发现，明智型教养方式的父母能够给孩子提供无条件的爱的支持，并对孩子有高标准的要求，也就是支持性和要求性兼顾的父母，其培养出的孩子比放任型、忽视型和专制型教养方式的父母教育出的孩子更优秀。一项针对 10000 多名青少年父母的调查研究显示，无论社会阶层、种族或者婚姻状况如何，如果这些青少年的父母对孩子是支持性的、关爱的、温暖的、尊重的，并对孩子有明确和高标准的要求，这些孩子的学业成绩会更好、自我会更独立、心理会更健康、幸福感会更高，更少出现焦虑和抑郁的情绪，出现问题行为甚至违法行为的可能性也更小。

无数事实表明，父母可以通过长期有效的练习、锻炼、训练来提升孩子的坚毅力，而且最好从小就注重对孩子坚毅品格的培养。具体来说，父母引导和鼓励孩子每天坚持一定时间的练习，形成并遵循这个日常惯例，使之逐渐成为孩子的一种良好习惯。同时，父母要善于积极发现孩子所具有的力量、美德和性格优势，培养孩子有自己的兴趣，追随自己的激情，鼓励孩子多参加课外活动，并且一定要让孩子在某项活动中坚持一年以上的时间，在坚持不懈地追求、努力和练习中磨炼意志，成为一个具有自主、独立、坚毅品格的人。

心理学家通过研究指出，父母培养孩子坚毅品格和提升孩子坚毅力的方法很多，如激发兴趣、不断探索、追求目标、保持激情、具有耐心、积极行动等，但最有效的一个方式是鼓励孩子进行刻意练习，让刻意练习成为一种良好习惯。

父母对孩子实施坚毅教育，培养孩子具有坚毅品格，需要不断鼓励和积极引导孩子在某项任务或某种兴趣上进行长时间、高质量的精力投入和不断练习。也就是心理学家安德斯·艾利克森所说的"刻意练习"。艾利克森研究人们是如何获得世界级技能和成为世界级专家的，通过长期追踪研究发现，那些音乐、体育、舞蹈、钢琴、国际象棋、职业高尔夫球等领域的世界级高手差不多都经过了10年10000个小时的刻苦学习和长期训练。

艾利克森在另一项研究中发现，一所音乐学院里那些最优秀的小提琴手，在达到精英水平专业能力之前的10年时间里，已经进行了大约10000个小时有计划有目的的刻意练习，而那些专业水平较低的学生，在10年时间里进行的练习时长只有最优秀小提琴手的一半。其他对成功的舞蹈家和音乐家的大量研究，也得出同样的结论。

需要加以说明的是，艾利克森所说的刻意练习是一种有提升性的明确目标，有意识、有计划、全神贯注地投入和不懈努力的练习，并在完成任务的练习、训练和尝试过程中，积极主动及时寻求有价值的反馈信息，从而进行持续不断的总结、反思、修正、改进、完善和调整，旨在不断提升每一次练习的效果，力求有所突破，努力战胜自己，尽力做到最好，正确地完成任务和实现目标，如此能够有助于形成坚毅的品格。

事实证明，对某一任务长期不懈地进行有质量的练习、练习、再练习，能够使人成为某一领域的世界级专家和顶级高手，在这一过程中也能锻炼其意志，使其具有坚毅的品格。具有坚毅品格的人，会持续不断地进行刻意练习，从而有助于其取得辉煌的成就。反过来，持续不断的刻意练习，也会磨砺人，使其具有坚毅的品格，能够助力其事业辉煌。由此可见，坚毅品格与刻意练习二者交互作用，互相影响，互为因果，相互促进。换言之，与其他人相比，坚毅的人最大的优势是在某项任务上坚守承诺的时间更长和花费的时间更多，具备持续进步和不断追求卓越的刻意练习特质；而具有刻意练习特质的人，也会培养其具有坚毅的品格，从而有助于其事业取得成功。

有父母或许会有这样的担心和问题：刻意练习会不会让孩子很痛苦、很焦虑、很反感，产生抵触、厌倦和对抗心理？心理学家通过研究给出答案：全神贯注、沉浸其中的刻意练习本身能够使人具有满足感和充实感，可以让人感受到练习过程的美好，还可以让人体验到练习之后有所收获的成就感和不断进步的快乐感。例如，我们发现，婴儿和蹒跚学步的幼儿，他们想自己坐起来和学会走路，虽然他们面临许多超越其自身现有能力的挑战，经历着犯错和失败，一次又一次挣扎着坐起来，努力学走路，他们全神贯注，不断地学习，但他们并不会感到痛苦、焦虑、尴尬、窘迫、羞耻，他们不会放弃，也不会认为失败是糟糕的，反而不停地尝试和探索，直到自己能够独立坐起来和走路为止。到了幼儿园，由于父母和老师等成年人对孩子错误行为的恶劣态度和消极情绪反应，如生气、皱眉、指责、严厉地批评等，孩子学会了尴尬、羞耻、恐惧和防御，认为失败是很不光彩的事情，为了保护自己，他们不敢冒风险尽最大努力去不断尝试和挑战。

对孩子实施坚毅教育是家庭教育中十分重要的内容，应引起父母足够的重视。培养孩子坚毅品格，提升孩子坚毅力，让孩子具有坚毅精神，父母应采用明智型的家庭教养方式，对孩子高要求和给予尊重、温暖、无条件爱的支持；培养孩子的兴趣，鼓励孩子对兴趣保持长时间、高质量的积极投入；引导和鼓励孩子对某项任务进行有质量持续不断的"刻意练习"，让孩子体验努力练习给其带来的乐趣、满足感和成就感。可以肯定地说，虽然坚毅不是唯一影响孩子成长、成功和幸福的最重要积极心理品质，但坚毅却能使孩子拥有成长型思维，给孩子带来释放激情和坚持不懈的力量。

好习惯培养的"秘诀"

　　著名教育家叶圣陶说过，什么是教育，简单一句话概括，就是养成孩子良好的习惯。德育就是培养孩子为人处世和树立正确观念的良好习惯，智育就是培养孩子获取知识和掌握技能的良好习惯，体育就是培养孩子热爱运动和强身健体的良好习惯，美育就是培养孩子认识美、体验美、感受美、欣赏美和创造美的良好习惯，劳育就是培养孩子学会劳动和喜欢劳动的良好习惯。孩子德智体美劳五育良好习惯的养成，使孩子具有高尚的品德、良好的学习能力、强健的体魄、美的情操和劳动精神。

　　叶圣陶先生明确地指出，教育要在德、智、体、美、劳五育上培养孩子具有各种良好的习惯，并发展出相应的品格、素养和能力。在叶圣陶的教育思想里，他十分重视少年儿童良好习惯的培养，为此他曾专门写过《习惯成自然》一文，在文章中明确指出，教育的目的就是培养孩子自理、遵守规则、爱心、尊重、守时、诚信、礼貌、责任、阅读、卫生等各种良好的习惯，以此来增强他们的能力，促进他们全面健康成长。

　　关于好习惯的教育价值和人生意义，国内外一些著名的教育家和文学家，从不同的方面强调了培养良好习惯对孩子成长的重要性。

　　英国教育家洛克说过，事实上，一切教育都归结为养成儿童的良好习惯，往往自己的幸福都归于自己的习惯。俄国教育家乌申斯基指出，教育的任务就是培养性格，而性格是由天赋的倾向性及从生活中获得的习惯形成的。中国现代文学家巴金指出，孩子成功教育从好习惯培养开始。

　　中国青少年研究中心家庭教育首席专家孙云晓认为，教育的核心是培养孩子具有健康的人格，而培养健康人格最有效的途径就是从培养孩子的行为习惯做起。我们抓住行为习惯培养这个根本，就抓住了家庭教育最有效的途径，这就是家庭教育最基本的任务。

从上面教育家的观点可知，注重培养影响孩子一生的良好习惯，是家庭教育的一项非常重要的内容，应该引起父母的足够重视。父母学会采用正确的积极养育方法，从小注重对孩子各种良好习惯的培养。

所谓习惯，是指经过反复练习逐渐形成，并发展成为个体内在的稳定、自律的行为方式。习惯不是与生俱来的，是后天学习而来的，是刺激与反应之间的稳固联结。心理学家通过研究指出，人类的行为有四个层次：最低层次是被动性的行为；第二个层次是自发性的行为；第三个层次是自觉性的行为；最高层次是自动性的行为。我们成年人每天的坐立行走、言行举止、为人处世、学习工作等行为，有高达90%都是习惯使然，这些行为已经达到了自动化的程度，不需要我们有意识地努力和提醒，就会自动表现出来。这就是我们所说的，这些行为已经真正变成自动的行为方式，内化为个体人格中的一部分了。

习惯是日常生活中到处可见的心理和行为现象，它无时无刻不在影响着人们的言行举止、生活方式、思维模式、人际交往等，对每个人的工作、学习和生活都具有十分重要的影响。需要指出的是，习惯有好坏之分。教育是培养孩子各种好习惯，消除孩子身上的坏习惯。我们都听过这样几句话："成功和优秀是一种习惯"，这里的"习惯"指的是各种好习惯；"不成功、不优秀也是一种习惯"，这里的"习惯"指的是各种坏习惯。也就是说，习惯就如同一把双刃剑，具有积极和消极双重作用。好习惯是一个人终身所拥有的财富和资本，是人生用不完的利息；坏习惯则是人生偿还不完的债务，对人的一生的发展产生消极的影响。

什么是好习惯？著名的习惯心理学家柯永河认为，好习惯就是能够让自己快乐，帮自己解决问题，有助于自己成长，同时也能够让别人快乐，帮助别人解决问题，有利于他人，这样的规律行为，就叫作好习惯。比如，认真、守时、诚信、文明、礼貌、微笑、尊重、爱心、责任、节约、讲究卫生、遵守规则、不乱扔垃圾、不闯红灯、不大声喧哗、不妨碍他人等，这些行为既利己又利他，既让自己快乐，也受他人喜欢，这些都是孩子需要养成的好习惯。

古罗马著名诗人奥维德说过，没有什么比习惯的力量更强大。这话不假，好习惯意味着意志力、自控力；好习惯意味着效率、效果；好习惯意味着优秀、成功；好习惯意味着幸福、快乐。习惯决定人的一生，它无时无刻不在影响着我们的思维方式和行为模式，好习惯让人终身受益。

综观古今中外无数的伟人、名人和科学家，其之所以取得伟大的成就，某种程度上得益于自身养成的各种好习惯。伟人毛泽东一生酷爱读书，早在青年时期他就养成了读书的好习惯，他晚年的藏书有 10 万册左右。毛泽东养成了"四多"的读书习惯，即"多读、多写、多想、多问"，一部《资治通鉴》他读了 17 遍，他一边读一边在书的空白处写满了批注、符号和心得。毛泽东常说："饭可以一日不吃，觉可以一日不睡，书不可以一日不读。"毛泽东又说："一天不读报是缺点，三天不读报是错误。"马克思具有勤奋学习、善于钻研的好习惯，才能有巨著《资本论》的问世；科学家竺可桢从小养成做事认真、观察事物的变化和写日记的好习惯；中国现代文学的奠基人鲁迅先生养成了"随便翻翻"的读书习惯；被誉为"中国现代数学之父"的华罗庚具有"刻苦自学"的好习惯；等等。由此可见，好习惯对人的成就具有强大的力量和价值。

下面，我们通过一个真实的故事，来说明好习惯对人的成长、成才、发展、幸福、成功的重要价值。1978 年，75 位诺贝尔奖获得者齐聚巴黎，人们对于诺贝尔奖获得者是非常崇拜尊敬的，很想知道他们是如何取得如此高的成就和荣誉的。会议现场有记者问当年受世人瞩目的诺贝尔物理学奖得主卡皮察："请问：您在哪所大学、哪所实验室里学到的您认为最重要的东西成就了您？"很显然，记者说的"最重要的东西"是跟"获得诺贝尔奖"这件事有直接关系的学识、能力、品质或专业。

人们对这位诺贝尔奖获得者的答案充满期待，但出乎意料的是，这位白发苍苍的诺贝尔奖获得者平静地回答："是在幼儿园。"记者愣住了，接着又问："您在幼儿园学到了什么呢？"老人如数家珍地说道："在幼儿园里，我学会了很多很多好习惯。比如见到老师要问好，把自己的东西分一半给小伙伴，不是自己的东西不要拿，东西要摆放整齐，物品用完要放回原处，饭前便后要洗手，做错了事情要表示歉意，学习要多思考，午饭后要休息，要仔细观察大自然，要爱护花草树木和小动物，从根本上说，我学到的全部东西就是这些。"

这位诺贝尔奖获得者说，自己所取得的成就是得益于在幼儿园养成的礼貌、分享、自律、条理、卫生、担当、思考、劳逸结合、观察、爱心等各种好习惯，是这些好习惯成就了他的一生，使他最终获得诺贝尔奖。而且他认为终身学到的最重要东西，是幼儿园老师培养他形成的各种好习惯。

培根认为，习惯真是一种顽强而巨大的力量，它可以主宰人生，因此人从幼年起就应该通过教育培养一种良好的习惯。好习惯如此重要，好习惯让人受益终身，好习惯应从小培养。孔子云："少成若天性，习惯成自然。""性相近也，习相远也。"前一句意思是说小的时候形成的习惯，就像人的天性一样自然伴随人的一生。后一句意思是说人在刚出生的时候，先天所具有的纯真本性是非常接近的，彼此之间差异并不大，而受后天环境和教育的影响形成的各种习性，相互之间差异非常大。

养成教育是根本性的教育，教育的根本是养成教育。这句话强调了在人生命早期的养成教育，对一个人后续发展的重要性。这里所说的养成教育，就是指培养孩子的各种好习惯。这里所说的培养，是指按照一定目的长期教育和训练。所谓教育的关键期，也称关键年龄、最佳年龄、敏感期，是指孩子学习某种本领，形成某一习惯的最佳时期，在这个年龄段培养孩子的行为习惯成效最大。当父母认识到习惯对孩子成长的重要价值，就应该遵循孩子的身心发展规律和特点，抓住孩子各种好习惯形成的关键期，有意识、有目的地进行教育、训练和引导。父母如果能够及时抓住这个年龄阶段，对孩子进行科学的培养和有效的训练，做到晓之以理，动之以情，导之以行，持之以恒，则可以达到事半功倍的效果；而一旦错过这个关键期，再进行教育和训练，效果不只是事倍功半的问题，有的甚至终身难以弥补。这也是我们常说的，教育不能等、教育不能重来的深刻道理所在。

心理学家研究发现，父母可以通过采用刺激与反应之间的联结、强化、模仿学习等方法，来培养孩子形成某种行为习惯。很显然，在家庭教育中，孩子多个方面纪律、规则、规范的形成，是一系列长久的刺激与反应之间的结果。此外，我们希望孩子养成某种良好的行为习惯，当他表现出这种行为后，父母应给予积极的认同、鼓励和正面强化，则该行为出现的频率会因为这种强化刺激的作用而增加。最重要的是，培养孩子的习惯，父母一定要榜样示范，以身作则，要求孩子做到的父母首先要做到，不允许孩子做的行为自己一定不要做。因为，孩子天生具有模仿能力，他们会通过观察和替代学习，模仿父母的言行举止和行为规范，受父母长期潜移默化的影响，形成自己的各种行为习惯。

此外，父母应站在儿童的立场，从孩子的角度出发，充分利用孩子天性中的好奇心、求知欲、好胜心、表现欲、自主性，引导和鼓励孩子养成各种良好的习惯。这里所说的站在儿童的立场，就是父母要了解儿童的身心发展规律，遵循儿童的认知和行为发展特点，抓住习惯形成的最佳时期，对孩子进行有针对性的教育、培养和训练。

从少年儿童习惯形成的心理机制来看，父母要保护和尊重孩子的积极天性，同时也要对他的行为进行合理规范和长期有效的训练，要把外部强化转化为内部激励。换言之，就是加强外部训练，引导内部控制，把两者有机结合起来，从而有助于孩子形成某种习惯。内控的习惯就是已经内化为个人的需要了，孩子这样做他会很快乐，不这样做就会不高兴，为了获得这种愉悦的感受和回避消极的情绪体验，他会自觉地做出这些行为习惯。

比如儿童一开始都是为了获得大人的表扬，说他是个好孩子，他才去表现出好的行为，这是一种外部激励的作用，孩子的行为受外部动机驱动。但是真正形成自动化的稳定习惯，则必须变成孩子的内部需要。也就是说，某一行为本身首先会给孩子带来的是对不良情绪后果的回避，然后是他这样做能给自己带来快乐的体验。

再比如过马路时遵守"红灯停、绿灯行"的交通规则、公共场所不乱扔垃圾，孩子这样做会感到很开心、很快乐，而一旦违背这些规则他会不高兴、不快乐。其实，孩子开始并不懂这些规则，他只知道父母和老师不让乱扔垃圾，扔了会受到批评。到后来，他自己不乱扔垃圾、不随地吐痰、不闯红灯、不在公共场所大声喧哗，这样做会给他带来快乐，说明这些行为已经成为他的内部需要，变成人格中的一部分，这是习惯形成的最高心理机制。

　　根据行为心理学的研究结果，一个良好习惯的形成，绝不是一朝一夕一蹴而就的，必须经过长期不断的刻意练习，需要孩子经历由被动到主动再到自动的过程，最终达到刺激和反应之间能够建立稳固的联结。国外已有的相关研究表明，3 周以上的重复行为会初步形成习惯，3 个月以上的重复行为会形成稳定的习惯。即同一个行为动作，重复 3 周以上会变成习惯性动作，重复 90 天以上会形成稳固的习惯。按照心理学中的强化原理，孩子的习惯在达到自动化之前，一定要重复多次练习，需要进行不断强化，这样才能真正固定下来。具体来说，某种行为由被动到主动再到自动的过程分为以下三个阶段。

　　第一阶段 1～7 天，此阶段孩子表现为"刻意、不自然、不舒服"，需要有意识地提醒自己做出这个行为；第二阶段 7～21 天，此阶段孩子表现为"刻意、较自然、较舒服"，但仍需要有意识地控制和努力，因为稍不留意，就可能会恢复到从前；第三阶段 21～90 天，此阶段孩子表现为"不经意、自然、舒服"，无须有意识地控制和提醒，已经成为孩子生命中的有机组成部分，内化为人格中的一部分，变成一种内部需要，自然而然地实施。

　　我们知道了什么是好习惯，作为父母，应该如何培养孩子良好的习惯呢？著名家庭教育专家孙云晓通过多年的研究，提出了习惯养成的五个可操作的具体步骤，这对于培养孩子良好的习惯具有重要的指导意义。

　　第一步，提高认识。就是父母积极引导孩子对养成某个良好习惯产生兴趣，让孩子对需要培养的好习惯所具有的价值、益处、必要性有正确的认知。提高认知是父母先从孩子的"知"入手，也就是让孩子先"知"到，然后再到"行"，就是鼓励他通过积极行动"做"到，最后达到"知行合一"的目的，这一步有助于激发孩子对某个习惯养成的内驱力，培养孩子对这一习惯产生兴趣。

　　第二步，明确规范。就是父母对孩子养成某个良好习惯给出明确的标准和具体可行的要求，而不是向孩子提出泛泛的要求，如有些父母对孩子说"孩子，你要读书啊""孩子，你要运动啊""孩子，你要好好学习啊"，这些都是一种抽象、模糊的要求，没有明确的标准，做到做不到，做得好不好，都无法量化和评估，效果自然也不尽如人意。父母正确的做法应该是向孩子提出明确的要求："孩子，你每天要读书 30 分钟""孩子，每天要户外运动 40 分钟"，孩子按照这个时间标准做到了，意味着今天的任务完成了，可在白板上贴一朵小红花，或者在表格里打钩。父母及时回应孩子的表现，鼓励明天继续加油。这一步有助于孩子明确某一习惯养成的具体标准，通过量化进行有效的评估。

第三步，持久训练。就是激励孩子对某种行为习惯进行坚持不懈的刻意练习，对习惯培养的策略进行探讨，从"少"和"小"开始，脚踏实地、循序渐进、步步为营、稳扎稳打来培养，让这种习惯由被动到主动再到自动化，最终内化为生命中的重要组成部分。

第四步，及时评估。及时评估和反馈孩子习惯培养过程中取得的成效和存在的问题，父母进行有效的提醒、提示、检查、监督和鼓励。同时，让孩子体验到良好习惯给他的生活和学习带来的成就感和快乐，切实感受和体验好习惯带给他的价值和意义。

第五步，形成环境。就是构建有助于孩子养成各种良好习惯的家庭生活、学校氛围以及社会风气的积极环境。

柯永河认为，培养孩子好习惯的"诀窍"就两个字，那就是"行动"。正所谓："讲千遍道理，不如行动一次。"这句话同样适用于孩子好习惯的培养。柯永河所说的行动，实质上包含五个方面的内容。

一是立刻行动。培养孩子良好的习惯最怕光说不练，父母一定要杜绝"语言上的巨人，行动上的矮子"的毛病，做到从今天开始，从此时此刻开始，鼓励、引导和训练孩子马上开始行动。

二是连续行动。父母鼓励孩子一个行为持续不断地做 21 天，一天一次，这种行为就会逐渐变成习惯，持续不断地练习是习惯培养最重要的环节。

三是有明确要求的行动。父母每天要给孩子设定具体的明确目标，不要泛泛地提出模糊的要求。如父母不要对孩子说"你要学英语"，而要跟孩子谈具体一天要背多少个单词。

四是用鼓励的方式行动。孩子每天按要求完成了某种目标任务，父母应看见孩子努力的行为并给予积极的回应，合理使用赞美、奖励、认同、正确表扬等正强化方式鼓励孩子，能够激发孩子持续行动的积极性。

　　五是从小事开始行动。培养孩子各种好习惯应遵循"天下难事必作于易，天下大事必作于细"的原则。孩子习惯养成在开始的时候不要太难、太多，应尽量采用由易到难、由小到大循序渐进的方式进行。父母在日常生活中，训练孩子回到家就洗手，把书包拿到自己的房间，写完作业自己收拾好书本和文具，这并不是很难的事情，孩子很容易做到，会有一种成就感。

　　教育是培养孩子各种好习惯，好习惯决定孩子的命运。好习惯没有先天遗传的，都是后天形成的，这为我们在家庭教育中，培养孩子各种好习惯提供了前提和可能。毋庸置疑，家庭是培养孩子习惯最好的学校，父母是培养孩子习惯最好的老师。习惯来自孩子长期不懈的坚持，坚持来自引导、监督、鼓励和训练，引导者、监督者、鼓励者、训练者是谁，答案不言而喻，是父母。

　　让我们从今天开始，从父母的以身作则开始，从现在做起，从小事做起，在日常生活和学习中培养孩子一个又一个良好的习惯，让好习惯伴随孩子终身，成为孩子用不完的"利息"，成为助力孩子走向成功、通往幸福的阶梯。

孩子学习内驱力的培养

人类学习的本质是借助语言和思维参与，在教育者的指导下，有目的、有计划、有组织地进行的，是个体自觉、积极、主动以及不断形成和激发学习需要与学习动机的过程。

教育要遵循孩子的身心发展规律，了解并满足孩子的身心成长需求，引发孩子学习、读书、求知的内驱力，让孩子在学习中有更多的积极情绪体验和成功的经验，从而自觉自愿主动自发地学习。学习内驱力对孩子的学习积极性和取得良好的学习效果具有十分重要的影响。如何有效激发和培养孩子学习的内驱力，让孩子从"要我学"到"我要学"，把学习当作自己喜欢的事情，是为自己学的，是家庭教育中的重点问题，也是难点问题。

学习内驱力是指由孩子的学习兴趣、好奇心或成就需要等内部原因引起的动机，是一种源自内心，促使孩子主动学习、求知和探索的力量，并且学习活动本身能给孩子带来快乐、满足、意义和价值，也就是学习活动本身就是对孩子最好的奖励。学习内驱力含有更多的自主学习或自我决定的成分，学习行为主要受自我内部力量驱动，而不是为了获得家长和他人的奖赏或者避免惩罚等外部因素驱使。

当前，家长在培养孩子学习内驱力的过程中，往往存在认知和行为层面的若干误区，深入分析这些误区，旨在引导家长走出这些误区，引导家长更好地激发和培养孩子学习的内驱力。

家长在认知层面存在的误区如下。

误区一：忽视对孩子身心需要的积极满足。

心理学的内驱力理论认为，动机是在需要的基础上产生。也就是说，个体有了某种需要，然后产生满足需要的动机，在动机的驱动下投入行动使需要得到满足。心理学的自我决定论认为，个体本性中存在着自我发展的三种基本心理需要：自主需要、胜任需要和关系需要。自主需要指的是能够控制自己的行为，由此产生自主感或自我决定的需要；胜任需要指的是在与环境的相互作用中，有能力做好，实现了自己的目标，拥有胜任感的需要；关系需要指的是隶属于某一群体的需要，能感受到归属感和被关爱、被支持感。如果社会环境支持并促使这三种需要的满足，那么个体的内部动机就会得到积极的发展。

马斯洛需要层次理论告诉我们，在基本需要没有满足的情况下，个体是很难发展出成长性需要的。例如，一个肚子饿得咕咕叫、没有安全感又缺失家长接纳、关爱和尊重的孩子，是很难做到专心致志主动投入学习和读书中的，也无法使求知需求成为其学习的内在驱动力量。因为在具有强大力量的基本需要没有得到满足之前，孩子会心神不宁，出现焦虑、不安、担心和烦躁的消极情绪体验，难以全身心投入学习和探索之中。明晰了这一点，在家庭教育中，家长应为孩子创设一个积极的成长环境，与孩子之间建立安全信任的积极关系，对孩子关爱、尊重、理解、接纳和支持，积极满足孩子心理安全感、归属感和自尊感的需求，会有助于激发孩子学习的内驱力。

误区二：忽视孩子在学习中的积极感受和体验。

孩子在学习中的感受和体验直接影响其学习的积极性、主动性和内在动机。大量的事实表明，孩子缺乏学习内驱力与其在学习过程中的负性情绪体验和失败感直接相关。也就是说，孩子学习时的消极情绪感受和失败体验直接影响其学习热情、学习动力和学习投入，导致其不仅不积极学习，甚至还会讨厌学习，最终影响其学习效率和学习效果。如果孩子在学习过程中和学习后，更多感受到的是家长的批评、指责、贬低、羞辱、打骂，体验到的是更多的伤心、难过、痛苦、自卑、羞愧和失败，会使其负责思考、想象、记忆等学习任务的大脑前额叶处于抑制状态，同时会激活负责攻击、恐惧和防御的底层大脑。久而久之，孩子会把消极情绪感受和失败体验与学习建立一种关联，形成条件反射，每当学习或想到学习时，就会产生恐惧、担心、焦虑、厌烦、逆反、回避、厌学等心理和行为反应。

相反，如果孩子在学习过程中感受到的是一种美好的记忆和积极的情绪，在学习过程中体验到的是心情愉悦感、成就感和价值感，会有助于激活大脑神经元的连接，使其智力和非智力因素处于积极的活跃状态，会有助于激发孩子的学习兴趣，使其产生内在学习动力。

误区三：忽视对孩子的学习行为进行正确表扬。

家长对孩子的学习行为和努力过程缺乏积极的回应，采用错误的方式表扬孩子的聪明和天赋，不利于激发孩子的内驱力。表扬聪明通常是针对一个人与生俱来的天赋、禀赋、天分来说的，表达的是对取得好的结果的炫耀、卖弄和宣扬。例如，"看到你成绩考得这么好，你真聪明！"家长过多地表扬孩子的聪明和天赋，容易使孩子产生骄傲、自大、自满的心理，觉得自己是个神童和天才，根本不需要付出行动和努力。而且，用这些比较笼统、空洞的语言表扬孩子，会让孩子找不到努力的方向，形成不愿付出和输不起的消极心态，起不到应有的激发内驱力的作用。

强化理论指出，当某种行为发生后给予强化，就可以增加该行为再次出现的可能性，通过强化能够增强个体的学习动机。家长采用正确的表扬方式肯定孩子在学习中的努力、认真和用心，认同孩子努力学习的行为、态度和过程，能够有效激发孩子学习的内驱力。

家长在行为层面存在的误区如下。

误区一：家长对孩子提出过高的学习要求。

在孩子学习过程中，家长对孩子提出过高的学习要求以及布置过难的学习任务，致使孩子怎么努力都无法达到学习要求和完成学习任务，容易使孩子形成习得性无助感，破坏孩子学习的内驱力。

习得性无助感是由积极心理学的创始人塞利格曼通过对固定在架子上的狗进行电击的著名实验提出的。这一实验结果表明，动物在有了"因为某些外部事件无论怎么努力都无法控制"的痛苦经验后，即使在后来可以轻而易举回避电击，但它仍然趴在地板上甘心忍受电击，不进行任何反抗，会产生一种叫作习得性无助感的心理状态。心理学家通过大量的研究发现，人类也同样可以后天获得习得性无助感。

当孩子在学习过程中，无论自己怎么努力，最后的结果都是不好的、失败的和痛苦的，时间长了，就会形成一种固定的认知思维模式，即"我不可能学好""即使我怎么努力也无法改变结果"，于是选择"躺平"和"摆烂"，沉湎于这种无助中，消极被动，接受目前的困境，导致对本可以掌控和完成的学习任务也不去努力。

习得性无助感会使孩子学习内驱力降低，变得消极被动，反应力降低，对学习不感兴趣，妨碍新的学习投入；会使孩子认知出现障碍，形成对外部事件无法控制的心理定式，在进行学习时表现出困难，本应学会的东西也难以学会；会导致孩子情绪失调，变得烦躁、悲观、颓丧、焦虑，严重的甚至陷于抑郁状态。

误区二：家长对孩子的学习行为采用外部奖励。

一些家长在要求孩子学习或写作业时，喜欢用金钱或物质的方式进行"激励"，具体表现为成绩考得好或者作业做得好就可以获得某种外部奖励。事实上，这是采用外驱力的方式"推"着孩子学习，此种方式在开始时可能会有效果，但难以长久持续，推着推着就推不动了，无法真正培养孩子的内驱力。这种做法并不可取，难以有效激发孩子继续做这些事情的兴趣和内部动力，相反他们会把写作业和读书当成一项任务，对学习本身并不感兴趣，取而代之的是完成任务之后获得的某种外部奖励或福利，以至于难以体验学习活动本身所具有的乐趣、价值和意义，也难以有持续的学习动力。同时，还会使孩子形成一定的得失心和功利心，在学习上讨价还价和讲条件。很显然，这些在受外部激励驱动而进行的学习活动中，孩子的自主性、主动性和内在自我决定的成分很少，此种外部奖励方式难以有效激发孩子学习的内驱力。家长经常使用外部激励方式，会取代和破坏孩子做事的内部动机。

误区三：家长对孩子的学习结果采用消极的归因模式。

归因理论指出，对人行为的归因包括外在环境归因和个人因素归因两种方式：外在环境归因是指把行为的原因归为他人的影响、奖励、运气、任务难易等，个人对其行为结果不负责任；个人因素归因是指将行为的原因归为自我的人格、动机、情绪、态度、能力、努力等的影响，个人对其行为结果应当负责。

在对待孩子的学习行为和学习结果时，一些家长习惯于采用消极的归因模式，把孩子取得好的学业成绩归因于运气好、得到奖励等，导致孩子不在乎，很难增强其对成功的期望，缺乏努力完成并取得成就的内驱力；把孩子学业失败归因于缺乏能力、性格问题等，导致孩子产生羞愧、沮丧和无助无能感，降低其对成功的期望，会让孩子缺少自信心和坚持性，同样无法激发孩子学习的内驱力。

误区四：家长对孩子进行心理控制和过度干涉。

心理控制是指通过使用引发内疚感、焦虑感、否定感受或爱的撤回等方式对孩子的思想、情感和心理需求进行控制的行为。心理学研究表明，控制欲强的家长多居于支配地位，表现出对孩子的行为过度干涉，经常指手画脚，冷嘲热讽，无时无刻不在监视和限制孩子的自主选择和决定，强迫孩子按照自己的思维方式感受和看待问题。经常采用心理控制的方式对待孩子，会压制孩子的真实感受和想法，导致孩子不自信，贬低自我存在的价值，变得消极和被动，依赖性强，不利于孩子自主性的发展，也不利于培养孩子学习的内驱力。

家长经常对孩子进行心理控制和过度干涉，容易培养出受控动机强的孩子，这类孩子学习更多地受他人驱动，是为了得到他人的认同，为了满足别人的需要，而不是受自我内部动机驱动，不是为了实现自己的学习目标，而是为了完成家长布置的一项任务，如不让家长失望、伤心，不辜负家长的期望等。

综上所述，在学习活动中，家长要有意识、有目的地激发孩子读书、思考、求知、探索等学习的内驱力，尽量不要用金钱、物质、讲条件等外部力量作为激励手段，不要忽视对孩子身心需求的满足，不要对孩子进行心理控制，不要对孩子的探索行为进行过度干涉，不要对孩子的学习结果进行消极的归因，不要采用错误的方式表扬孩子，否则不利于激发孩子学习的内驱力。

毫不夸张地说，孩子的学习成绩、学习分数、学习结果，是一个经常被提及、被关注、被谈论的家庭教育问题，是牵动一些父母神经的重点问题，也是让一些父母棘手的难点问题，更是令大多数父母心力交瘁的痛点问题。不可否认，学业教育是家庭教育非常重要的内容。教会孩子学习是父母的一项重要责任，需要父母掌握有效的方法，具有一定的智慧，用科学的方式教会孩子学会学习、爱上学习和高效学习，需要对孩子的学习兴趣、学习动机、学习习惯、学习能力、学习方法等方面进行有效地激发、引导、培养和训练。

每个父母都希望自己的孩子能够在学业上取得好成绩，希望有一天自己的孩子能够考取理想的大学，但需要特别指出的是，尽管孩子的学习和学习成绩非常重要，但学业教育绝不是家庭教育的唯一，更不是家庭教育的全部，它只是家庭教育的一个重要方面而已。除了孩子的学业教育之外，家庭教育还应包括品德教育、人格教育、价值观教育、情商教育和幸福教育等内容。研究表明，促进孩子全面发展的积极心理品质教育，能够有效地提高孩子的学习成绩和提升孩子的学习能力。

孩子的学习问题，是家庭教育的重点问题，也是家庭教育的难点问题，更是家庭教育的痛点问题。尤其是孩子有厌学情绪、缺乏学习动力、学习习惯不良、学习方法不对、学习能力低下、学习效果差等问题，会让当前无数的中国父母感到有心无力、束手无策、焦头烂额、无法淡定，会令他们迷茫、困惑、焦虑、无奈、抓狂。在家庭教育中，如何让父母在面对孩子的厌学、孩子的成绩不理想以及辅导孩子写作业时，不再"河东狮吼"，不再秒变"后妈"，不再"鸡飞狗跳"，如何让孩子爱上学习、主动学习、高效学习，是很多父母迫切想知道答案的重要问题。

如何让孩子爱上学习、乐于学习，这涉及孩子的学习态度、学习需求、学习动机、学习兴趣、学习感受、学习体验等因素，尤其与学习动机和学习体验有密切的关联；如何让孩子学会学习、高效学习，这涉及孩子的学习方法、学习习惯、学习能力、学习策略、学习技巧、学习素养等层面，特别与学习习惯和学习能力有关。如果父母只注重孩子的学习成绩和学习结果，而忽略了学习过程和影响学习结果的上述因素，会很容易诱导孩子为追求分数而学习，只能收到一时之效，难以取得长期效果，更难以让孩子爱上学习和高效学习。

调查发现，孩子常见的学习问题有：

（1）注意力不集中，上课发呆走神，听课效率低；

（2）写作业拖拉磨蹭，错漏百出，学习很依赖家长；

（3）很好动，坐不住，不看着陪着就几乎学不进，写不出作业；

（4）孩子很聪明，反应较快，但成绩就是上不去，心思没在学习上；

（5）对学习不感兴趣，敷衍了事，贪玩，对看手机、玩游戏兴趣很高；

（6）不喜欢课外阅读，不爱写字，作文、阅读一塌糊涂；

（7）学习不专心，不认真，不会学习，不爱动脑筋；

（8）学习态度不端正，不主动学习，缺乏良好的学习习惯；

（9）马虎、粗心，丢三落四，屡教不改，作业、考试经常因马虎出错；

（10）理解、记忆、思维能力差，好像不开窍；

（11）学习缺少方法，花很多时间，但学习效率低，学习效果不理想；

（12）学习缺乏自信，有输不起的心态。

总结来看，造成孩子学习效果不佳和学习成绩不好的原因主要有：缺乏明确的学习目标；缺乏学习的内部动力；缺乏专注力；缺乏学习兴趣；缺乏自信；缺乏有效的学习方法；缺乏学习的毅力；缺乏良好的学习习惯；缺乏良好的记忆力；缺乏考试的技巧。父母只有真正找到并科学分析这些原因，采取有效的方法，对症下药，积极应对，才能有助于解决孩子学习效果不佳的问题。

通过进一步分析可知，影响孩子学习效率和学习效果的核心要素有：规范的学习行为，包括课前有效预习新课，写作业之前进行有效复习，掌握完成作业的时间，有自己的错题记录本，还有难题记录本和好题记录本；良好的学习习惯；有效的学习方法；较强的学习能力。由此可见，孩子的学习兴趣、学习动机、学习方法、学习习惯、学习能力不改变，学习结果是很难改变的。

对于如何让孩子爱上学习这个问题，父母需要特别注意以下两个方面：一是注重对孩子学习内在动机的培养，二是使孩子在学习过程中以及学习之后具有更多的愉快体验和成功经验。

孩子学习的内在动机是由学习活动本身带来的快乐、满足和价值所引起的，学习内在动机的奖励来自学习活动的内部，也就是学习活动本身是对孩子最好的奖励。也就是说，学习内部动机是孩子出于对学习活动本身的兴趣、意义和价值考虑，它含有更多的自主或自我决定成分，行为主要受孩子自我内部驱动，而不是受外部驱动。当孩子为了获得父母的奖赏或者避免惩罚进行学习时，是外部动机在起作用，受外部动机驱动时，孩子的自主程度最小。

满足孩子的自主需求，需要父母在日常的生活中，有意识地培养孩子积极的自我概念、良好的自我意识，满足孩子各种心理成长需求，培养孩子性格优势，鼓励孩子识别和使用性格优势，促进积极自我认同，尊重孩子的兴趣和自主选择，避免对孩子进行心理控制。满足孩子的胜任需求：设定挑战目标、目标能力匹配、制定行动计划、使用自我优势、检测进展情况、及时反馈进步、达成预定目标。满足孩子的归属需求：使用同理心、尊重和理解孩子、接纳孩子的全部、积极情感的表达、心理的支持、良好的亲子关系、有效的亲子沟通。

我们以孩子缺乏学习动力为例，来具体加以分析和说明。孩子缺乏学习动力的原因有：父母对孩子进行心理控制、父母处处包办替代、孩子消极的自我概念、孩子缺乏自主性、父母过度看重学习分数、父母不会正确表扬孩子、孩子的心理需求没有得到满足、孩子缺乏学习成功的经验、孩子缺乏学习愉快的体验、孩子缺乏父母的鼓励认同等。

明晰了孩子缺乏学习动力的原因后，父母最关心的就是，如何做才能解决孩子不爱学习的问题。在家庭教育中，父母可以采用如下方法，激发孩子内在学习动力，让孩子爱上学习。

第一，父母引导孩子在学习过程中找到自己感兴趣和擅长的方面，激发孩子的积极性和学习的内部动机，满足孩子的自主需要，有意识地培养孩子的自主性和自控能力。一个自主性高的孩子，其学习行为或学习活动自主决定的成分就高。

第二，父母对孩子持有合理期望，期望值既不能过低，也不要过高；为孩子制定的学习目标和提出的学习要求，应从孩子的实际情况出发，与孩子的实际能力相匹配，孩子经过自己的努力能够做到和实现，这有助于培养孩子的自信心和学习动力。

第三，父母避免对孩子进行心理控制，不要忽视、替代和否定孩子内在真实的心理感受，要采用科学的教育方法，让孩子有更多的积极心理感受和愉快的情绪体验，用心感受读书的美好，真切体验学习本身所具有的乐趣。

第四，在孩子的学习过程中，父母管理好自己的情绪，为孩子创设良好的情绪氛围，为孩子提供情绪价值，用积极情绪感染孩子，让孩子具有良好的情绪状态，有助于扩展孩子的认知能力，使孩子的学习行动更积极。

第五，父母学会使用正确的表扬方法，多表扬孩子的努力、坚持、责任、毅力和良好的学习态度，注重孩子的学习过程，确认孩子的学习行为，培养孩子成长型心态和成长型思维。

第六，父母树立终身学习的理念，为孩子树立学习的榜样，父母经常读书学习，与孩子一起讨论问题，用自己的积极行动影响孩子，与孩子共同学习，一同成长，有助于孩子爱上学习。

对于如何让孩子高效学习这个问题，父母需要特别注意以下两个方面：一是注重对孩子学习习惯的培养，二是注重对孩子学习能力的培养。

有研究发现，学习能力低下是造成孩子学习低效的主要原因。学习能力是指孩子听、说、读、写、算的基本能力，包括大脑的生理能力（理解、记忆、思考）、行为能力（注意力集中、自控力、自觉性等）和学习的接受能力（视知觉、听知觉、运动知觉）的总和。孩子学习能力差可表现为：上课注意力不集中，考试马虎大意，写作业拖拉，写作业粗心、经常出错，上课好动、坐不住，写作业不主动，学习兴趣不高，不喜欢阅读和朗读，记忆力差，等等。

除学习能力低下之外，不良的学习习惯也是造成孩子学习低效的一个重要影响因素。总结起来，导致孩子学习效果差的七个致命学习坏习惯有：一是有疑不问，知难而退；二是平时从不预习和复习；三是上课注意力不集中；四是课下自学时间缺乏管理和计划；五是懒惰，不愿付出努力；六是偏科，凭个人喜好决定学习哪科；七是学习不认真，马虎粗心。

为避免上述不良学习习惯，父母要注重对孩子良好学习习惯的培养。有学者总结学霸型孩子的良好学习习惯有：有疑就问，不让问题过夜；上课认真听讲；课下充分利用时间；预习和复习；认真仔细；广泛阅读；勤奋刻苦。这些良好的学习习惯会让孩子成为学习的主人，学习更有目标、更有兴趣、更专注、更有成效，会让孩子终身受益。

分析至此，我们来回答这样一个非常现实的家庭教育问题，那就是：为什么孩子对电子游戏着迷？也就是说，为什么几乎所有的孩子都喜欢玩电子游戏？真的是孩子缺乏自控力，还是因为孩子不爱学习，所以喜欢玩电子游戏？事实上，这些都不是主要原因。之所以孩子对电子游戏着迷，有的孩子甚至到了痴迷的地步，是因为电子游戏设计者懂孩子的心理，游戏满足了孩子的各种心理成长需求，具体如下。（1）游戏给孩子提供了适当挑战自我和提升能力的机会；（2）游戏给孩子反馈的是适当的非批判性的积极回应；（3）游戏让孩子有适当的学习和练习的机会；（4）游戏给孩子自主决定和自主选择的机会；（5）游戏给孩子提供了发现问题和创作的机会；（6）游戏让孩子拥有成功的经验和快乐的体验；（7）游戏让孩子获得了认同和自信。

这里需要强调的是，知道答案并不是最重要的，更不是主张鼓励孩子去玩游戏，而是以此来引导父母深刻反思这样一个教育问题，即"我们能否让孩子像爱上电子游戏一样爱上学习"。事实上，答案是肯定的，即我们可以采用有效的教育方式，引导和鼓励孩子像喜欢电子游戏一样喜欢学习。

父母采用积极养育的方式，对孩子的学习进行规范的科学管理，包括计划管理、时间管理、预习管理、听课管理、复习管理、作业管理、错题管理、难题管理、考试管理。在对孩子的学习管理过程中，父母有意识激发孩子的内在动机，让孩子真实地感受学习本身的价值和乐趣，注重对孩子自主性和成长型思维的培养，给孩子设置经过自己努力能够实现的合理目标，对孩子进行适当的期待和积极的回应，正确面对孩子的学习问题并分析背后的原因，给孩子提供改正的机会，培养孩子良好的学习习惯，不断提升孩子的学习能力，培养孩子勤奋的个性，鼓励孩子不断努力，勇于面对挑战，对孩子进行正确的表扬，让孩子在学习中拥有更多的成功经验和愉快的体验。父母注重对孩子上述方面的训练和培养，有助于孩子爱上学习、学会学习和高效学习。

孩子自控力的培养

　　家庭教育的一项重要任务，是父母教育、训练和帮助孩子从小学会如何进行良好的自我管理，管理好情绪、管理好行为、管理好学习、管理好物品、管理好时间等，尤其要学会管理好自己的冲动情绪和行为。心理学家通过研究表明，孩子的自控力是可以教，也是可以学的。父母采用"由外而内"的正确教养技巧，能够提升孩子"由内而外"的控制能力。但孩子是否能够学会很好地掌控自己的冲动情绪和行为，关键看父母采用何种家庭教养方式。

　　孩子情绪容易冲动，经常因为一些小事，如玩具掉了一个零件、游乐场的滑梯被别的小朋友先抢占了、自己捏的泥人掉了一只胳膊等就发脾气，哭闹不止，对家长讲的道理听不进去，怎么哄劝都哄劝不好，这是令父母很头痛的一件事。面对孩子强烈的情绪冲动和发脾气的情形，一些父母会认为孩子是故意的、不听话，都是孩子的错，绝不能让其"伎俩"得逞，否则天天哭给你看还了得。因此，父母常用的应对方法是：立刻叫停、忽视不管、不停说教、否认孩子的感受、进行心理控制，严重的甚至采用打骂的方式强势制止。

　　可以想象，父母采用打骂等暴力的管教方式来让孩子听话，制止孩子冲动的情绪和行为，与训练动物没有什么区别。这种简单粗暴的方法，最多只能让孩子出于自我保护的本能，快速停止哭闹和感到十分害怕、担心、恐惧、委屈、痛苦，并不能很好地培养孩子逐渐变得理性，从内心深处接纳自己的情绪，也不能有效地锻炼、提升和培养孩子"由内而外"的自控力。

　　事实上，由于孩子负责控制情绪和行为冲动的大脑前额叶皮质层还没有发育成熟，孩子是很难安抚自己的情绪和控制自己行为的。美国脑科学博士、心理学家丹尼尔·西格尔关于儿童大脑的研究，给我们提供了科学的证据。西格尔博士通过脑神经科学实验指出，让孩子感到恐惧、害怕、担心和痛苦的家庭教养方式，如吼叫、恐吓、威胁、严厉斥责和打骂等方式，只会让孩子负责理性思考和决策以及控制情绪和行为冲动的大脑前额叶皮质层受到抑制，处于工作停滞状态，无法获得有效的刺激和锻炼。这就意味着，父母采用上述这些简单粗暴的教育方式制止孩子的发脾气和冲动行为，只会让孩子感到恐惧、焦虑和紧张，根本无法帮助孩子发展理性思考能力和培养孩子的情绪自控力。

西格尔博士通过实验得出的结论告诉我们：让孩子感到害怕、痛苦、恐惧的任何形式的言语和行为暴力打击，无论是施加精神上或是身体上的，只会激活负责愤怒、防御和攻击的下层大脑，同时会让负责理性思考和控制冲动情绪和行为的上层大脑"停止营业"。也就是说，不管是孩子还是成人，当一个人情绪失控时，就意味着此时他的下层大脑占据了上风，上层大脑处于停滞状态。一个人要通过理性"自控"来管理失控的情绪，就需要唤醒和激活上层大脑来工作。

在这里需要特别指出的是，在很多父母的认知观念里，他们会主观地认为孩子应该很懂事，应该能够像成年人一样认识和理解世界，应该具有自我控制能力，应该能够约束自己的行为，父母告知了就应该能够听明白和做到，等等。其实，这只不过是父母"一厢情愿"的美好想法和期待而已。如果父母以为孩子的心智和情绪管理能力真的能够达到成人的水平，他们知道的事情理所当然地和我们成人一样多，那就真是大错特错了，说明父母还没有真正了解孩子，尤其是还不了解孩子大脑的发育情况，这也是父母与孩子发生冲突的重要原因之一。

事实上，孩子对生活的认识和理解以及对自我情绪和行为的控制的确无法达到我们成年人的水平。作为父母，不能要求孩子像成年人一样认识和理解世界，对孩子提出过高期望，用成年人的标准要求和评价孩子。要想知道为什么孩子无法做到父母希望其做到的一些事情，也不能像成年人一样认识和理解世界以及很好地管理自己的情绪和行为，这需要我们来学习和了解孩子大脑的内部结构、功能和发育情况。

人的大脑从结构功能来看，分为上、下两部分。下层大脑包括脑干和边缘系统，这部分大脑负责呼吸、眨眼、与生俱来的原始本能反应和冲动，比如战斗、防御和逃跑，此外还负责强烈的情绪情感反应，比如生气、愤怒和恐惧。上层大脑是由大脑皮质及各个部分构成，其中就包括大脑前额叶。与下层大脑不同的是，上层大脑进化程度更高，负责理性的思考和逻辑，帮助我们掌控情绪，控制行为冲动，做出理智选择。大脑前额叶在人的成长发育中发挥着非常关键的作用，这部分脑区控制的是更加复杂的心理过程，帮助我们处理信息、做出判断、给出结论和规划未来，比如思考、想象和规划。很多我们希望孩子拥有的品质都是在上层大脑产生的，比如明智的决策、自控力、自我认识、共情、道德等。

我们需要认清一个客观事实，就是孩子下层大脑自出生时发育得就很成熟，而上层大脑则需要后天长时间不停地刺激和锻炼才能发育成熟。如果用装修来比喻，下层大脑出生的时候就好比是精装修交付，但上层大脑还是个毛坯房，这个毛坯房，在很长一段时间里一直需要大规模施工和装修。这里的装修就是指父母、教师等要对孩子不断进行有效的科学训练、锻炼、刺激、教育和培养。

脑科学研究表明，一个人的大脑前额叶要到二十几岁才会发育成熟。大脑神经元之间的连接越多、越密切，处理复杂问题的能力就越强。孩子刚出生时，其大脑皮质中的神经元之间的联结并不多，随着孩子年龄的增长和大脑的不断发育，神经元之间的连接数量也不断增多，6岁孩子的神经元连接数量比新生儿的要多，8岁孩子的神经元连接数量比6岁孩子的要多。

一般来说，3岁孩子的大脑容量已经达到其成年后的80%，6岁孩子的这一比例甚至可以达到90%。从外表来看，孩子的脑袋似乎与成年人的没有什么不同，但其大脑内部的神经通路还处于不断生长和发育的状态，有些神经通路还没有打开，有些神经通路还很狭窄，神经元连接还处于发展阶段，神经元也处于不停地移动或运动状态，积极寻找或被其他神经元吸引，来建立更多的神经元之间的连接，从而不断地促进心智能力的发展。

由此可见，年幼的孩子由于其大脑前额叶皮质层还没有发育成熟，其更多地要依赖父母的帮助来理解、平复和控制情绪和行为。

基于上述脑科学的发现，在家庭教育中，父母要采用那些能够促进孩子大脑建立新的神经通路和增加神经元之间更多的连接的教育方法。如接纳、理解、支持、关爱、尊重、共情、情绪引导、平和态度、鼓励、正确表扬等方式，这些教育方式能够有效刺激、锻炼、训练和激活大脑前额叶脑区，从而提高孩子的情绪和行为的控制能力。

心理学家通过研究，提出一个有助于提升孩子"由内而外"自控力的平和教养法。平和教养法是要求父母在面对孩子冲动情绪和问题行为时，要时刻保持平和与冷静，采用情绪引导的方式，共情、理解、接纳孩子和孩子的感受，而不是用强烈的情绪对待孩子。需要说明的是，这里的"平和"不是指父母保持沉默，而是指尽可能少用说教和讲大道理的言语，尽可能压低声音保持冷静，不要对孩子大喊大叫。

情绪引导是指父母要能够通过共情的方式，感受孩子的感受，让孩子情绪逐渐冷静下来。情绪引导是帮助孩子学会控制自己行为和处理强烈情绪感受的有效工具。当父母用心倾听并试图理解和接纳孩子的感受或体验时，情绪引导就开始了。情绪引导能教会孩子掌握一种在别处学不到的"语言"，孩子最终学会用"情绪语言"来描述、表达和接纳他们自己的感受，会增强父母和孩子之间的情感联结，让父母和孩子更亲近，孩子更信任家长。

父母首先做到自我克制，孩子才能学会克制自我。安宁和沉静的状态能更好地帮助父母把控自己，管理好自己的情绪、语言和行为，能够使其站在自身之外觉察自己的情绪而不被情绪左右。父母尽量不要用发脾气、打骂等简单粗暴的强硬方式让孩子与自己达成一致，因为此种方式会影响和破坏父母与孩子之间的依恋关系、情感联结和信任度。

情绪引导最重要的是父母一定要先管理好自己的情绪。因此，当父母面对孩子情绪冲动和发脾气，自己要火冒三丈时应该做到：学会控制自己的身体反应，不要出现冲动行为；停顿一下，在头脑中想一想再回应，做到很好地自我觉察；反问自己这样的问题："这是我自身的问题吗？既然不是，我为什么要火冒三丈?"暂时离开一会儿，寻求自我的冷静和平和;练习正念，不去评判孩子的好坏，只是纯粹地觉察，与此时此刻的当下相联系;下定决心不要发脾气或者回击孩子，不要因为孩子让你心烦意乱而责怪他;保持放松，用自己已经确定的正确想法一以贯之。

比如孩子很想看动画片，此时孩子被下层大脑的冲动包围着，妈妈可以采用共情的方式对孩子说:"我知道你很想看动画片，如果不让你看，你会感到很难过。""我知道，如果是我很想要什么东西却得不到的话，我也会像你一样很不舒服、很不高兴。"父母需要让孩子明白，他的感受和体验妈妈是理解的。父母通过共情的方式能够与孩子产生情感共鸣和联结，这样会直接作用于孩子的下层大脑，让孩子的下层大脑得到安抚和逐渐变得平息，同时其负责理性的上层大脑逐渐被激活，开始进入工作状态，从而有助于平复孩子的冲动情绪。

除了情绪引导以外，释放信号是制止孩子情绪冲动和不良行为的另一个平和方法。父母通过释放信号可以提醒和帮助孩子及时进行"思维刹车"，进而停止当前的不良行为。具体来说，父母可以采用数数的方式对孩子释放信号:"1"举起食指并等待;"2"举起食指和中指并等待;"3"举起三个手指并送孩子回自己房间冷静和反省。除上述采用手指数数的方式外，这里的数数还可以是:一个温和的提醒、一个清晰的信号、一个坚定的停止命令、一个打断冲突的方式、一个规范家庭生活的规则提示等。事实证明，这种方式可以有效地训练、锻炼和刺激孩子的上层大脑前额叶皮质层，能够使上层大脑变得强大，从而有助于孩子自控力的培养。

此外，父母要教会孩子一些避免情绪失控的办法，比如深呼吸、躺下休息、跑步、做游戏等，以此训练孩子学会有意识地控制情绪和身体反应。父母引导和鼓励孩子长期坚持做下去，下层大脑会得到安抚和平复，上层大脑会获得有效的刺激、锻炼，孩子的理性思考能力和情绪自控力会越来越强，孩子逐渐学会用理性控制情绪冲动，学会管理自己的情绪与行为。

在这里需要特别强调的是，父母与孩子共同进行的亲子游戏能够有效促进孩子大脑前额叶皮质层和海马体中神经元的生长。动物行为学家发现，越聪明的物种，其幼崽玩打闹游戏越频繁。因为在游戏打闹中，大脑会分泌"脑源性神经营养因子"。科学家通过研究指出："脑源性神经营养因子"会滋养大脑，会促进大脑皮质和海马体中神经元的生长。而这两个区域负责的都是高级学习能力、记忆力以及更复杂的大脑行为，如语言表达和逻辑推理。

父母与孩子进行各种有意义的亲子游戏，能够激活孩子身体和大脑的多个部位和区域，如调控情绪的杏仁体，处理复杂运动技巧的小脑，负责认知、理性和决策的前额叶皮质层，负责运动协调、创造力、理性思考、情感依附能力的神经通路被打开。而神经通路的打开，会使大脑神经元之间的连接增多，有助于提高孩子的心智能力。因此，父母与孩子之间高品质的亲子互动和各种亲子游戏会让孩子变得更聪明，促进心智的成长和发展，学习力和自控力更强，情商更高，更受同伴欢迎，更有同理心，身体更健康，情绪更积极。

在家庭教育中，当面对孩子冲动的情绪和问题行为时，父母一定要保持头脑冷静，有意识地调控和管理好自己的情绪，以平和理性的积极心态面对孩子的负性情绪和不良行为，采用"由外而内"的有效情绪引导和释放信号等方法，帮助孩子发展"由内而外"的自控力。

孩子善良品格的培养

　　善良是一个符合中国传统文化的人格概念，它作为一种独立的人格，存在于中国人的人格结构中。中国人善良人格包含诚信友善、利他奉献、宽容和善、重情重义等涉及人际关系和行为方面的内涵。

　　善良是人的积极天性，它源于对生命的爱，体现了对人的价值的尊重。向善的倾向是人性中所固有的。正如《三字经》中所言"人之初，性本善"，人的性情本质是善良的，这种善良的本性，每个人并没有多大的差别。

　　中国古代的圣贤孔子和孟子都宣扬"仁爱"思想，主张施行"仁政"，对善良极为推崇。孔子和孟子关于人性本善的思想，奠定了中国"仁"的核心文化心理基础。

　　作为一种文化精髓，善良已经融入中国人的集体意识，影响着中国人的民族性和国民性，成为中国人的核心人格特质。

　　善良能够促进个体的心理健康，提升工作满意度，减少烦恼情绪。善良的品质能提高学生的主观幸福感，包括掌控因素、活力因素、被接纳因素和放松因素；一个真诚、友好、宽容、关心他人、诚信、正直和重情感的学生比那些对人虚假、欺骗、利益为先、不择手段的学生对所学内容掌握得更好。

　　善良是一种美德。托尔斯泰说，如果一切皆善，就一切皆美。英国哲学家罗素说，在一切道德品质中，善良的本性在世界上是最需要的。苏联著名教育家苏霍姆林斯基曾说，善良的情感是良好行为的肥沃土壤。关注孩子的善良天性，从小培养孩子善良的情感和品质，发自内心地爱生命、爱生活、爱他人、爱自己，成为对社会和他人充满爱、尊重、理解、同情的"善良之人"。

　　法国著名思想家卢梭从"性善论"的角度出发，提出教育的任务应该使人"回归自然，恢复天性，摒弃恶，发扬善"，他提出了"善"的教育理念。卢梭认为，善良的行为有一种好处，就是可以使人的灵魂变得高尚，并且做出更美好的行为。通过"善"的教育，培养孩子善良品质，具有善良的情感、善良的判断、善良的意志、善良的行为。教育的任务在于将潜藏于孩子人性中的善性激发出来，让孩子具有善良之心，做出善良之行。善良教育包含爱护动物、保护环境、同情弱者、宽以待人、帮助他人、反对暴力等内容。

　　中国传统文化历来追求一个"善"字，特别强调做人要心存善良，与人为善。中国善良教育传统最早可追溯到老子《道德经》中的"上善若水，水善利万物而不争，处众人之所恶。故几于道，居善地，心善渊，与善仁。言善信，正善治，事善能，动善时。夫唯不争，故无尤"。意思是说，最善良的人好像水一样，善于滋润万物而不与万物争宠，始终停留在众人所厌恶的低洼之地，所以水具有近似于"道"的特性。最善良的人，住在无纷争的地方，待人和善仁义，为人正直守信，做事值得信赖，审时度势，守住本心，伺机而动。正因为不和别人争，所以反而没有什么忧愁和患得患失的心态。

　　此外，荀子所言"积善成德"也是倡导宽容与善良，儒家核心思想"仁爱"充分地体现了善良教育的内涵与本质要求，孟子旗帜鲜明地用性善进行概括，指出人人先天具有恻隐之心、羞恶之心、恭敬之心以及是非之心四个善端，但是仅有善端不够，还需要通过教育扩充善性。

　　"四书"之首《大学》开篇讲到"大学之道，在明明德，在亲民，在止于至善"。从要求发扬光大人的善性到治民、爱民再到各司其职、尽善尽美，是对善良教育要求由低到高、内涵由简单到复杂、教育对象由个人到群体社会的过程，最终体现儒家道德的至善境界。

　　另外，我国古代的一些童蒙教材也涉及了善良教育，如《三字经》开篇即"人之初，性本善，性相近，习相远"。可见，我国古代很重视对人的善良教育，将善良教育与伦理道德教育相融合，将其提到了很高的地位。如何提高孩子发现、感受和实践善良的能力，培养孩子向善之心，是善良教育的重要内容。

如果一个人失去了善良之心和爱心，就失去了基本的人性。善良是人们最关注的品质之一。有调查显示，在"你最希望别人具有什么样的品质"的问卷回答中，"善良"和"真诚"列前两位。问卷的初步统计显示，在12项品质项目中，有57%的人把"善良"和"真诚"作为第一或者第二选择项目。尽管善良的品质被人们普遍重视，但在我们的学校和家庭教育中，并没有把善良教育提到应有的高度，善良教育并没有引起人们的足够重视。

善良是人的积极天性，是人之为人的根本。善良是一种美德、一种精神力量。一个心存善念、心地善良的孩子，是一个快乐、幸福、温暖、有修养、乐于助人、对未来充满希望、身心健康成长的人。

从心理学角度看，善良是一种人格品质。它体现在认知、态度、情感和行为等诸多方面。在认知方面的表现就是明辨是非，知善恶，能够站在对方的角度理解和思考问题，达到"理解"，从而实现人们期望的"理解万岁"。在理解基础上产生的态度往往表现为"公平"、"正义"、"宽容"和"仁慈"。伴随着理解、公平、正义、宽容和仁慈所产生的情感是"遗憾"、"怜悯"、"同情"和"恻隐"。由此产生的行为则表现为"不妨碍他人"、"不伤害他人他物"、"帮助"、"支持"和"关爱"。

善良是一个人最美好的品质，是世界通用语言，是一种永恒的美德，它让人们的心灵得到净化，让世界充满爱和希望。生而为人，要心存善念。我们所熟知的一些关于善良的经典成语，如"上善若水""乐善好施""从善如流""与人为善""积善成德""止于至善"等，都是对善良的赞美、推崇和积极倡导。

随着现代科技在基因测序技术、考古学以及灵长类动物进化研究等领域的发展，关于人类向善潜能根源的研究，已经取得了长足的进步，为我们提供了全新的视野，让我们重新审视人类进化史上的古老问题：人类从哪里来？人类又是怎样散布到世界各地的？人类是如何进化的？在这些科技新发现中间镶嵌着一个答案，它回答了人类向善、为善能力从何而来的问题。

研究发现，"善者生存"与"适者生存"或许具有同样的价值功能，也同样符合人们有关人类起源的描述。有研究者通过对灵长类近亲的研究、考古学研究以及狩猎采集文化的研究获得了新发现：人类是具有爱心的高级动物，人类的不完美性和道德的非至善性，使得人性中的美好品质得以保留和发展；人类在同理心、反观自省、自我转化和精神成长等方面，具有卓越才能和潜力；高情商的人在社会生活中，往往具有更大的优势和获得更多的资源；面对生命中不可避免的各种人际冲突、伤害和矛盾，人们有能力积极应对和化解，不需要回避、压抑、否认、一跑了之，也不必用以牙还牙、以血还血等血腥暴力的方式解决。人类在进化过程中，发展和演绎出了宽恕这一缓冲空间和缓和余地，让人们能够以积极方式和有效策略化解矛盾、冲突和对立。

人类社会生活中不可避免的各种冲突、矛盾、对立和伤害，使人类进化出了具有生存价值和正向意义的各种智慧、能力和积极品质，它们可以有效地切断或者拆除这些冲突、矛盾、对立和伤害的引爆装置，能够有效地改善和处理各种人际冲突和伤害，让人们展示出善良、仁爱、宽恕、共情、利他、同情和怜悯的优势和美德，以达到更好的生存和发展，以及与他人建立良好社会关系的目的。这或许可以说明"善者生存"同样符合"适者生存"的法则。

一个心存善念、与人为善的孩子，会得到他人的喜欢和支持，会体验成长的快乐、价值和幸福。孩子的成长和发展需要与他人保持积极、稳定、和谐的关系，需要与他人合作，得到他人的关爱和认同，需要他人的理解和接纳，获得他人的信任和支持，需要有一定的社会归属感。

善良表达的是一种关爱和积极情感，能够建立和保持与他人良好的关系。2005年美国《时代》周刊发表了一篇综合报道称，人类积极健康的社会关系，是个体健康长寿最重要的基础，是人们获得幸福人生的重要影响因素，也是人们事业取得成功的保障。

心理学家达契尔·克特纳在其著作《生而向善：有意义的人生智慧与科学》一书中首次使用"仁率"的概念。他认为，所谓"仁率"，是指生活中的善事与恶事的比率。对于现实生活中美好的事情与丑恶的事情的对比状况，"仁率"是一个简明有效的测量尺度。透过"仁率"我们能够清楚地看到生活中的善良、美德、无私、力量、美好的人性以及积极向上的正能量因素和丑恶、冷漠、虚假、自私、消极方面以及玩世不恭的负能量因素，是如何交织并存在一起，两者之间又是如何达到相对平衡的张力状态的。

克特纳指出，较高的仁率代表着那些旨在成人之美、成就他人的助人能力和善良利他的行为举动。仁率的分母部分代表的是与人为恶的负面行为，这些行为会给他人造成伤害、痛苦、障碍、麻烦、困扰等消极的影响。例如，一个违反交通规则、目空一切又傲慢无礼的司机驾车飞驰而过时，将他人撞倒在地；一个自高自大、狂妄无礼、没有涵养的用餐者，在五星级酒店里指手画脚，看不起和嘲笑那些穿着不太考究的食客。仁率的分子部分代表的是那些善良、慷慨、关爱、感恩、同情等成人之美的举动。例如，当一个人做一件事情表现出紧张情绪时，一个小女孩向他投来欣赏、赞美、支持、信任和鼓励的目光；在公共场所，当一个陌生人不小心妨碍或踩到他人的脚时，对方却以同理、宽容、平和、微笑的积极态度回应陌生人。当社会生活中的仁率不断提高时，人类世界中的真诚、善良、敬畏、慷慨、美好等积极人性因素也随之不断上升。

如何计算仁率？仁率是一个观察你生活中善与恶的比例的指标。以下举例说明。

在放学后的操场上，在柔软的草地上，几个男孩子友好地在另一个男孩的身上玩叠罗汉，这个孩子兴奋地把橄榄球抱在胸前不放；几个孩子笑着，互相追逐着做他们喜欢的游戏；几个女孩在做倒立或侧手翻，当看到哪个小伙伴不小心摔个大屁墩时，她们就会善意地哈哈大笑。

以上情景是仁率的分子部分。仁率分母部分的场景是：一个高年级同学恶意地把一个低年级同学的鞋拿走当球踢来逗他玩；两个女同学在一旁耳语，对另一个要加入她们的女孩评头论足。

上述操场上这一活动场景所表现出的仁率是 3/2，或者说是 1.5，这是一个善良美好的仁率较高的场景。

另一个场景中表现出的却不是高仁率。排队等候购买车票的 10 分钟里，我们看到了等候者表现出多种形式的恼怒，从叹息、抱怨、不耐烦到指责，再到令人生畏的大喊大叫、怒目而视、粗俗语言，然而同时也有人轻松地笑了 3 次。这一活动场景的仁率是 3/24，或者说是 0.125，这是一个仁率极低的场景。

以仁率作为指标可以测量、判断和评估个体生活与婚姻生活中的满意度和幸福感。在婚姻生活中，那些能够表现出关爱、支持、理解、宽恕、同理等成就配偶的善言善行会带来积极效应，他们慷慨地赞美对方，接纳对方的缺点，感恩对方的付出，积极关注和欣赏对方的优势和潜在美德，这些表现都会提高婚姻的满意度和幸福感。

幸福美满的婚姻往往由较高的仁率主导，低仁率的表现在婚姻生活中是极为有害的。在 20 多项有关配偶如何解释对方行为的研究中，我们发现那些将要离异的夫妻往往把婚姻生活中的争吵、伤害、人身攻击和婚姻危机的责任归咎于对方，习惯于采用消极的解释和归因方式，把问题归因于对方的自私、自利动机，倾向于抱怨、指责对方。

例如，"他送我礼物，给我买鲜花，不是真的对我好，而是有目的有条件的，是为了讨好我，是让我周末参加他的聚会和体育活动，是为了让他自己有面子"；再如，"如果她能经常清扫一下我家汽车的后座，那里就不会发霉和长毛了"。不难看出，这些存在于婚姻生活中的抱怨、指责和挑剔都是低仁率的表现。

仁率可以应用到社会生活的各个领域，比如家庭教育、心理生活、精神世界、亲子关系、夫妻关系、婚姻生活、朋友关系、工作事业等。高仁率可以表征我们的幸福，反映生活的快乐，体现人生的价值，彰显时代的精神。幸福的秘密在于高仁率，在于心存善念，与人为善，多做善事，在于保持善心、善念、善言、善行、善为，在于在生活中表现较高的仁率，在于"勿以恶小而为之，勿以善小而不为"。

一个善良的孩子，就像一颗爱的种子，让这个世界更加美好。培养孩子善良的品格，父母要以身作则，树立善良的价值观，成为孩子模仿和学习善良的榜样，培养孩子具有爱心，表扬孩子的善行，提高孩子的仁率。

孩子宽恕之心的培养

在人类的智慧传统中，经常会出现一些概念、词语、术语，反映人性共同的渴求和终极关怀：消解相互间的矛盾，修复破碎的关系，寻求彼此的接纳，达成彼此的谅解，促进人际的和谐，提升自身的境界，探寻人生的意义，实现生命的价值，追求共同的福祉。如宽恕、仁爱、善良、感恩、敬畏、慈悲、包容等。在这些词语中，宽恕以其所具有的道德价值、健康价值、生命价值、人性价值、社会价值、应用价值、生活价值，成为21世纪处理各种误解、矛盾、冲突和伤害的和谐词语，受到人们的广泛关注。

"宽恕"是一种具有复杂性的心理行为，牵涉人类本性、人类本心、社会生活和文化生活的许多方面。自20世纪80年代起，宽恕作为一种社会、心理和道德现象，在迈向和平时代的进程中超越了文化、地域和学科的边界，成了普遍性的概念和世界性的现象。

宽恕具有利他性质和自我保护机制，对人的生活、生命、健康具有积极作用。心理学家研究宽恕的出发点是肯定宽恕对人的生活、成长、健康、人际关系等的价值，其研究目标是使宽恕深入人心，成为一种健康的生活方式和习惯。

在积极心理学的研究中，宽恕被视为个体重要的积极品质和可以学习的美德。从积极心理学的角度来审视，宽恕的历程在于让自己放下仇恨、愤怒、恐惧、报复，恢复到自我内心自由宁静的状态，并能有效地避免伤害的升级蔓延。因此，宽恕是关爱自己与善待他人的积极选择和积极策略。也就是说，宽恕使受害者以一种新的方式来看待自己和世界，宽恕无法改变过去，却能够有效地改变未来。个体学会选择以宽恕作为应对策略，其目的和价值在于让自己以理性的方式释放和表达心中的仇恨、愤怒、敌意、不平、恐惧、报复等消极情绪、负性认知，恢复内心的宁静、和谐、一致性、稳定感和整全性，避免伤害带来的冤冤相报，使生命历程更加圆满，实现身心的整体健康。

人类世界不完美的现实决定了纷争、冲突、伤害、误解、矛盾等事件存在的客观事实。例如，一项研究调查显示，约有3/4的高一学生有被伤害的经历，在这之中大约有1/3是发生在最近一年内。

正是世界的"不完美性"，更加凸显了宽恕存在的必要性、必然性与合理性。作为超越痛苦、失落和悲伤的生命智慧，宽恕可以打破否认、压抑、合理化等心理防卫机制，让受伤害者去积极地面对让其感到愤怒、伤心等情绪的伤害性事件或伤害者。宽恕意味着承认，如果个体不停留在过去的消极方面，而是以积极的方式面对、适应、化解、处理、应对生命中那些不可避免之重——伤害、冲突、失落、愤怒、痛苦、悲伤与仇恨，就能使生命获得一种新的意义。这正是由于人类的本性中就存有一种宽厚的情感，个体不会在一些是非恩怨上没完没了和纠缠不休，而是着眼于未来、成长、希望、价值与和平，以更有效、更积极、更有建设性的方式面对未来和人生。

面对生命中不可避免的大大小小的伤害、矛盾、冲突、背叛、挫折、失落、误解等，以及由此造成的意识或潜意识中的伤痛和痛苦情结，有人选择了逃避，有人选择了忍受，有人选择了否认，有人选择了压抑，有人选择了痛苦，有人选择了仇恨，有人选择了报复，也有人选择了宽恕。不同的回应，不同的选择，不同的应对，不同的处理方式，将给个人带来天壤之别的生命结果。

如何有效化解和修复生命历程中出现的各种伤害、冲突与侵犯，如何应对、转化生命中不可避免之重，使生命获得新的意义和希望，使心灵获得一种安宁和自由，是每个人需要认真思考的生命课题。

通常人们应对各种伤害的方式有下述几种。一是逃避（回避、退缩）、拒绝承认、刻意忘却。此种反应方式会导致心中产生忧郁、压抑、悲伤、失望等负性情绪。二是寻找机会以某种方式实施攻击和报复。古今中外的无数历史事实表明，仇恨和报复的应对方式会带来巨大的破坏力，会使更多的人成为受害者，而受害者再寻求报复，形成可怕的冤冤相报何时了的恶性循环。

当一个人受到伤害而选择怀恨在心时，其实第一个"怀恨"的受害者便是自己，不宽恕会给自己带来持续不断的负性情绪体验，使自己失去快乐感和幸福感，同时，也会由小问题引发重大矛盾冲突甚至恶性暴力事件，带来更大的伤痛、愤怒和恐惧，使当事人的心灵承受更大的痛苦，在情感层面上产生心理的"解体"，感到自己的认同和生存受到了威胁，严重扰乱自我内在的一致感和稳定状态，破坏了人与人之间和谐的社会关系，对于个体、家庭、社会及国家都具有消极的影响。

生命不是彼此敌视，不是暴力冲突，不是愤怒仇恨，不是你死我活，不是水火不容，不是鱼死网破，不是两败俱伤，不是伤害报复。生命是平等对话，是关爱，是尊重，是良善，是和谐，是和解，是利他，是双赢，是和平。面对生命中不可避免的伤痛，多一些关爱，多一些理解，多一些沟通，多一些同理，多一些感恩，多一些包容，多一些放下，多一些宽恕，人生就会因此而不同，生命就会因此而美丽。没有宽恕，就没有未来，当人们真心宽恕的时候，生命的改变便会奇迹般地发生。

在生命的历程中，一些人在遭遇各种伤害、误解、背叛、冲突之后，没有把宽恕作为应对策略，而是选择了压抑痛苦，选择了仇恨，甚至采用报复的方式进行回应。面对被伤害的痛苦，因为不了解宽恕给个人、家庭和社会带来的益处，或者对宽恕存有错误的认识和理解，而没有把宽恕作为解决问题的首选。通过宽恕教育可以引导孩子了解什么是宽恕、宽恕的价值以及如何做出宽恕，认识到宽恕是处理人际冲突和伤害的一种积极有效的应对策略。

宽恕是一种人性道德之爱的彰显，一种感恩敬畏之心的表达，一种利他、亲社会行为的践行，一种遭遇到了负性的人、事、物、境而衍生的消极情绪时的接纳、面对、处理和放下，一种面对伤害善待他人、善待自己的理性选择，一种不使伤害产生破坏力的积极回应，一种能从伤害挫折中找到积极生命意义的智慧。宽恕是一只脚踩扁了紫罗兰，它却把香味留在那脚上。

在孩子的成长过程中，在与他人的人际交往互动中，孩子在心理、情感、精神和身体等方面，不可避免地有受到他人有意无意、或多或少、或深或浅的伤害和侵犯的情况，这些大大小小的伤害和侵犯，会造成孩子主观感受到极大的恐慌、焦虑、恐惧、痛苦、愤怒、悲伤、悔恨、自责、羞愧、挫败、失落、不公正、不合理、不受尊重，从而陷入痛苦的旋涡，体验到意识或潜意识中的伤痛，缺乏自信、缺乏自尊，自我否定，产生消极的人生态度，对未来悲观失望，质疑自身存在的价值，认为世界是邪恶的、可怕的、不安全的、不公平的，人性是丑恶的，人们是自私自利的，并由此衍生出猜疑、冷漠、警惕、误解、冲突、憎恨、攻击和报复心，而不是同情、欣赏、利他、宽容、感激、怜悯和同理心，严重影响了生命存在的价值和意义。

孩子通常应对这些侵犯的反应是逃避或是寻找机会以某种方式实施攻击行为，由小问题引发重大矛盾冲突甚至恶性暴力事件，带来更大的伤痛、愤怒和恐惧，使心灵承受重大的痛苦，严重影响孩子的身心健康，破坏孩子与他人之间和谐的人际关系，对于自我成长具有消极的影响。

如何应对和解决生命历程中出现的伤害，如何找到超越伤害的意义和积极的心境，是每个孩子需要面对的问题。面对伤害，不同的应对方式，会给他们带来截然不同的生命结果。孩子学会选择宽恕作为应对策略，放下心中的仇恨、愤怒、恐惧等消极情绪、认知和行为反应，恢复内心的宁静与和谐，避免仇恨带来的冤冤相报，能够促进身心健康成长。

让每个孩子健康、快乐、幸福地成长，是家庭教育的主旋律，也是父母最大的心愿。考察宽恕与孩子健康成长的关系，对于更好地优化孩子的心理环境，让孩子产生积极的情绪体验，实现内心的和谐，对于预防相关身心疾病的发生，提升孩子的生活品质和身心健康水平，对于提出更有效的宽恕教育的策略，都具有十分重要的现实意义。明晰了宽恕与健康关系的意义之后，就应该使宽恕成为家庭教育的重要内容，成为孩子的一种健康生活方式，成为处理生命历程中消极方面的一种积极策略，成为维系人际和谐、提升身心健康和生命价值行之有效的一剂良方。

宽恕是世界上最美丽、最珍贵的礼物。让孩子学会以宽恕之心直面、应对和处理生命中的伤害事件和痛苦情结，有助于孩子摆脱痛苦与仇恨的枷锁，从而放下旧伤痛，继续新生活，重建生命的意义和肯定生命存在的价值。

长期以来，人们对宽恕普遍存有各种迷思和误解。这些迷思和误解一方面表现为，人们容易把宽恕想象为某种既含糊又高深的概念，认为宽恕是一个抽象的哲学范畴，是一个脱离现实生活虚幻难懂的道德命令；另一方面，人们会普遍认为宽恕是软弱、退缩、容忍、无能、屈服、纵容、迁就、低人一等、无路可走、权宜之计、正义倒退等的代名词。

正是由于这些对于宽恕的错误认知和理解，人们在面对各种伤害、冲突和矛盾时，难以把宽恕作为处理伤害事件的一种积极选择。在倡导公平正义的现代社会中，很多人似乎担心宽恕会导致犯罪与伤害性事件增加，怕再受到进一步的伤害，怕被人看作懦弱的表现，怕公平正义无法伸张，怕失去要求对方赔偿的权利，怕纵容他人犯错，等等。

在家庭教育中，父母应引导孩子对宽恕有正确的理解和把握，使宽恕成为孩子处理生命中各种不可避免之痛的心理自觉。

父母告诉孩子，真正的宽恕绝不是懦弱、无能和胆小，更不是卑微和低人一等。那些质疑宽恕的人认为对伤害者进行宽恕是懦弱的表现，是无路可走，无计可施，无选择余地，无破解之法，只好容忍和退让，只能被迫选择宽恕。事实上，这是一种对宽恕的错误认识和严重曲解。"懦弱"是一个贬义词，意指软弱无能，胆小怕事，既缺乏力量又无勇气。该词含有批评的感情色彩，适用于形容人的性格、行为、表现等，是人格当中一种自卑胆小、回避屈从、消极颓废、无力反抗、因害怕而逃避的表现。宽恕与懦弱具有完全不同的精神气质。真正的宽恕不但不是消极退缩、缺乏自尊和低人一等的颓废状态，相反，真正的宽恕代表的是勇气和力量，表现的是勇敢和智慧。事实上，一些受伤害者在选择宽恕伤害者时，他们是处于权利的一方，而非屈从的一方，他们有权利惩罚对方，他们的宽恕行为是在对伤害性事件有充分的觉察之后做出的个人理性选择，是宽恕后再寻求公平的对待。因此，真正的宽恕绝不是对伤害的懦弱表现或处于劣势的消极反应和无能之举。

　　父母要让孩子懂得，真正的宽恕可以与社会正义并存和相容，不是纵恶，更不是纵容，而是扬善，是人类道德之爱的彰显；宽恕不会阻碍公义，也不会使社会公平、正义倒退。真正的宽恕是基于道德原则，不是因为外力强迫，也不是把宽恕当作达成某种目的的手段。真正的宽恕不是一种权宜宽恕或假性宽恕，权宜宽恕或假性宽恕并不能真正使人获得内心的平静和自由，反而会使人进一步陷入无休止的愤怒之中。真正的宽恕不但不是正义的障碍，恰恰相反，真正的宽恕使人们更能看清不公平的存在。

　　当一个人不再否认和逃避，不再抱怨和悔恨，不再陷入痛苦的旋涡而无法自拔，开始直面和审视所发生的伤害性事件，并允许和接纳自己的愤怒情绪发生时，他就开始认清对方的行为是"不公平的"或是"错误的"，而不是自我蒙蔽和失去理性。真正的宽恕行为不会使不公正持续存在，也不会阻碍正义的发生，而是能够与公平共存。一个被伤害者可以同时选择宽恕与公平，受伤害者宽恕了对方的同时，可以要求对方补偿。例如一个被小偷窃走100元钱的人，他可以选择宽恕小偷的同时要求小偷还钱。事实上，一些伤害者可能会因为对方的宽恕而改变自己。由此来看，宽恕具有预防伤害行为进一步发生的功能，从某种意义上来说，这也是一种正义。

　　父母要让孩子知道，真正的宽恕是出于个人内心的自由选择，符合人类积极本性，是基于道德原则，不是对自己不利，也不会导致与自我的疏离。相反，宽恕能使当事人挣脱愤怒、仇恨等负性情绪的困扰，恢复内心的平静与和谐。心理学家恩莱特明确指出，宽恕是一种"人类长期的智慧"，能够提升人的生命价值，具有转化痛苦的力量。

　　由此可见，真正的宽恕绝不是懦弱、胆小、无能、屈服、退缩、处于劣势、缺乏自尊、低人一等、自我疏离、纵容恶行、违背公义；真正的宽恕代表的是勇气、理性、智慧、力量、公义和美德，是一种有效的策略，是一种利他利己的积极选择，是一种主动善行和同理心，是一种处理生命历程中消极方面的积极态度和积极道德情感。

　　面对各种亲子矛盾、冲突、对立和分歧，不同的应对方式，会带来截然不同的教育结果。父母学会以一种宽容的态度作为应对策略，不在一些孩子无关痛痒的问题上纠缠不休，而是接纳孩子的不足和缺点，着眼于孩子身上所具有的力量、美德、优势、希望、价值等积极心理品质，采用平和的态度和情感引导的方式，有利于孩子释放心中的焦虑、不满、愤怒等消极情绪，恢复内心的宁静、平和与和谐，有助于建立良好的亲子关系和取得理想的教育效果。

一些父母在面对孩子的过失、缺点、毛病和问题时，缺乏宽恕之心，情绪激动，丧失理性，口无遮拦，采用语言暴力和情感打击，指责、质问、逼问、羞辱、打骂，严重伤害孩子的心理和打击孩子的自尊心，使孩子精神崩塌、心理倦怠和产生绝望感，严重的甚至导致追悔莫及的家庭悲剧。如 2019 年 4 月上海卢浦大桥 17 岁男孩跳桥身亡事件，在令人心痛的同时，也令无数父母深思和醒悟。

父母做到无条件爱孩子，需要具备宽恕心。宽恕心是一种面对亲子冲突、矛盾和分歧时的积极应对方法和智慧，是父母面对孩子的各种问题时对狭隘自我中心的超越，是父母处理亲子矛盾时采取的一种理性态度。宽恕彰显了父母对生命、对人性、对孩子、对孩子的成长、对孩子的人格和平等权利的尊重，是父母面对孩子成长过程中出现的各种问题、不足、缺点、毛病时包容接纳的宽厚态度和理性行为。事实表明，智慧的父母，是具备宽恕心的父母。

面对不可避免的亲子矛盾和冲突，宽恕心是父母爱心、耐心和责任心的重要体现，是减少和化解亲子矛盾的理性方式，是父母平等处理亲子冲突有效的方法。很多时候，亲子之间不是真的孩子出现了什么大的问题，而是父母没有做到宽恕，理解不够，缺乏信任，沟通无效，才导致亲子之间的误会、冲突和矛盾。父母增强宽恕意识，树立宽恕理念，常怀宽恕之心，学会以宽恕的态度处理亲子之间的冲突和矛盾，有利于建立积极的亲子关系。

如何使孩子在面对各种冲突、矛盾、误解、冒犯和伤害时，正确认识仇恨、报复、敌意等方式对个人、家庭和社会带来的极大危害性，如何学会以积极有效的方式，应对和化解生命中不可避免之痛，成为家庭教育的重要内容。

宽恕教育是实现宽恕价值的有效途径和重要手段。所谓宽恕教育是指通过各种形式的教育教学活动，有目的、有计划地向孩子传授宽恕知识，使孩子树立正确的宽恕认知，明晰宽恕价值，增强宽恕意识，提升宽恕能力，并主动做出宽恕行为的影响过程。如何提高宽恕意愿，怎样学会辨别对方的宽恕与和解，如何能体验到宽恕所带来的积极价值，感知并体验到更多的幸福和自由，让心灵得到释放与快乐，这些都与宽恕教育密切关联。

宽恕教育有助于孩子以更积极的态度与人交往和处理伤害性事件，有利于优化孩子的心理环境，使孩子产生积极的心理体验，有利于孩子形成和谐的人格和促进心理的成长。和谐人格既是健全统一的心理人格，又是兼具美善的道德人格，是在理性支配下的身心整体和谐，是衡量个体心理健康的重要标准。具有和谐人格的人是一个能与自我、他人、社会、自然万物和谐共处的人，是一个心理不断成长的人。

通过宽恕教育，引导孩子了解宽恕的正确含义，增强宽恕意愿，学会以同理心理解和接纳他人不同的想法与感受，了解人非圣贤，都可能犯错，体会到每个人都需要宽恕及被宽恕，辨别对方的宽恕与和解，觉察到宽恕所产生的正向积极结果，感知并体验更多的积极情绪，培育孩子乐观、豁达、大度的和谐人格。

宽恕教育有利于促进孩子身心健康，实现内心和谐，建立和恢复与他人和谐的人际关系，达到健康的生命状态。心理学研究表明，宽恕能够化解愤怒和仇恨，减轻痛苦和压抑，摆脱不满和敌对情绪，摒弃自卑和自责，缓解焦虑和恐惧，消除不宽恕状态或低宽恕水平对个体身心带来的压力，有助于做出亲社会行为，减少冲动和攻击行为，增加积极情绪情感，提高自尊感和幸福感，保持内心平和，促进身心健康成长。

如何增加宽恕意愿，怎样学会辨别对方的宽恕与和解，如何能觉察到宽恕所带来的好处，感知并体验到更多的幸福和自由，让心灵得到释放与快乐，这些都与宽恕教育息息相关。家庭对一个人形成正确的宽恕认知和实践宽恕行为有着重要的影响，孩子可以通过父母言传身教学习如何去做出宽恕行为。

通过宽恕教育，引导孩子从日常生活事件与个人经验中，认识到人与人之间各种矛盾、冲突和伤害的不可避免性，每个人都有被宽恕及宽恕他人的心理需求，领悟到宽恕是化解伤害与释放愤怒的一种有效方法，使宽恕成为促进孩子身心健康的积极心理资源。

对孩子实施宽恕教育应坚持灵活性与有效性、生活化与科学化相结合的原则，结合孩子生活经验，符合孩子心理特点，满足孩子学习兴趣和精神需要。

当前的宽恕教育，应在树立孩子宽恕认知、增强宽恕意识、学习宽恕理念、提升宽恕能力、创设宽恕环境、体验宽恕行为后的积极情感等实践层面上进行。通过宽恕教育，使宽恕内化于孩子的人格结构之中，成为一种美德；使宽恕融入孩子的学习生活之中，成为当下的一种健康生活方式，成为一种宽厚的道德品格，成为处理生命历程中消极方面的一种生命态度和积极策略，成为维系人际和谐和提升生命价值行之有效的一剂良方。

孩子成长型思维的培养

心理学家通过数十年的研究发现，人与人之间的差别主要在于思维的差别，思维模式不同，看待问题的视角和心态也不同，投入的努力和热情也不同，其人生各个层面的表现和结局也不同。那些在各个领域获得成功的人，其成功并不是由他们的遗传、天赋和才智决定的，而更多的是受其在追求目标过程中所具有的思维模式影响。斯坦福大学心理学教授德韦克经过长期的科学研究，区分出人类普遍存在两种思维模式，一种是成长型思维，另一种是固定型思维。

有些人相信"一个人的智力、才能、优势主要是天生的，后天改变的余地不大"，相对于通过后天努力取得的成就，他们更看重依靠先天的无须努力就能获得的成就；而有些人相信"一个人的智力、才能、优势可以靠自己的后天努力大幅提升"，他们欣赏天赋，但更崇尚后天的努力，认为即使天才也要通过不断努力才能获得成功，无论你能力有多强，努力才能激发潜能，让你最终取得成功。德韦克把前者的思维模式称为固定型思维，后者称为成长型思维。

固定型思维的人相信他的基本特质，比如智商、天赋和能力是固定不变的，他们把时间花在为自己的天赋自豪、炫耀或者自怜、自卑上，而不是通过不懈努力去发展自己的天赋和能力，他们相信与生俱来的天赋和聪明就能带来成功，而不是靠后天的努力和奋斗。固定型思维的人认为如果你缺乏天赋，你一定会成为一个失败者，只有无能者、有缺陷和不足的人才需要努力，他们认为努力会贬低自身的价值，努力等于能力低下，所以他们不去努力。固定型思维的人的认知模式是"如果你需要为某事付出努力，那么你肯定不擅长做这件事"。

　　成长型思维的人相信能力是可以通过后天的努力培养和提升的，具有成长型思维的人相信聪明和天赋只是一个起点、基础、前提，每个人的天赋、资质、能力都能通过不断挑战、具有坚强毅力和积极行动而得到不断改变和发展，他们会通过不懈努力去追求那些以良好价值观为指导的有意义、充实、丰富的事情。成长型思维能引发一个人对学习、工作、事业的执着热爱，会使自己的能力得到提升和发展自身的抗逆力，几乎所有伟大的人身上都能找到这种思维模式。

　　在面对相同的问题时，不同的思维模式会有不同的表现。在面对挑战时，固定型思维的人避免挑战，成长型思维的人拥抱挑战；当看到别人成功时，固定型思维的人感到威胁，成长型思维的人感到鼓舞和受到激励；当遇到困难时，固定型思维的人容易放弃，成长型思维的人坚持不懈，努力奋斗；面对批评时，固定型思维的人不接受，感到受伤和被否定，忽略有用的负面评价，成长型思维的人从批评中获得有益的反馈，把其作为一次学习的好机会，并继续努力；固定型思维的人把考试成绩看成智商高低的评价标准，成长型思维的人把成绩看成检验自己学习效果的有效反馈；固定型思维的人认为努力毫无用处，成长型思维的人把努力当作学习、不断进取和提升的有效途径；固定型思维的人喜欢待在舒适区中和痛恨变化，成长型思维的人喜欢探索新事物和拥抱变化。

　　研究表明，拥有成长型思维的孩子具有成长型心态和成长型价值观，他们做事不容易放弃，对未来保持乐观，更善于发现生活的意义和目的，更能从过程中享受到乐趣，更易于寻求帮助，更具有坚毅力。

　　德韦克发现，那些认为智商是可改变的孩子，即具有成长型思维的孩子，他们的学习成绩更容易提高。在德韦克研究项目中曾有过一个学习成绩很差的男孩，在听过德韦克教授讲了关于"智商"的观点后，他竟然双眼含泪地对德韦克说："你们的意思是，我可以不是个笨蛋？"他加入了德韦克一个成长型思维的学习项目，一段时间之后，他的成绩真的提高了很多。而那些认为智商不会改变的孩子，即便加入了同样的学习项目，成绩也没什么改善。

　　心理学家研究发现，成长型思维对孩子的学习投入具有显著的正向影响。学习投入是指孩子在学习过程中表现出的持续的和充满积极情绪的状态，对孩子的学业表现和学习效果等具有正向的促进作用，是影响孩子学习质量的一个重要因素。之所以具有成长型思维的孩子学习更投入、更专注，是因为成长型思维作为一种积极的思维模式，具有自我超越的动机，能影响孩子面对逆境时的反应，降低孩子的学业压力和担忧，表现出较强的抵抗负性事件能力，通过采用积极的应对方式有效调节负面情绪，提高其学习投入的有效力量。

当面对学习的挑战或挫折时，具有成长型思维的孩子会采取新的策略，进行有效的自我调节来克服困难，保持积极的学习状态，不再将学习中的压力和挫折视为可怕的敌人，他们更在意自己是否从压力和挫折中真正学到东西，而不仅是通过考试，因此会具有更好的学业投入。

在家庭教育中，父母培养孩子成长型思维的方法如下。

方法一：父母具有成长型思维模式，成为孩子模仿和学习的榜样。在日常生活中，父母的每一个选择都会打上自己思维模式的烙印，父母的言行都在向孩子传递着信息，影响着孩子的成长。尤其是当孩子出现错误或失败时，父母的反应态度，也就是父母怎么说怎么做，直接影响孩子的思维模式。父母的积极引导、鼓励和建设性的批评，能让孩子积极进取，学到知识，懂得如何去弥补自己的错误，此时父母向孩子传递的是成长型思维模式的信息，能帮助孩子提升自尊水平和积极改变，有助于形成成长型思维模式。父母对孩子错误行为严厉地指责，表现得十分焦虑，非常关注孩子的个人能力，对孩子表现出担忧，掩盖孩子的失败或者贴标签式地说教，此时父母向孩子传递的是固定型思维模式的信息，会打击孩子做事的自信心和积极性，容易使孩子形成固定型思维模式。

父母对于孩子挫折的反应和态度，就是在向孩子传递一种思维模式。举例来说，父母对孩子的挫折表现出兴趣，认为挫折是一件值得欢迎的事情，对挫折进行积极的看待和解释，认为挫折是成长过程中难免的，把挫折视为孩子学习、获取知识以及积极改变的良机，而不是"好的自己"与"坏的自己"之间的斗争。父母引导孩子正确地看待挫折，学会从挫折中总结经验，并指导和鼓励孩子下一步的行动计划，下次再发生这样的事情，孩子就知道如何处理。毋庸置疑，父母的这种做法是在向孩子传授成长型思维的信息，这些信息会有助于孩子勇于面对和积极应对这些挫折，使孩子相信通过努力自己有能力战胜挫折。

培养孩子成长型思维，一个有效的方法就是父母拥有成长型思维模式，并通过言传身教传递给孩子。父母具有成长型心态和成长型价值观，相信自己的能力是可以发展的，富有挑战精神，热爱学习，有自己的人生追求，为实现目标全力付出，勇往直前，每天让自己多做一些有意义的事情，每天让自己变得更好一些，不断提升和成长自己，让自己的生活变得美好。父母充分运用成长型思维模式的经验于日常生活之中，能够潜移默化地积极影响和感染孩子，帮助孩子发展潜能，形成成长型思维模式。

方法二：当孩子的学习成绩还不够理想时，父母用"还没达到"来鼓励孩子，有意识地培养孩子成长型思维。"还没达到"会使孩子相信自己的学业成绩和能力还有不断提升的空间，能让孩子变得更积极、更努力、更投入、更有毅力。"还没达到"能带给孩子成长的积极力量，让他们看到努力、挑战和困难所具有的积极成长意义，坚信自己的努力行为能够带来积极的结果。"还没达到"能够激励孩子乐观地面对未来，付诸积极的行动，不断挑战自我，勤奋努力，寻找新的有效学习方法和策略，进行及时的正向反馈，相信自己的能力可以通过真正的付出和不懈的努力不断提升。

反之，有些孩子倾向于从固定型思维的观点来看待挫折、困难和失败，他们会自认为"我真没用""我真笨""我什么事情都做不好"，觉得自己很蠢，很无能，一事无成，很想放弃，这会让他们陷入当前的艰难处境难以自拔，在面对下次困难时，他们不是变得自信和更加努力学习，而可能会选择放弃和逃避。

当孩子出现错误时，脑科学家通过测量他们的脑部活动发现，持有固定型思维的孩子几乎测不到什么脑部活动，他们逃避问题，消极被动，为自己找借口，不想参与活动；而持有成长型思维的孩子，在面对挑战的时候，他们会更加努力和积极参与，他们的脑部活动变得非常活跃，正在形成新的神经元连接。脑科学研究表明，一个人越努力，其大脑就会变得越灵活。

因为拥有自己"还没达到"的思维模式，他们知道自己还在学习过程中，还有成长的空间，所以会勇敢地直面挑战和错误，认真总结经验教训，并从错误中积极学习和不断成长。心理学家已经在成千上万的孩子身上看到了这种进步和效果，特别是那些在学习和挫折中苦苦挣扎的孩子。当孩子在充满"还没达到"的教育理念下生活、学习和成长时，他们体验到的是一种相信自己能不断进步的积极力量，看到的是未来的美好和希望，积极拥抱未来，让自己在未来有更好的生活。

方法三：父母使用正确的方式就会赞扬孩子，能够培养孩子成长型思维。研究表明，父母的赞扬方式能够塑造孩子的思维模式。父母对孩子努力的过程，包括努力本身、采取的问题解决策略、全身心的投入、刻意练习以及坚持不懈的精神进行赞美和表扬，同时将孩子取得的成就、进步与付出的努力进行关联，可以培养孩子成长型思维模式。

具体来说，父母不要经常赞扬孩子的聪明或天赋，这种赞扬没有太大的激励作用，甚至具有反效果，会让孩子形成固定型思维，导致他们害怕挑战，遇到困难或者出现问题时，对自己产生怀疑，过分担心自己固有的能力。而是要赞扬孩子付出的努力、积极参与活动和投入学习的行为过程，要赞扬孩子的专注、责任、坚持、方法、策略和进步，有助于帮助孩子建立自信心，这样会培养出具有坚毅品格和不断积极进取的孩子。

父母可以向孩子表达自己赞扬其所付出的努力和所做出的选择。例如，"你的数学考试取得优异的成绩，表明你为这次考试付出了很多努力。你认真总结考试重点，反复练习，把自己曾经做错过的题真正弄懂，你的学习方法很有效。""今天的家庭作业很有难度，需要花很多的时间和精力，妈妈非常欣赏你能如此专注地努力完成它。""你为解决这道难题，考虑并采用了各种不同的方法，最终成功找到问题的答案，我很喜欢你这种敢于尝试有难度挑战的做法。"

父母避免对孩子的智力和才能做出评价的赞扬方式，这种方式忽视孩子以成长为目标的努力过程，不利于孩子成长型思维的培养。孩子因为自己付出、坚持和专注而受到父母的赞扬和鼓励，他们会更加努力，热爱挑战，愿意花更多的时间更积极地投入当前活动中，会想出更多的解决问题的方法和策略，在遇到挑战和困难时，不会成为赞扬的奴隶，而会勇敢面对、不断尝试和积极应对，直到问题得到解决。

方法四：父母营造成长型思维模式的环境，鼓励孩子走出自己熟悉的舒适区，去尝试和挑战不同的事情。父母为孩子营造一个成长型思维模式的环境，经常谈论成长型思维模式的内容，积极讨论自己和他人学习、付出努力、积极面对挫折、应对策略等话题。例如，父母可以现身说法，告诉孩子，爸爸今天通过努力工作，取得了哪些成就；妈妈通过今天的练习，掌握了哪些过去没有掌握的技能。父母还可以问孩子这样的问题："你今天在学校学到了什么？""你今天尝试做了什么有意义的事情？""你有没有出现错误，你从错误中学到了什么？"父母鼓励孩子讲述这些事情，引导孩子如何通过错误找到问题解决的关键方法，并及时称赞孩子："你今天又进步了。"久而久之，孩子就会慢慢养成成长型思维模式。

父母鼓励孩子走出自己的舒适区，试着做一些以前没有做过的事情，逼迫自己做那些让自己感到很难做好的事情，勇敢地面对这些挑战，重视努力和坚持的力量，不断地练习，父母激发孩子内在的力量和潜能，有助于孩子成功地逾越这些障碍，形成成长型思维模式。反之，如果孩子从来不迫使自己走出舒适区，也不试着做不同的事情，便永远无法进步。心理学家通过研究发现，那些敢于面对挑战，在学习中积极思考、主动提出问题、注意力集中、认真做笔记的孩子，他们大脑中的神经元会形成新的、更强的连接，脑细胞就会成长，一段时间后他们的学业能力不断精进，也因此变得更积极、更优秀、更聪明和取得更好的学业成绩。

成长型思维是一种积极、不断进取、专注于能力发展的思维模式，对孩子的成长至关重要，它决定了孩子在面对失败时的心理复原力、面对挑战时的心理承受力。研究表明，接受成长型思维训练的孩子，能够形成新的积极思考和处理问题的方式，他们会通过自己持续不断的努力让事情变得更好。研究也发现，具有成长型思维模式的孩子，其学习投入水平更高，学习成绩更好。作为积极的内部"编码"或信念，成长型思维能够影响孩子对压力事件的感知，改变其对周围一切事物消极的看法和解读，能提高其心理韧性，能帮助他们在应对外界挑战时，更善于寻求积极有效的策略和方法，在面对拒绝、嘲笑和欺凌时，更倾向于采取理解、原谅、宽恕和积极的沟通方式加以解决，而不是采用愤怒、强烈的攻击和暴力手段进行报复。

在家庭教育中，父母不能目光短浅，不要只盯着孩子当下的学习成绩，而应着眼于孩子的未来，有意识地培养孩子成长型思维，培养其勤奋的个性，激励孩子不断进取和勇于挑战。父母通过言传身教向孩子表达成长型思维模式的话语，告诉孩子"你是一个不断成长的人，你有能力挑战自己，你的大脑和身体具有强大的适应能力，我愿意帮助你积极改变和成长"。父母帮助孩子摆脱固定型思维的控制，从固定型思维模式转换为成长型思维模式，鼓励他们走出自己的舒适区，制定明确的目标，保持持续的成长动机，有目的地大量刻意练习，从失败中吸取经验教训，获得有意义的正向反馈，进行及时有效的调整，提升做事的能力，通过自身的不懈努力，不断提高、完善和改变自己，使自己的人生充满各种可能，具有成就感、价值感和意义感。

孩子良好专注力的培养

注意力也称专注力，是学习的核心能力之一，是大脑进行各种智力活动的重要保障。孩子注意力不集中，或者说上课、阅读和写作业时经常"分心""走神"，是最令父母头疼的学习问题之一，严重困扰着无数的父母，令父母叫苦不迭。

研究表明，孩子学习成绩差的原因，除了无效的学习方法和不良的学习习惯等因素外，最重要的就是注意力差。有调查显示，中国有相当数量的孩子存在不同程度的注意力差问题，特别是孩子在课堂上静不下来，无法专心听讲，东张西望或发呆，听见一点儿声音都要去张望，做作业拖拉，边做边玩，经常少做或做错，不注意细节，在做作业或其他活动中常常出现粗心大意的错误。此外，还存在做事心不在焉，难以持久，常常丢三落四，经常是一件事没做完，又去干别的事。这些注意力问题会导致孩子学习效率低下，出现学习困难，学习效果不尽如人意。

注意力差，容易分心，已经被列为儿童十大问题行为之首。联合国教科文组织也将注意力问题列为影响全球儿童学习困难的主要因素。可见，孩子只有先形成一种学习和做事情专注的良好习惯，才有可能在未来自己热爱的事业上全身心投入，不为外界干扰，提高学习效率，取得事半功倍的效果。父母学习和掌握注意力训练的有效方法，有意识培养孩子的注意力，提高孩子注意力的持续时间、稳定性等品质，给孩子一个"专注"的未来，已成为家庭教育十分重要的内容。

注意是我们非常熟悉的一种心理现象，日常学习、思考、做事、工作都离不开注意。事实上，只要是在清醒的状态下，人的注意活动总是进行着。作为一种意向活动，注意和我们的各种认识活动密不可分，如注意听、注意看、注意想、注意思考等。

在心理学上，注意是指人们对一定对象的指向和集中。注意包括注意的广度、注意的稳定性、注意的转移和注意的分配四个品质。注意使我们的心理活动朝向某一事物，有选择地接受某些信息，而抑制其他活动和其他信息，并集中全部的心理能量用于所指向的具体事物。

保持良好的注意力，是大脑进行感知、记忆、思维等认识活动的基本条件，一旦注意力涣散了或无法集中，我们的观察、倾听、思维等认识活动就不能正常地进行。在学习过程中，良好的注意力能提高孩子思维的敏捷性、持续思考的能力和学习效率，有助于孩子取得良好的学习效果，学到更多的知识。因此，法国古生物学家居维叶说过，天才，首先是注意力好。

例如，有的家长反映其孩子学习注意力涣散，平日里做事情比较随意和拖拉，放学回家在写作业的时候，喜欢做一些与学习无关的事情，比如摆弄橡皮、摆弄铅笔、嘴里的糖嚼个没完、东张西望，经常是边写作业边吃着零食和听着音乐，停停做做，因为不能专注，学习效率低下，孩子完成作业的时间基本上是优秀学生正常写作业时间的两倍，孩子每次写作业都要多花很长时间，导致孩子没有足够的时间去做课外阅读、去运动、去玩耍，进而容易进入情绪消极和精神疲惫的恶性循环之中。家长为此很是头痛，不知如何解决。

对于上述案例中孩子做作业注意力不集中的问题，一方面是家长错误的教育方式导致的，另一方面是因为家长没有从小对孩子的注意力进行有效训练。对于孩子的注意力不集中的问题，大多数家长的做法只是简单咨询老师，得到的答案往往是一些关于孩子上课时注意力不集中、做题马虎、粗心大意、不爱学习等表面情况的描述，并没有得到有效的解决方案，而孩子向家长反馈的也是一些诸如上课听不懂、作业不会做等笼统的原因。对于上述情况，家长通常会认为是孩子自身不努力或学习习惯不好导致的。但事实并非如此，大多数家长普遍存在对孩子注意力培养认识不足，缺乏对孩子注意力进行有效训练的方法。

常见的影响孩子注意力的因素有很多，包括不当的家庭教养方式、家长急躁的情绪、学习负担过重、缺乏内在学习动机、心理压力过大、高度紧张和焦虑、睡眠不足或睡眠质量不好、过度疲劳、大脑得不到充分休息、不良家庭环境的干扰、不良的生活和饮食习惯，以及一些严重的心理障碍，如注意缺损、多动障碍、感觉统合失调症等，这些都可能会导致孩子注意力无法集中，坐不住或无法静下心来，容易出现注意力涣散问题。

针对家长如何有效地培养和训练孩子的注意力，介绍三种常见的行之有效的方法：听字训练法、听词语训练法、按顺序指读法。

听字训练法：家长读一段短文，孩子认真听，当听到一个"一"字就用笔在纸上打一个"√"，家长读完后统计"一"字的个数，直到孩子记录的个数与短文中"一"的个数相同为止。

听词语训练法：家长每念一个词语，孩子认真听，当听到电器就马上举起右手，当听到学习用品就马上举起左手。

按顺序指读（舒尔特方格）法：在一张有 25 个小方格的表中，将 1～25 的数字打乱顺序，填写在表里面，然后以最快的速度从 1 数到 25，要边读边指出，同时计时。该表可用来测量一个人的注意的稳定性水平。训练时，要求被测者用手指，按 1～25 的顺序依次指出其位置，同时诵读出声，施测者一旁记录所用时间。数完 25 个数字所用时间越短，注意力水平越高。每 6 次所测时间的和除以 6 得的平均数就是所用时间。

正常的 7～8 岁的儿童寻找一张表上的数字时间是 30～50 秒，平均 40～50 秒。以 7～12 岁年龄组为例，能达到 26 秒及以上者为优秀，学习成绩应是名列前茅，42 秒属于中等水平，班级排名会在中游或偏下，50 秒则问题较大，考试会出现不及格现象。18 岁及以上成年人最好可达到 18 秒的水平，25 秒为中等水平。

如果每天坚持练习一遍，那么他的注意力，包括集中、分配、速度、范围、辨别力、稳定性、控制力，以及视觉定向搜索运动速度就会得到大大提高。此外，还可以采用汉字式的舒尔特表，坚持练习，即可奏效。

孩子注意力的提升，需要明确学习目的，锻炼坚强的意志，保持浓厚的兴趣，寻找良好的学习环境，学习多样化的内容，进行积极的思考，提升大脑、手、眼的协调能力，提升听课效率，养成良好听课习惯，养成良好的写作业习惯，减少粗心问题，培养学习兴趣，树立学习目标，培养自信心和毅力，这样孩子才能在学习中获得成功的体验和经验。

建议一："静"化孩子的学习环境。对于自制力和专注力都比较差的孩子，父母应该给孩子创造一个安静的、无干扰的学习环境。如果说孩子只能在客人进进出出的小吃店、小卖部做作业是条件所限的话，那么，若是家长在客厅打着麻将，大声说笑，随意打断孩子，或者是刷着微信，看着电视，却让孩子在一旁做作业的话，哪个孩子能安心学习？家长的这种做法分明是在训练孩子"分心"，结果就会养成孩子注意力分散的毛病，导致一系列学习问题。

孩子做作业要不要"言语监督"呢？"我做作业的时候，妈妈总是在旁边不停地说我这里做错了，那里不正确，弄得我都不知道哪里错了。""孩子喜欢写错别字，简单的题目都会错，我指出来是为了他好啊。"

关于这个争论，南方网曾发过一条消息，小学生"抗干扰"能力是非常有限的，在辅导孩子写作业的时候，父母太多的干预、打断，不停地在旁边提醒和督促都是不好的，容易人为地分散孩子的注意力。因为父母的这种做法，一是会打乱孩子自己的学习节奏，导致孩子思路中断，无法持续思考和书写；二是容易把做作业这件事变成是孩子和爸爸（或妈妈）两个人的事，而不是孩子自己的任务，容易养成依赖父母和跟父母讲条件的坏习惯。

如果我们家长在孩子做作业过程中发现了孩子的错误，不妨先记下来，等孩子做完后再进行提醒和引导："这两道题中有一题是错误的，你来当当'检察官'吧，自己检查一下。"这时，孩子会认真检查错误，即便孩子检查出很少的错误，爸爸妈妈都要给予及时的积极肯定，让孩子具有成就感。慢慢地，孩子会养成独立认真仔细完成作业的好习惯。

建议二：告诉孩子先收拾好书桌，做好做作业前的准备工作。家长可以先问一问孩子："今天做作业需要哪些学习工具？"原因很简单，就是让孩子自己在心里打个草稿："我需要哪些学习工具呢？它们分别在什么位置呢？"

有了这个草稿，孩子就会自觉地准备好笔、橡皮、字典等学习工具，避免做作业的时候为了找书或取用某个学习用品东找西翻，急得满头大汗却找不到的情况。让孩子把与做作业无关的东西收起来，将能够影响孩子心绪的物品一律拿走，会使孩子尽快进入学习状态，孩子做作业的效率也会大大提高。

建议三：对孩子的作业进行有效量化，限时让其完成。对出现这种问题的孩子来说，告诉他们要专心之类的话是完全没有效果的。有些父母觉得孩子动作慢，不允许孩子休息，还唠叨个没完，效果反而不好。我们不妨换一种方式来对待——量化作业，限时完成。20 道数学题（20 分钟完成），6 个生字（10 分钟完成），一篇文章阅读（20 分钟完成），家长可以将上述量化安排的作业任务抄到小纸条上。让孩子做完一件用笔勾掉一件。这样可以督促孩子不拖拉、不磨蹭。当孩子在限定时间内完成了一项作业时，我们要立即表扬孩子并让他适当休息一两分钟，喝喝水，伸伸腰，再做下一项任务。家长也可以用口头提示的方法来鼓励孩子："第二项只有 6 个生字，继续加油。"

限时作业应注意两个问题。

第一，考虑孩子作业难度和做作业的速度，留给孩子做作业的时间要充分。

第二，逐渐缩短孩子做作业的时间。开始给多一点时间，之后逐渐减少，如果孩子都能顺利完成，说明他的注意力和学习能力有了明显的进步。

建议四：让孩子玩也要玩得有计划。一些父母总是希望孩子能够在书桌上认真学习，而且花在学习上的时间越多越好，这种情形经常发生在每个家庭里。事实上，爸爸妈妈也许误解了专注的含义。专注是指在一定时间内高度集中注意力，而不是必须长时间地集中注意力。玩耍是孩子的天性，当孩子的天性没有得到满足时，他是不可能专注地做其他事情的。让孩子玩得有计划了，他就不会在学习时惦记着玩了。根据孩子的实际情况对计划进行修订调整，才能让计划实施起来更加可行和有效。

孩子记忆力的有效训练

记忆力是学习力中非常关键的一种能力，对孩子的学习成绩有着极为重要的影响。我们发现，有些孩子能够做到在课堂上专心听讲，并且能够听懂老师讲的内容，也就是说孩子具有良好的专注力和理解力，但就是记不住或者记忆错误。分析其中的原因：一是孩子懒惰，不肯下功夫努力去记；二是孩子没有掌握有效的记忆方法，不知道如何更好地记住所学的知识。

记忆无处不在，无时不有，人的一切活动都离不开记忆。记忆是一切智力活动的基础，是由感知到思维的桥梁，是人们获取经验和学习知识的有力保证，能够维持我们正常的生活、工作、人际交往等基本机能。

尤其对处于成长阶段的孩子来说，记忆能够有效促进其智力的不断发展，使他们在不断认识和探索世界中积累各种知识和经验。心理学家维果斯基认为，学前儿童记忆处于意识的中心，在各种心理活动中占优势地位。不难发现，聪明的孩子大都具有强大的记忆力，具有大智慧的人其记忆力惊人。一个具有良好记忆力的孩子，在学习新知识的时候，能够做到轻松自如、学而不厌、融会贯通、效果理想。

有的孩子经常产生这样的困惑："我发现自己很笨，不是学习的料，数学公式、定理记不住，语文生字记不住，英语单词记不住，历史年份记不住，别人背东西只需要一会儿，我却需要几个小时，太累了，有些东西虽然当时记住了，可过一段时间就忘了。是不是我的记忆力不好？有没有提高记忆力的训练方法？"

没有"笨"孩子，只有记忆方法不对的孩子。事实上，每个孩子都有巨大的记忆潜能，需要我们进行有效的开发。之所以有些孩子记不住所学的知识，主要是因为记忆方法无效，从小没有获得良好的记忆力训练。

美国学者奥图说过，人脑好像一个沉睡的巨人，我们均只用了不到1%的大脑潜力。一个正常人的大脑记忆容量大约有6亿本书的知识总量，相当于一部大型电脑储存量的120万倍。如果人类发挥出其中的一小半，就可以轻易学会40种语言，记忆整套百科全书，获得12个博士学位。即便是像大科学家爱因斯坦这样的巨人，他的大脑也只开发了不到10%。

记忆是一种比较复杂的心理过程，是过去经历过的、思考过的、体验过的事物在人脑中的反映，它是思维、想象等高级心理活动的基础。记忆包括识记、保持、再认或回忆三个环节，具体可分为"记"和"忆"两个过程。"记"是指识记和保持，它是记忆的前提和关键；"忆"是指再认或回忆，这是记忆达到的目的，也是检验记忆的指标。记忆的种类有瞬时记忆、短时记忆和长时记忆。我们平时掌握的知识和积累的经验一般都是以长时记忆的方式保存在大脑中，长时记忆存储时间在一分钟以上，一般能保持数年甚至终身，其记忆容量是无限的。

在家庭教育中，父母有目的、有意识地对孩子进行训练，让孩子掌握科学的记忆策略，培养孩子良好的记忆习惯，能够有效提高孩子的记忆力，有助于孩子取得优异的成绩。下面介绍几种常用的有效记忆策略，供父母训练孩子记忆力参考。

记忆策略一：记忆要有明确的目的性。在记忆所学知识的时候，父母要求孩子必须集中注意力，全神贯注有目的地去记忆，能够提升孩子的记忆力。也就是说，增强孩子的记忆动机是提高记忆效果的关键。我们或许都有这样的经历，主动的、有意识的记忆远比被动的、无意识的记忆效果更好。因为在日常生活中，当你有意识地做某些事情的时候，只要有明确的动机，通常会达到好的效果。

记忆策略二：及时复习和经常复习，能够有效训练孩子的记忆力和提高记忆的效果。德国心理学家艾宾浩斯通过实验表明，遗忘进程是不均衡的，在识记的最初时间遗忘很快，后来逐渐变慢，到了一定时间，几乎不再遗忘了。也就是遗忘的进程和规律是"先快后慢"。

实验显示，在初次学习20分钟后，遗忘了47%（遗忘的容量将近一半）；2 天后遗忘了 66%；6 天后遗忘了 75%。此后又有心理学家做过实验，两组学生学习一段课文，甲组在学习后不久进行一次复习，乙组不予复习。一天后甲组记忆内容保持 98%，乙组保持 56%；一周后甲组保持 83%，乙组保持 33%。乙组的遗忘平均值比甲组高。这也再次验证了遗忘的进程是"先快后慢"结论的正确性。

最好的记忆方法是复习，根据遗忘的进程是"先快后慢"这一规律，要求孩子对所学知识及时复习，复习的最佳时间是记材料后的 1 至 24 小时，最晚不超过 2 天，在这个时间段内稍加复习即可取得良好记忆效果。过了这个时间段，记忆材料就会被遗忘大半以上，复习起来就会事倍功半。

艾宾浩斯根据研究总结了"七次巩固复习记忆法"，把所记忆的内容连续重复或间隔一定时间后再复习一次，经过多次重复，实现长时记忆的目的。第一次 20 分钟后把所学的知识回忆一遍，把回忆不出来的知识重新记忆一遍；第二次 1 小时后把所学的知识再回忆一遍，把回忆不出来的知识再重新记忆一遍；第三次 5 到 8 小时后，第四次 1 天后，第五次 1 周后，第六次 1 个月后，第七次 3 个月后，都按照第一次和第二次的巩固和复习方法进行。此外，父母告诉孩子理解的知识容易记住，引导孩子把新知识和已经掌握的知识进行联结，在理解的基础上反复去记忆，会取得理想的记忆效果。

记忆策略三：处在开头和结尾的知识容易被记住，而处在中间位置的学习材料不容易被记住，这就是我们常说的首因效应和近因效应的心理学原理。因此，孩子在记忆的时候，可通过分段记忆，把重要的知识放在开头或结尾的位置来记。我们都知道，在商品广告中，商品名称一般都放在开头或结尾的位置，目的就是让人们记住这个商品。

记忆策略四：赋予材料意义，有意义的材料容易记，具体包括以下几种方法。

谐音记忆法，又叫换字法。例如，可利用谐音轻松记住战国七雄：齐、楚、韩、燕、赵、魏、秦，谐音：七叔含烟找围巾。

奇特联想法。即对要记忆的材料进行联想，使材料各个部分与其他的材料发生联系的记忆方法。例如，让孩子记住我国四大牧区：内蒙古、新疆、青海、西藏，可把四个牧区的首字提取出并进行联想，内、新、青、西＝内心清新，我在草原上牧羊，内心好清新啊！

再比如，用 2 分钟时间，如何记住鲁迅的代表作品《从百草园到三味书屋》《一件小事》《孔乙己》《故乡》《狂人日记》《社戏》。可进行如下联想记忆：鲁迅写完《狂人日记》后，《从百草园到三味书屋》，找到《孔乙己》，请他帮忙做《一件小事》，然后回到《故乡》看《社戏》。

对比记忆法。把相似的内容进行比较，记住区别之处，记忆效果良好。如记住戌、戍、戊、戎这四个字，利用对比记忆法可这样记：点戍（shù）、横戌（xū）、无点戊（wù），戎（róng）字交叉要记住。再如，运用对比记忆法记住辨、辩、瓣、辫这四个容易混淆的字：点撇仔细辨（biàn），争辩（biàn）靠语言，花瓣（bàn）结黄瓜，青丝扎小辫（biàn）儿。

过度记忆法。简单地说，就是在刚好记住的时候，再多记几遍，就会达到理想记忆效果。假如一篇文章你读 4 遍就刚好能背诵，那你再多读 50% 的遍数，也就是再多读 2 遍，记忆效果最佳。但重复次数如果超过了 50%，容易引起心理疲劳，反而影响记忆效果。过度记忆在人们的生活、工作和学习中得到充分的运用，如一些操作性记忆技能，游泳、溜冰、骑车、驾驶等。

掌握最佳记忆时间，能够达到理想的记忆效果。有研究表明，早晨、上午 9 ~ 10 时、下午 3 ~ 4 时、晚上 7 ~ 10 时为最佳记忆时间，利用上述时间记忆难记的学习材料效果较好。提高孩子的记忆力，一定要指导孩子科学用脑，在保证营养、保证休息、进行体育锻炼等保养大脑的基础上，科学用脑，防止过度疲劳，保持积极乐观的情绪，能大大提高大脑的工作效率，这是提高记忆力的关键。此外，父母引导和训练孩子采用背诵、理解、应用、卡片、争论、重复、联想、简化、整理等多种记忆策略，调动眼、耳、嘴、手、脑等多种感官同时作用于所要记忆的材料，会达到良好的记忆效果。

孩子幸福感的培养

积极心理学的创始人、美国著名心理学家塞利格曼经过 20 年的长期研究提出了著名的人生幸福理论，该理论认为正向影响人们幸福感的因素有五个：积极情绪、积极关系、积极投入、积极意义、积极成就，并证明了该五要素理论对于提高人们幸福感的有效性和适用性。该理论指出，一个快乐的、关系和谐的、做事情沉浸其中的、有意义感和成就感的生活，就是幸福的生活。

积极心理学认为，幸福是一种有意义的快乐心理体验，是人生理性的意义感、价值感和快乐感的结合。美国著名心理学家丹尼尔·卡尼曼通过研究指出，幸福是一种愉悦的心情、整体的生活满意、乐观的性格和积极的行动。

积极心理学告诉我们，真实的幸福不是抽象的，不是虚幻的，不是大吃大喝，不是自私自利，不是比别人好；真实的幸福是即刻的知晓和感受，是一种积极心态，是一种能力，是一直善良下去，是简单自然，是自己比自己越来越好。幸福不在我们身后，幸福就在我们眼前；幸福不是靠等待，等着幸福来敲你的家门，相反，要靠你主动去叩开幸福的大门，去积极追求幸福，去主动发现幸福，去不断创造幸福，去用心感受幸福，去获得和分享生活中的点滴幸福。

幸福的价值体现在人生的各个方面。国外研究发现，幸福感高的人会更健康，活得更长久，拥有更和谐的人际关系，工作效率更高，更有创新性，赚的钱更多，婚姻更和美，参加社会公益活动更多。

教育的理想就在于使所有儿童都成为幸福的人，使他们的心灵因为追求幸福而充满快乐。让孩子拥有幸福能力，不断提升孩子的幸福感，让孩子幸福成长，是家庭教育一项十分重要的内容。塞利格曼在其经典著作《真实的幸福》一书中极力倡导幸福教育，他大声疾呼，不要让孩子输在幸福感上，要提高孩子感受幸福、追求幸福、获得幸福、分享幸福的能力。

在家庭教育中，父母应通过科学、有效的方法，对孩子进行幸福教育和提升幸福能力的训练，增加孩子的积极情绪情感体验，感受生活、生命的美好和多彩，体验成长、学习的快乐和幸福，实现生命的价值和意义。

卡尼曼指出，幸福是一种愉悦的心情。也就是说，增加孩子的积极情绪体验能够提高其主观幸福感。换言之，一个幸福的人是一个快乐的、发自内心微笑的、心情愉悦的和有更多积极情绪情感体验的人。由此可见，在家庭教育中，父母可以从增加孩子的积极情绪入手，来不断提升孩子的幸福感。

积极情绪是指个体对有意义事情的愉悦心理感受、体验和反应。积极情绪包括喜悦、感激、自豪、敬佩、激励、兴趣、希望、宁静、爱等。积极心理学家研究发现，积极情绪能够建构个体智力、心理、身体和社会的资源，进而能够建立起长久的心理能量。此外，积极情绪能够提高个人的主观幸福感。人在积极情绪状态下，会心情愉悦，心态阳光，行动积极，对未来充满希望、乐观和憧憬，会使幸福感得到有效提高。

具体来说，父母应充分认识到积极情绪对孩子成长的价值和意义，有意识地培养孩子具有更多的积极情绪情感体验；鼓励孩子识别、感受和表达爱、希望、激励、兴趣、敬畏、感激等积极情绪；父母有意识地培养孩子的力量、美德等积极的性格优势，会使孩子对过去感到满意和满足，对现在感到快乐和幸福，对未来充满希望和憧憬；在孩子的成长过程中，父母鼓励和积极引导孩子对于自己当前所进行的活动或任务进行交流，能够增加其积极情绪，有助于提升孩子的幸福感。

除上述培养和增加积极情绪可以提升孩子幸福感之外，积极心理学家通过长期的科学研究和实践，给出了提升孩子幸福感的八种有效方法。

第一，父母经常与孩子尤其是婴幼儿一起入睡，抚摸和拥抱孩子，能够建立、增加与孩子之间牢固的亲子联结，让孩子具有足够的心理安全感，对父母产生充分的信任感，有助于提升孩子的幸福感。

第二，父母尤其是父亲经常与孩子进行各类亲子游戏和亲子互动，能够提升孩子的幸福感。亲子游戏是孩子最喜欢的活动，亲子游戏能够激活孩子身体和大脑的多个部位，如调控情绪的杏仁体，处理复杂运动技巧的小脑，负责认知和决策的前额叶皮质。亲子游戏不仅会让孩子变得更聪明、学习能力更强、情商更高，更受同伴欢迎，更有同理心，还会让孩子心情更快乐，体验到更强烈的幸福感。此外，父母与孩子之间良好的亲子关系能够提高孩子的幸福感。积极的亲子关系是一种父母与孩子之间尊重、信任、亲密、和谐的平等关系。作为一种社会支持力量，积极的亲子关系能够给孩子提供情感和心理支持，能够让孩子体验到爱、温暖、愉悦、快乐等各种积极情绪，能够提升孩子的幸福感。

第三，父母对孩子多讲积极、认同、肯定、鼓励、赞美等正向教育语言，能够提升孩子的幸福感。在家庭教育中，父母把否定变成肯定，把皱眉变成微笑，把说教变成身教，把命令变成商量，少说"不行""不要""不许"等否定性的语言，多使用"行""可以""能成功"等积极的语言，有助于孩子体验到更多的幸福感。

第四，父母对孩子善于使用称赞和表扬，能够提升孩子的幸福感。使用正确的表扬方式能够让孩子感受到自我的成就感和价值感，会使他们产生满足感和快乐感。在称赞和表扬时，父母注意多使用鼓励的方式表扬孩子的努力、行为、勤奋、付出、细心、认真和过程，少表扬孩子的聪明、天赋、天才、天资和禀赋，少进行主观的评价和说教。

第五，鼓励孩子使用自己的优势多帮助他人，让孩子体验到一种自我的价值感和意义感。积极心理学家通过大量研究指出，帮助别人比自己获得帮助更让人感到幸福。例如，对于有兄弟姐妹的家庭，鼓励大孩子参与到照顾和帮助小孩子的成长过程中。在日常家庭生活中，给孩子创造机会，充分发挥其自身所具有的性格优势和积极特质，会让孩子有自信心和成就感，对于提升孩子的幸福感具有重要的作用。

第六，父母与孩子在睡前进行有意义的亲子活动。父母与孩子可以一起进行亲子阅读；可以一起回忆当天发生的三件好事，引导和鼓励孩子积极回忆当天最美好的人、时光、事情、活动；与孩子互道晚安，拥抱亲吻孩子，会让孩子感受到父母无条件的爱，有助于孩子与父母建立安全的情感依恋，体验到心理安全感和信任感，从而能够提升孩子的幸福感。

第七，父母尊重和平等地对待孩子，放下家长架子，少对孩子命令和进行心理控制，要采用商量的口吻与孩子进行亲子沟通，达成一致，尽量不要用严厉斥责、威胁、恐吓，甚至打骂的方式，强迫孩子接受。

第八，父母鼓励和引导孩子用积极的思维和态度看待周围的人、事、物，对未来充满希望、期待和憧憬。同时，父母对孩子进行积极关注，关注孩子身上的优点和长处，而不是一味地纠正孩子的错误和缺点。

提升孩子的幸福感，提高孩子追求幸福和获得幸福的能力，是教育的重要内容。让每个孩子幸福地成长和拥有幸福的生活，是做父母的最大心愿。在提升孩子幸福感方面，父母应采用灵活多样的科学方法，对孩子进行有针对性的教育、训练和培养，让孩子在成长过程中，具备更多的积极心理品质和性格优势，并学会识别和使用自身的这些美好特质和性格优势，从而能够有效地提升孩子的幸福感。

如何让孩子远离"精神内耗"？

精神内耗，又称心理内耗，是指个体在不断的自我控制中消耗心理资源，当资源不足时产生的一种心理疲惫感。精神内耗不是身体的劳累，而是一种精神上的过度疲惫感，是一种精神萎靡、心理压抑、情绪低落、焦虑担心、无精打采、自我内卷的消极状态，是一种即使什么事情也没做，依然感觉"好累"的主观感受。

精神内耗包括多种状况，对事情想得过多，杂而无序，不分轻重缓急，具有什么事情都想求全的心理；也包括总是想一些与自己的生活没有密切关联的不现实的、遥远的事情，如反复思考宇宙的起源、人的本质等重大终极问题等；还包括总是思虑万千，心理包袱重，回忆和后悔过去不好的事情，以及对未来坏结果的过度担忧和恐惧。

对于精神内耗的人来说，内心会存有积极和消极两种不同的声音，这两种声音会因为一件事情不停地自我较劲和自我斗争，会进行不断的"质疑"、"拉扯"和"掐架"，表现为优柔寡断、胡思乱想、瞻前顾后、自我否定、自我折磨，处于一种"拧巴"的焦虑状态。

"精神内耗"的人有以下特征：想得过多做得过少，顾虑太多，启动困难，缺乏行动力；凡事要求完美，对自己期望过高，一件事情决定之后内心仍然纠结是不是最好的选择；不自信，过度自责，对自己的无能感到愤怒，总认为什么错事都与自己有关；过分敏感和疑虑，反复怀疑自己，总觉得自己会做不好；过度解读或放大问题、矛盾和细节；对自己要求严苛，不原谅自己的失误和过错；过多考虑别人的感受，怕别人生气，担心别人误会，不敢说"不"；压抑自己的感受，太在乎别人的想法，不会拒绝，容易忽略和丢掉自我，需要通过别人的态度来认可自我存在的价值；别人不经意的一个表情、一个动作、一个眼神、一句话，都会解读出"丰富"的内涵，但不幸的是，解读出的内容是消极和悲观的，会让其感到后悔、焦虑和痛苦。心理学家研究发现，那些自尊水平较低、过度自我关注、自我效能感低、人际关系中敏感多疑、具有嫉妒和讨好型性格的孩子更容易出现"精神内耗"。长期的"精神内耗"，如果得不到及时有效的调节和疏导，会耗费孩子的心理能量和资源，容易使其情绪低迷、自卑焦躁、自我逃离和没有行动力，总是喜欢待在自己熟悉的舒适区，出现"躺平"和"摆烂"心态和行为。

"精神内耗"的孩子容易被别人的话影响，过分在意他人的看法，内心总是不断地纠结，过度思考和引申他人的话语，选择性地负面关注，活在消极的自我催眠当中；"精神内耗"的孩子高度自我关注，特别在意自己的言谈举止和行为方式等表现是否得体和恰当，比如，"我会不会脸红？""我做的事情对不对？""我说的话是否恰当？"等。

"精神内耗"会把能量消耗在无意义的自我内心纠结上。过度的"精神内耗"会使孩子的心理能量和情绪资源消耗殆尽，就如同一辆用完电和烧尽油的汽车，瘫痪在路上，让其感到心力交瘁，出现心理僵化，感到心理疲惫，没有能量去做那些丰富、充实、有价值的事情。

父母采用积极养育的科学理念，指导和帮助孩子远离"精神内耗"的方法如下。

方法一：帮助孩子提升心理灵活性。心理僵化的孩子容易脱离当下，经常后悔和纠结过去，过分担心和恐惧未来，没有明确的行动目标，容易被自己头脑中的消极想法和负性思维控制，缺乏积极有效的行动力，容易出现"精神内耗"现象。父母有意识地训练和提升孩子的心理灵活性，是避免和化解孩子心理僵化的有效策略，也是预防和远离"精神内耗"的有效方法。

心理灵活性是指一种活在当下，以觉察、接纳、开放和积极的心态，做丰富、充实、有价值、有意义事情的能力。提升孩子的心理灵活性，需要父母教育和引导孩子与周围的现实世界保持密切联结，活在当下，心态积极，具有行动力，不后悔过去，不过分恐惧未来，有切实可行的明确目标，通过自己的积极行动，追求自己看重的事情。

方法二：培养孩子具有成长型思维。作为积极的内部"编码"或信念，成长型思维是指一个人相信他的智力、才能、优势可以通过后天的努力不断提升，是一种积极进取、专注于自我发展的思维模式。具有成长型思维的孩子不会表现出"躺平""摆烂"的心态和行为，因此不容易出现"精神内耗"。

拥有成长型思维的孩子具有良好的自尊感、自信心、自我价值感、自我效能感、自我调节能力和积极的应对能力，这些积极自我概念能促进孩子个人力量和适应能力的发展，使其能有效地应对各种挑战和处理内在心理冲突。

成长型思维的孩子具有成长型心态和成长型价值观，对未来保持乐观，更善于发现生活的意义和目的，能改变对事情消极的看法和解释，积极寻求有效的方法和策略，能从过程中享受到乐趣，更易于寻求帮助，更具有坚毅力，能更加有效地阻断自我内耗。成长型思维的孩子看到别人成功时，会受到鼓舞和激励；遇到困难时，会坚持不懈付出努力；面对失败时，会从中获得有益反馈，把失败作为一次学习的好机会。

方法三：帮助孩子改变不合理的认知。"精神内耗"孩子的认知结构中存在自动负性思维，比如灾难化思维、绝对化、夸大化、主观化和缺乏事实根据等不合理认知，容易使他们出现悲观、消极的心态和情绪，进而导致不良的结果。

改变不合理认知最有效的工具是 ABCDE 反驳技术。在这里 A 代表"事件"，B 代表"不合理的认知"，C 代表"不良的结果"，D 代表"基于事实反驳自己不合理认知的辩论"，E 代表"新的情绪和行为结果"。

例如，某学生要在班级当众发言（A）；由于过分担心自己讲不好会丢人，怕其他同学人笑话自己无能，他告诉自己一定要讲好，千万不能出问题（B）；由于把注意力放在结果和过度关注别人的想法上，自己过于紧张，发言时语无伦次，前言不搭后语，面红耳赤，结果发言效果真的不理想（C）；我只是不善于当众发言，这并不代表我一无是处，只要我用心学习当众发言的技巧，经常找机会练习，我也会讲得很好。何况发言的结果真的那么重要吗？能站在前面讲话不也是一种勇气吗？有的同学还不敢上台发言呢，好好享受过程，先不考虑结果（D）；我觉得自己很放松，状态良好，没有过高的压力，心情也开始变得轻松了（E）。

　　一个人最大的内耗，就是不放过自己，与自我不停地"较劲"。"精神内耗"会耗尽孩子的精力、资源和心理能量，对孩子的健康成长有百害而无一利；"精神内耗"会使孩子陷入向内的"恶性循环"中难以自拔，自己把自己折磨得疲惫不堪，变得萎靡不振和精疲力竭。父母帮助和指导孩子预防"精神内耗"、远离"精神内耗"、拒绝"精神内耗"、阻断"精神内耗"，不要成为一个"精神内耗"的人，是家庭教育十分重要的内容。

"反向育儿"：不要过度使用

　　父母育儿的理念和方式多种多样，有积极养育、正念教养、自主教养、平和教养等，每种教养方式都有着各自的优势、特点和不足，又有着内在的关联和相互影响，需要父母基于孩子的个性特点合理使用，因材施教，以达到良好的育儿效果。

　　近年来，网络上出现了一种很火的"反向育儿"现象，受到了"90后"家长的认同和推崇，甚至成为一些"90后"家长经常使用的"硬核"教育方法。

　　例如，一名因沉迷网络游戏想休学的8岁半男孩，其妈妈"将计就计"，采用"以毒攻毒"的方式，给孩子请了一周的假，让孩子"放开玩"，制定每天必须玩够16小时的游戏计划，还要让孩子在深夜12点对当日的战绩进行复盘总结。3天下来，孩子崩溃了4次。

　　再如，0℃的天气，3岁女孩执意穿单薄的公主裙出门，因为"动画片里的公主，就是在冷的地方"，妈妈就让她亲身体验一番；11岁女生不肯读书，父母给她上了一课，在烈日下挖藕4小时；为了让女儿改掉做事拖拉的习惯，一位妈妈在送女儿上学的时候，故意放慢动作，假装穿脱衣服好几次，把在门口等待的女儿急哭了。

　　"反向育儿"又称"反向教育""反向式育儿"，是指当孩子执意要做不合理的事情、耍脾气、无理取闹时，家长让他们去做，既不阻拦，也不责骂，更不讲道理，甚至模仿这些不合理的行为，让孩子切身体验和承担自己行为后果的真实感受，从而让孩子认识到这种行为是错误的。

　　这里所说的"反向"是指与传统的以管教为主的方式相反，家长通过弱化自己，模仿孩子的做法，在孩子面前耍脾气、闹情绪、表现出坏习惯、比孩子更任性，以达到让孩子"缴械投降"知道什么是正确的目的。用"90后"家长总结的一句话概括就是："走孩子的路，让孩子无路可走。"

"反向育儿"之所以受到"90后"家长的推崇，是因为这种育儿方式能让孩子懂得哭闹、耍无赖的界限，让孩子明白想通过使用蛮不讲理的方式达到自己的目的并不管用。

"反向育儿"是一种"反其道而行之"的逆向思维做法，其与心理学中的"满灌疗法"和"厌恶疗法"的原理相类似，就是越怕什么就越暴露于这个情境中，以此达到消解或"戒断"目的，以及强调通过一个令当事人感到焦虑或厌恶的刺激，来消除已有的问题行为或不良嗜好。

但深入分析不难发现，"满灌疗法"和"厌恶疗法"与其存有不同之处，这些不同之处就在于：一是"满灌疗法"和"厌恶疗法"有着十分明确的治疗目的；二是治疗师要尊重当事人的意愿，所采用的治疗技术和可能出现的后果，事先需要征得当事人的同意才可以进行，尊重当事人的想法，绝不能强迫当事人被动接受治疗；三是在治疗过程中如果当事人感觉非常不适或难以接受，可以提出暂停治疗或调整治疗方案。

然而，"反向育儿"却并非如此。事实上，一些使用"反向育儿"方式的父母并不是真正出于教育目的，因此也无法有效实现教育功能，如在孩子的体验中并没有有意识地培养孩子的自律性、坚毅品格，培养孩子获得真知与经验等，也没有对孩子进行有效的正向积极引导。

相反，有些父母抱有一种故意"惩戒"孩子的心态，持有的是与孩子"较劲"以及"拿捏"孩子的自私目的，想通过"套路"在"亲子对战"中占得上风，看孩子"出糗"。尤其是当孩子无法坚持下去或做不好时，一些父母对其表现出的嘲讽语言和苛责态度更是可见一斑，其背后的潜台词是："看你还听不听话！""既然你想玩，'我'就让你玩个够！""认怂了？坚持不下去了吧？""我就不信收拾不了你！"

抱有此种心态的父母在使用"反向教育"时并不会对孩子的成长真正起到积极的促进作用，反而会忽视孩子的内心感受和体验，有时甚至会使孩子产生抵触心理和厌烦情绪，时间长了会伤害孩子的自尊心和自信心，破坏良好的亲子关系，严重的甚至会给孩子带来一定程度的心理创伤，使孩子产生心理阴影。

　　"反向育儿"使用不当会对孩子的心理成长产生消极的影响。父母过度使用"反向教育"逼迫孩子做父母认为不合理的事情，直至孩子产生厌倦、痛苦、崩溃等不愉快的体验，自动"缴械投降"为止，父母的一番"反向育儿"操作手法，让孩子本来很开心地去做的事情变成了一种负担、一种痛苦不堪的体验。

　　此外，过度的"反向教育"会使孩子产生不安全感，觉得父母并不是真的喜欢自己，对自己没有信心，时间长了，会使孩子出现敏感、自卑、消极等性格缺陷，缺乏希望和勇气，变得不爱倾诉自己心中的想法，压抑内心的情感和需求，过多地迎合和考虑父母的感受，容易形成讨好型人格。

　　父母过度使用倒逼孩子的"反向教育"方式，容易忽视孩子的内心真实感受和情感需求，导致只看问题行为本身，而没有关注问题行为背后的真正原因和本质问题。从某种意义上说，这是一种"以魔法打败魔法"的极端教育方式，并不能从根本上使问题得到解决，有时反而使问题变得更严重、更糟糕。

　　成功的家庭教育在于把握好尺度，这种尺度在于恰好，在于适当，在于不能教育不及，更不能教育过度。"反向育儿"也是如此，要做到在了解孩子的基础上，适当和适度地谨慎使用。虽然如一些"90后"家长所说的，"反向育儿"在当下很奏效、很管用，能够消除孩子的一些毛病，但"反向育儿"取得的效果往往是短暂的，而且"反向育儿"的使用有一定的前提和适用范围。

　　换句话说，"反向育儿"适用于当孩子出现任性、哭闹、调皮捣蛋、耍无赖、蛮不讲理的情形时，而并非适用于任何情况下的任何孩子，而且不同年龄阶段的孩子能够承担自己行为后果的程度和能力也不同，家长在使用时应把握好体验的"度"，结合家庭教育的科学理念与有效方法，采用积极养育、自主教养、情绪引导法、培养孩子成长型思维等方法，对孩子的行为进行正向影响和积极引导。

　　那些无视孩子的身心发展规律，盲目过度使用"反向育儿"的父母持有的是一种不负责的育儿观，也是没有耐心和缺乏积极正面引导等科学育儿方法的体现，这种过早地对孩子进行心理催熟的做法并不可取，也不能真正取得理想的教育效果。

科学的家庭教育应遵循孩子的身心发展规律和教育规律，在了解孩子的基础上因材施教，做到保护孩子的积极天性，尊重孩子的积极个性，培养孩子的社会性，以积极的亲子关系为基础，以孩子充分的心理安全感为前提，采用适合孩子的积极养育方法进行积极影响和引导，而绝不能忽视孩子之间的个体差异，忽视孩子的内心感受，简单粗暴，一味地盲目跟风和照搬全抄，那样不但无法达到良好的教育效果，还会出现适得其反的结果。

孩子犯错了，家长应该怎么办？

孩子不是问题，孩子的问题也不是问题，家长对待孩子以及对待孩子问题的方式、方法和态度才是问题。

孩子的成长是一种自我真实感受和体验的过程，在这一成长过程中，需要孩子不断地主动尝试、经历和挑战，这样才能获得知识，掌握各种生活技能，积累宝贵的人生经验，养成良好的习惯，形成正确的价值观，成为更好的自己。但由于孩子的心智发育还不够成熟，自身的知识不够丰富，能力欠缺，理性分析不足，缺乏一定的社会经验，在做事情的过程中，难免会出现这样或那样的错误。

事实上，孩子在成长过程中出现错误并不可怕，可怕的是家长以消极的心态，使用不正确的方式面对和应对孩子的错误，可怕的是孩子不愿承认、不肯面对、不主动承担责任、不知悔改。

作为家长，要摒弃"犯错误无所谓"和"犯错误是可怕的"两种思想观念，这两种对待错误的观念都不可取。前者会导致孩子自我中心、逃避责任和无法改正，后者会让孩子变得胆怯、畏惧错误和反应强烈，两者都不利于孩子积极成长。

在孩子的成长过程中，犯错误是不可避免的。家长需要做的是教育和引导孩子认识、反思和改正自己的错误，将犯错误过程中的消极因素转化为积极因素，让孩子在其中不断学习和获得经验，使孩子变得坚强和承担责任，逐渐长大和积极改变。

事实上，错误背后孕育着成长价值和功能，需要以积极的思维正确认知和看待。心理学家研究发现，那些犯错之后积极面对和及时改正，以及把错误看作一次学习和成长机会的孩子，在他们的人格中更容易形成勇敢、诚实、责任、坚强、乐观、希望、好奇、挑战、成长型思维等积极品质。

错误对孩子成长的意义和作用还体现在，错误能让孩子认识到自己在知识、能力和经验等方面"还没达到"，还有很大的提升空间，还需要不断地学习和总结经验。"还没达到"能够带给孩子成长的力量，让孩子看到错误所具有的积极意义，让孩子相信能力是可以培养和提升的，激励孩子要更加努力、更加投入、更有毅力，要看到未来的美好和希望，付诸积极的行动，做出积极的改变。

面对错误，家长要教育孩子既不逃避责任，也不意志消沉，而要学会虚心接受他人的质疑和善意的批评，及时地与家长进行沟通，如实地告诉家长自己犯错的情况，积极寻求家长的帮助和指导，努力做到及时地改正和弥补。

在家长的帮助和引导下，要让孩子真正明白，犯了错误应积极面对和承担责任，要正确看待和承认错误，知道自己错在哪里，为什么会犯错，怎么做才是正确的，以及学会如何改正错误的方法，这样有助于孩子逐渐变成一个成熟的人，顺利地步入社会。

作为家长，要让孩子明白，犯了错误受到批评是一件正常的事情。家长不仅鼓励孩子接受批评，更要帮助孩子找到改正错误的办法，给予孩子积极的引导，让孩子相信及时改正错误，会让自己不断变得优秀，成为更好的自己。

面对孩子的错误，有一些家长习惯采用说教、挖苦、指责和发脾气的教育方式气急败坏地进行训斥，还有一些家长采用打骂体罚、威胁恐吓等"高压"手段进行严厉惩罚。上述两种不顾及孩子内心感受的教育方式并不能取得良好的教育效果，也不能使孩子从心里接受、认识和改正自己的错误。而且，此种身心攻击方式会对孩子的成长带来消极影响，会使孩子因此变得低自尊、胆怯、唯唯诺诺、畏惧错误、失去求知欲和好奇心、害怕挫折和困难、缺乏创造力和挑战精神，严重的出现抵触、逆反心理，学会说谎等，甚至产生一定的心理阴影。

每一个孩子在其成长过程中犯错误都是不可避免的。在孩子所犯的错误中，有的错误是有意的，有的错误是无意的，但更多的错误都是无意而为之。既然在成长过程中孩子的错误无法避免，家长需要做的是允许其发生，并且采用有效的教育方式，充满教育智慧，更好地发挥家庭的教育功能，促进孩子全面健康成长，以达到良好的教育效果。

在家庭教育中，家长积极看待和解释孩子所犯的错误，学会将孩子"犯错误"过程中消极因素转化为积极因素，给孩子"尝试—犯错—知错—改正—吸取经验—成长"的机会。当孩子出现错误时，家长采用有效的积极应对方式，让孩子在错误中吸取教训，学会敬畏规则，学会为人处世，学会与人相处，学会更好地生活和适应社会，使错误真正成为孩子成长进步的阶梯、学习的良机、正确的先导和宝贵的人生财富。

世界上没有不犯错误的孩子，孩子都是在犯错误的过程中成长起来的。家长要摒弃"孩子犯错误是不应该的，是不允许的，是可怕的，是糟糕的"认知和想法。家长不当的批评不但不管用，还容易招致孩子反感，出现越来越难管的倾向，严重的甚至导致孩子出现自我伤害和离家出走的结果。面对孩子的错误，家长一定不要反应强烈，板着脸"揪住不放"，也不要"上纲上线"，更不要不停地抱怨、指责和唠叨，此种方式不但达不到应有的教育效果，而且会让孩子产生逆反心理，甚至会破坏良好的亲子关系。

孩子犯错误之后，家长要注意自己的教育方法和态度，只有方法对了，孩子才能听进去家长的批评，才愿意反思和改正错误。因此，家长在批评孩子的时候，应尽量保持理性、平和、耐心的情绪状态，多采用尊重、接纳、宽容、理解、共情等方式，这样有助于取得良好的教育效果。

批评是家长应对孩子犯错的一个有效教育方式，运用好这一方式能够引导孩子认识、反思和改正自己的错误，并在这一过程中不断学习和获得知识，积累经验和有所收获，变得坚强和承担责任，逐渐成熟和积极改变。

家长出于教育目的的批评，其出发点是好的，然而批评就像是园丁手里的园艺剪刀，剪掉杂草的同时，也难免会伤到花朵。面对来自家长的批评，比较敏感和自尊心较强的孩子会经不得批评，会感到特别伤心，会反应强烈和难以接受。

心理学家研究发现，那些从小听惯了家长表扬的孩子，往往难以承受来自周围批评和否定的声音。一旦听到对自己不好的评价时，他们会表现得十分敏感，内心反应强烈，难以接受他人的批评，会怀疑自己存在的价值，觉得自己一无是处，从而很容易产生自卑感，不敢面对成长过程中的挫折和挑战。

家长要让孩子懂得，批评的目的是让自己不断进步，引导孩子正确看待和接受他人善意的批评，将批评当作自己成长路上的"垫脚石"。引导孩子明白自己为什么会受到批评，鼓励孩子积极面对和接受批评，引导孩子懂得在批评中才能不断改正自身缺点和让自己进步的道理。父母不仅鼓励孩子接受批评，还要帮助孩子找到问题解决的办法，给予孩子成长的力量，让孩子相信改正错误，自己会不断积极改变，不断变得优秀。

但事实上，让孩子以良好的态度接受批评，的确是一件比较困难的事情。因为孩子自身的理性分析能力发展还不成熟，还不能完全意识到批评对自己成长的价值和意义，听到一些难听的语言或者是批评严重的话语，会感到一定程度的委屈和出现抵触心理。此时，父母要给孩子解释和倾诉的机会，采用共情的亲子沟通方式，允许孩子讲话和用心听孩子讲话，和孩子产生心理上的"共鸣"，让孩子及时宣泄由批评带来的各种委屈、难过、伤心等消极情绪。

如果孩子愿意接受批评，父母要对孩子进行积极的回应，以积极的语言及时鼓励孩子："你看虽然受到了别人的批评，心里很不舒服，但你虚心接受他人的批评，认识到自己的错误并且积极改正，爸爸妈妈会更喜欢你，如果没有爸爸妈妈对你错误的及时纠正，你自己是很难认识到自身的错误和不足的。"父母引导孩子感谢那些批评过他的人，让孩子明白，正是因为他人的批评，你才能及时发现自身的不足，明确自己努力的方向，才能不断地进步。

总结起来，父母在批评孩子的错误时，应注意以下几个方面。

首先，父母以宽容的心态面对孩子的各种问题，不要抓住孩子的过错不放，要给孩子改正错误的机会。因为每个孩子都有敏感的内心，他们希望得到家长的表扬、鼓励和认同，希望自己能在各个方面表现良好。当孩子因犯错误受到不正确的批评时，内心会产生一定程度的内疚感、挫败感、自卑感和恐惧感，甚至对父母充满怨恨。家长批评孩子要掌握好分寸，要注意场合和地点，不要对孩子大喊大叫，也不要当众指责、讽刺、挖苦和羞辱孩子，更不要在别人面前打骂孩子，要注意孩子的内心感受，要保护孩子的自尊心不被伤害。

其次，父母在批评孩子的时候，采用情绪引导法，先接纳和安抚孩子的情绪，与孩子产生情感联结，增加对孩子的情感支持和心理关爱，给孩子面对和改正错误的力量，鼓励孩子勇于承担自身行为的责任，然后一起分析问题的成因，制定改正错误的有效方法，并引导孩子以积极的行动加以改变。

再次，父母多使用积极的教育语言，先肯定孩子的优点和做得好的方面，对孩子好的行为多进行正强化，再指出孩子的不足和缺点，避免使用过激和暴力的语言，这样做能够使孩子在情感上易于接受。同时，父母把批评的语言转换成肯定的语言，引导孩子积极看待来自他人的批评，使批评成为一种鼓励的力量，让孩子认识到自身的错误，鼓励孩子敢于面对自己的过错，让孩子从中吸取经验，明白这样才能更好地成长，让自己变得优秀。

最后，父母多对孩子进行积极关注，有意识地发掘孩子身上的力量、美德、优势等积极心理品质，培养孩子具有积极的自我概念。父母切忌给孩子乱贴"坏孩子""懒孩子""不听话的孩子"的标签，这样会打击孩子的进取心和行动的积极性。同时，父母教育孩子学会敬畏和遵守规则，不断提高自律、自控等自我管理能力，及时发现孩子身上的不足、缺点和毛病，并采用切实可行的积极养育方法消除这些问题。

虽然批评是一种应对孩子错误的有效方法，但家长在批评孩子时一定要把握好分寸和掌握好度，避免产生"超限效应"，让孩子内心反感。这里所说的"超限效应"是指刺激过多、过强和作用时间过久而引起的心理极不耐烦或反抗的心理现象。家长在批评孩子的错误时，切忌"揪住不放"，一而再、再而三地反复批评，这样会使孩子从开始的内疚不安到不耐烦再到反感讨厌，直至最后被"逼急"出现"我偏这样"的抵触和逆反心理。

学会接受他人的批评，是每一个孩子成长路上必须经历的事情，也是人生的一笔宝贵财富。输不起的孩子，也赢不了人生。父母都不希望自己的孩子像温室里的花朵一样，经不起风吹雨打，更不希望自己的孩子在面对批评时敏感脆弱和反应强烈，帮助孩子坦然地面对和接受批评，是每个父母的家庭教育必修课。

除了批评以外，父母要培养孩子从小具有豁达的心胸和坚毅的品格，教育和训练孩子具有成长型思维、成长型心态、成长型价值观、成长型行动，让孩子相信努力、挑战和付出可以让自己变得优秀，可以使自己的内心变得强大，鼓励孩子在遭遇失败和面对挫折时，不要意志消沉，学会虚心接受他人的质疑和善意的批评，从中汲取有价值的经验和反馈，努力做到有则改之，无则加勉，这样有助于孩子积极改变和成长。

需要特别指出的是，我们主张家长要给孩子犯错误的权利，但这里的允许、宽容和接纳孩子犯错误并不等于对其放任自流，无原则纵容孩子的错误，对孩子没有批评和要求，而是要告诉家长保持良好的心态，管理好自己的情绪，采用积极引导和有效方式，在不伤害孩子自尊心和进取心的前提下，通过正确的批评达到教育的目的，让孩子知道自己错在哪里，告知孩子什么是正确的，教会孩子改正错误的方法，指明改正错误的方向，鼓励孩子通过自己的行动积极改变和全面健康成长。

孩子敬畏之心的培养

"敬畏"是一个包含"敬"和"畏"两种含义的复合词，经常被解释为"既敬重又畏惧"的情感。具体来说，敬畏是一种道德情感，"敬"彰显的是一种积极人生态度和价值追求，激励着人们谦虚谨慎，有所作为，提醒人们要心怀敬重；"畏"体现的是一种自省、自律的边界和智慧，告诫人们应厚德载物，有所畏惧。

具体来说，敬畏是一种具有自我超越性质和功能的积极情绪，是个体面对广阔、神秘、宏大、超出自身当前认知和理解范围的神圣性、崇高性、超越性事物（如自然奇观、艺术杰作、非凡的人类行为、壮丽景观、宏伟建筑、豪迈音乐、伟人伟绩等）时产生的最原始和最直接的情绪体验，是人们对浩大事物的一种既尊敬又畏惧的心理反应，混合了惊奇、服从、尊崇、自豪、钦佩、超越等多种感觉的复杂情绪，并由此引发个体精神层面的自省和自律。

敬畏是出自人内在精神生命的需要，与人性完善相联系的既崇敬又畏惧的情感。敬畏具有普遍性和超越性，有助于建立一种普遍可接受的、和谐有序的社会秩序和世界秩序，引发人积极向善，使人的精神生命不断完善。

在中国文化的语境中，敬畏初始的含义是指因为对神圣事物的向往而主动约束自己的行为。中国古代传统文化中蕴含着丰富的敬畏思想资源，如孔子提出的"巍巍乎，唯天为大""君子有三畏""后生可畏"等敬畏思想。孔子从天人关系的视角出发，提出了对命定之天的敬畏，是对人之有限存在的自觉认知；对意志之天的敬畏，是对礼所蕴含的仁道价值的敬重；对自然之天、义理之天的敬畏，对内在天赋"仁德"的道德敬畏和对天赋神圣使命的敬畏，是对生生不息的自然之力的敬畏。"君子有三畏"基本含义是畏命（宇宙秩序）、畏大人（大仁、大智、大勇之人）、畏圣人之言。"圣人之言"是圣人智慧、圣人人格、圣人精神品质的体现，它象征着人之存在的精神权威、思想权威和政治权威，故值得敬畏。

作为一种自我超越的情绪，敬畏包括连接感、渺小感与超越感三种元素。连接感是指个体的关注点从自身扩展至自然、社会和整体，渺小感是指个体相较于个人利益而言更加重视集体利益，超越感是指个体超越个人的限制。

敬畏包含知觉到的浩大和顺应的需要两个核心特征。知觉到的浩大是指在社会、物理及认知等层面一切比自身更为宏大的存在；顺应的需要是指为适应与自我图式不一致的新刺激而调整已有的知识结构。对某种浩大事物产生的敬畏情绪，使个体产生顺应的需要，这时个体需要改变自身已有的认知来帮助顺利完成顺应的过程。敬畏是个体面对浩大、超出自身当前认知范围的事物时产生的最原始和最直接的情绪体验，贯穿个体认知适应的过程，会对个体认知图式的形成产生影响。敬畏除了知觉到的浩大和顺应的需要，还包括自我反思、超然和二级意识等维度。此外，敬畏具有五个非核心特征：威胁、美丽、能力、美德及超自然体验。

心理学研究发现：敬畏能够提升心理灵活性，使人对自我有着更准确的认知，增强自主性和主动性，激励个体积极参与活动；敬畏情绪能够增加心理能量和自我控制资源，处在敬畏状态下，个体深层次信息加工的能力更强。

敬畏感能使人变得更加谦逊和宽容，表现出不卑不亢，减少彼此之间的对立，提高集体参与度，愿意分享与合作，做出更多对集体有益的行为。

大量的心理学研究发现，敬畏具有积极的心理效果，敬畏能够激励个体做出更多的正向行为，具有亲社会功能；让个体思考更多，增强认知的灵活性，激励个体积极主动参与活动、分享经历；敬畏通过让个体感受到自身的渺小，促进了个体的谦逊、友爱，对自我有着更准确的认知，更为不卑不亢，增强个体的自主性和主动性；处在敬畏状态，个体深层次信息加工的能力更强，敬畏情绪能够增加个体的心理资源和自我控制资源。

敬畏作为一种自我超越情绪，能够提高集体参与度，让个体不再局限于自身个人利益，而是将注意力转移至环境和集体，做出对集体有利的行为，对合作行为产生正向影响。

敬畏能够提高人们在群体中的归属感，促使人们更加关注自己在社会中的角色，增强亲环境行为、利他行为、捐赠行为、合作行为等亲社会行为，即使在面对自身利益受损、挑衅或挫折时，敬畏能减少个体自发性、应激性的攻击行为；敬畏能够增强个体与外部环境的联系，敬畏体验会促使个体产生与他人的联系感，加强个体的社会联结，使人更有耐心，表现出更多的宽恕行为，促进人际和谐。

敬畏能提高个体的道德判断能力和道德行为水平，增加个体的诚实行为；敬畏能减少个体的炫耀性消费行为，促进绿色消费；处于敬畏情绪下的个体，更倾向于将注意力集中在更大、更抽象的事物上，感到自身的渺小和微不足道，更加谦逊和慎独，追求更高的精神体验，减少对金钱的欲望，注重增进他人福祉，减少对自身利益的关注，使人追求更高的精神境界。

从心理层面看，敬畏会提高个体的心理健康水平，提升生活满意度和主观幸福感，敬畏体验通过幸福感提高个体的生命意义感。从认知层面来看，敬畏可延长时间知觉，使注意力自内转向外界，把自己与更宏大的事物相联系，感到自己渺小和微不足道，感觉自己与世界融为一体；会扩展其思维模式，影响认知过程，提升个体的好奇心与创造性思维；会增强缜密的逻辑推理。

父母采用积极养育的理念和方法，教育和培养孩子在生活的点滴事情中具有敬畏意识，秉持敬畏之心，表达敬畏之情，做出敬畏之行，做到敬畏生命、敬畏自然、敬畏法律、敬畏道德、敬畏规则、敬畏知识等，唤起孩子对生命意义的积极态度，促进孩子全面健康成长，培育孩子具有健全的理想人格。

父母采用积极养育的科学理念和有效方法，对孩子进行敬畏教育，在孩子幼小的心田里播下敬畏的种子，不断引导他们懂得"敬畏"的重要性，知道世界上有很多东西需要去敬畏，明白"心存敬畏"是一种积极心理品质、一种高尚修养，培养孩子从小知"敬畏"、明"敬畏"、行"敬畏"、会"敬畏"。

心理学家指出，广阔的户外和大自然会让人感受到敬畏的力量，如雄伟壮观的建筑、如诗如画的山水、无边无际的星空等，这些都会使人产生一种敬畏感。父母多陪孩子到户外活动，让孩子切身体验大自然带给他的敬畏感。此外，父母多和孩子一起阅读励志的人物传记，参观科学博物馆、历史博物馆、艺术博物馆，观看开阔眼界的各种展览，都可以激发孩子的敬畏之情。

父母基于孩子的年龄特点，采用适合孩子的有效方式，通过营造敬畏的积极家庭环境和氛围，对孩子产生积极的影响、感染和熏陶。在培养孩子敬畏的过程中，父母要以身作则，为孩子树立敬畏的榜样，引导孩子在日常生活的点滴事情中，具有敬畏意识，保持敬畏之心，表达敬畏之情，做出敬畏之行。

诺贝尔和平奖获得者、法国思想家史怀哲曾说过，只有我们拥有对于生命的敬畏之心时，世界才会在我们面前呈现它的无限生机。

敬畏生命是一切教育的出发点，也是生命教育最重要的内容。针对近年来青少年学生出现的校园欺凌、漠视生命和无视生命等极端事件，父母应注重对孩子进行敬畏生命教育，让孩子懂得生命的神圣和宝贵，积极引导孩子正确认识生命的存在，理解生命的价值，促进生成敬畏生命的情感，感受生命的美好，对生命产生崇敬之情，尊重、热爱和欣赏生命，具有生命的责任感，不断促进生命的积极发展。

不以规矩，不能成方圆。规矩是一种行为准则、一种处世尺度、一种做事分寸。父母培养孩子从小具有规则意识，教育孩子学习规则、敬畏规则、遵守规则，有助于孩子建立良好的行为准则，养成良好的行为习惯，更好地适应环境、融入社会和保护自己，能够促进孩子全面健康成长。

心理学研究表明，3岁左右是培养孩子规矩、规则的关键期。父母抓住这一培养孩子规则的最佳时期，有意识地通过以身作则、榜样示范、言传身教等方式，向孩子传授和讲解各种规则，在孩子充分理解规则的基础上，训练孩子学习理解安全、礼貌、卫生、吃饭、交往等相关的基本规则，并很好地遵守。如过马路要看红绿灯、不打断别人讲话、不讲脏话、公共场所不大声喧哗、不乱扔垃圾、饭前便后要洗手、要学会分享等。通过孩子自我的亲身体验，让其感受到遵守规则的乐趣和成长价值，并逐渐发展成为孩子的一种内部需要，形成一种自动化的良好行为习惯。

敬畏规则，方能行止有度。父母教育和引导孩子具有规则意识、有敬畏感、有秩序感，对孩子提出合理要求和批评，不能让孩子随心所欲和无视规则，这样可以有效规范孩子的行为，让孩子知道什么可以做和什么不可以做，从而达到不断提高孩子的自控、自我约束和自我管理能力的教育目的。

此外，父母要教育孩子敬畏自然、尊重自然、感恩自然，学会爱护环境，善待一切生命。而且，随着孩子年龄的增长，父母要有意识地教育孩子敬畏法律、敬畏历史、敬畏知识、敬畏道德、敬畏梦想等。

古人云："畏则不敢肆而德以成，无畏则从其所欲而及于祸。"意思是说：心中有所敬畏，言行不敢放纵，才能养成美好的德行；反之，一旦失去敬畏之心，往往就会放纵自己的言行，变得肆无忌惮，为所欲为，想怎么样就怎么样，最终招致祸端。

心存敬畏，言有所戒，行有所止。敬畏不仅是一种行为准则、一种人生态度，更是一种积极品质、一种人生智慧。有所敬畏是人生幸福的基础，也是美好生活的起点。在家庭教育中，父母采用积极养育的方式，有意识地培养孩子具有敬畏意识、敬畏之情、敬畏之心，真正具有敬畏之心的孩子才能具有感恩之心、责任之心、进取之心，才能更好地健康成长。

好好睡觉和运动：治愈心理问题的最佳良方

近年来，中小学生心理健康问题呈现不断上升的趋势。为提升学生心理健康素养，2023 年 4 月，教育部等 17 个部门联合印发《全面加强和改进新时代学生心理健康工作专项行动计划（2023～2025 年）》，同年 11 月教育部成立全国学生心理健康工作咨询委员会，负责对全国大中小学生心理健康进行研究、咨询、监测、评估、科学普及、引领指导等工作，切实把心理健康工作摆在更加突出的位置。

中小学生由于身心发展尚不成熟，尤其是心理发展相对来说具有一定的滞后性，加之他们缺乏一定的社会经验和理性分析能力，他们容易在学习、交友、生活、自我意识和升学等方面，遇到各种压力、困惑、挫折、挑战、打击，从而引发抑郁、焦虑、自卑、攻击、伤害等心理行为问题。

做好心理健康教育的源头是全面培育孩子积极心理品质，把育心育德育智等更加有机地结合起来，对不同年龄阶段的孩子进行心理健康知识普及，采用立体多维的方式进行积极心理引导，针对他们的心理问题进行及早及时的预防和心理疏导。

良好的身体素质和健康的心理素养，是孩子全面健康成长的保障。积极养育是促进孩子健康成长的积极心理品质教育，其不仅主张对孩子进行 24 种积极心理品质的培育，使孩子具有更多的力量、美德和优势，更倡导孩子要有充足的睡眠和多进行户外运动、多晒太阳，充足的睡眠和经常的户外运动，对于预防和降低孩子各种心理问题的发生和提升他们的心理健康水平，具有十分重要的作用。

教育部 2021 年就下达了明确的"睡眠令"，规定小学、初中、高中学生的睡眠时间分别是 10 小时、9 小时、8 小时。然而，有调查显示，小学、初中、高中学生的实际睡眠平均时间分别是 7.65 小时、7.48 小时、6.5 小时，可见，现实的情况和执行的效果并不理想。

为什么户外活动和充足的睡眠有保障了，就会减少孩子心理问题的发生率？我们先来分析一下充足的睡眠对孩子健康成长的重要价值。面对愈演愈烈日益加剧的教育内卷和竞争，孩子睡眠不足及其给他们带来的身心危害，也越来越严重，但这并未引起家长的足够重视。

从脑科学角度来讲，长期睡眠不足，会损害孩子的大脑，会使孩子大脑中负责学习和记忆的海马体受到伤害，进而会影响孩子的各种认知能力，使孩子的专注力、想象力、记忆力、理解力等下降，从而严重影响孩子的学习效率和效果。

人类大脑的海马体主要功能是负责信息编码、记忆和空间定位。心理学家以小老鼠做实验进行研究，目的是探究睡眠不足对小老鼠大脑尤其是海马体的影响。

研究者把小老鼠分成实验组和对照组，强制实验组小老鼠两天不睡觉，对照组小老鼠正常休息，然后观察和监测实验组小老鼠穿过简单迷宫及识别新物体的情况。实验结束后，研究人员提取并测量小老鼠海马体中的蛋白质。

结果发现，实验组的小老鼠因为睡眠不足，它们大脑中的多效蛋白水平下降。多效蛋白是一种生长因子，它影响和参与神经再生、组织修复、骨骼发育等多种生物学过程。多效蛋白的缺失，会抑制海马体中与学习和长时记忆有关的神经细胞的生成，减少它们之间的连接，进而会影响学习和记忆能力。

孩子长期睡眠不足，会使负责情绪记忆和快速反应的杏仁核区域过度活动和运转，增加大脑情绪快速反应，导致情绪敏感，遇到不顺心的事情，容易情绪崩溃、不稳定和反应强烈，表现为焦虑、愤怒、烦躁。有的甚至出现重复性消极思维，也就是我们所说的思维反刍，表现为被负面想法和消极观念控制，不停地思考过去不好的事情，出现后悔、愧疚、悔恨、自责，陷入自我心理内耗中，被负性情绪裹挟，影响良好人际关系的建立和维护。一项心理学研究成果表明，每晚睡眠时间持续不足 5 小时，会增加患抑郁症的风险，海马体受损或萎缩，会引发精神和心理疾病。

在深度睡眠状态下，大脑记忆工厂海马体开始启动和工作，把散落在大脑中的零散信息收集和整合起来，进行编码和储存，转化为长时记忆。此外，在深度睡眠状态下，大脑能够帮助孩子清除白天思考、学习产生的信息垃圾，第二天保持清醒的头脑。同时，深度睡眠不仅能消除疲劳，恢复精力，使人体充满能量，提高免疫力，还能提升孩子的自我修复能力，修复和缓解痛苦记忆带来的负性情绪体验。

父母指导孩子管理好时间，养成良好的睡眠习惯，提高睡眠质量，让孩子尽量保证充足的睡眠时间，这样有助于孩子保持良好的精神状态，充满活力和动力，能够促进孩子全面健康成长。

明晰了睡眠对孩子健康成长的重要性，我们再来分析运动对孩子成长的价值。大量研究表明，促进孩子心理健康应充分发挥体育、美育、劳动教育等的重要作用，尤其是各种体育活动，能够实现对孩子良好性格、积极品质和精神状态的塑造，增加孩子的积极情绪体验，建构他们生理、心理、社会、智力的能量和资源，使他们的心态更阳光，行动更积极，情绪管理能力更强，更能感受生活的美好、成长的意义和生命的灿烂。

运动能力是孩子身心发展的重要内容。适当的体育运动，能够让孩子精神饱满，心态阳光，情绪稳定，充满活力和自信，增强耐力，磨炼坚强意志，具有充足的心理能量，保持激情和旺盛的生命力，改变焦虑状态，学会克制与坚忍，学会竞争与合作，增强社交技能，释放情绪、学习、人际交往等方面带来的心理压力，增强心理韧性，获得生活的掌控感，让孩子的心理更健康。反之，缺乏运动会使孩子大脑萎缩，意志消沉，缺乏心理能量。

多项心理学研究表明，运动与大脑存在密切的关系，运动能够改造大脑，对大脑的功能产生积极的影响。著名心理学家皮亚杰指出，儿童最早是通过动作来发展思维的，越喜欢运动越有利于大脑的发育。有研究发现，坚持30分钟的有氧运动，就会提升孩子的专注力和记忆力；另有研究发现，运动后的大脑接收新词语的速度能提升20%。

大量研究数据显示，运动是健脑的最好方式，会对大脑的功能产生持久的正向影响作用。运动能刺激大脑分泌丰富的脑源性神经营养因子，这是一种优质的营养物质，就像大脑的"能量棒"，能够有效激活和滋养脑细胞。坚持长期的有氧运动，可以加速大脑的血液循环和氧气供给，促进大脑的神经发育，生长出新的神经元，促使神经元之间产生更多的连接，大脑信息传递得更畅通，能够加速海马体新细胞的生成，扩充海马体毛细血管的容量，增加额叶皮质的体积，有助于提升孩子的专注力、记忆力和创造力，更好地处理和存储信息。有研究发现，坚持长期的户外活动和运动可以提高孩子的学习成绩，尤其是数学和阅读能力。

体育，是世界上最好的教育，能实现强身健体、增强心肺功能、促进骨骼生长、减少肥胖、促进孩子长高、保护视力和提高免疫力等最基本的作用。体育运动能强健大脑，提升心智水平，增强身体灵敏性、协调性和平衡能力，锤炼意志，提升耐力，提高专注力和自控力，让孩子变得更聪明，头脑更灵活，思维更发散，想象更丰富，学习能力更强。

体育还具有迁移价值，在体育运动中形成的良好品质，可以迁移到受教育者社会生活的其他方面，让他们具有更多的力量、美德、优势等积极品质，这有助于提升孩子未来的人生价值，促进孩子全面发展。

心理问题，运动治愈。生命就是运动，运动是治愈心理问题的最佳良药，是最好的快乐"强心剂"。运动起来，会让孩子的大脑更聪明，身心更健康。跑步可以锻炼孩子的心肺功能、毅力和耐力，提高孩子的专注力、自控力和思考能力；跳绳可以锻炼孩子的手眼协调能力、反应能力，促进骨骼的生长；游泳可以锻炼孩子的协调性、平衡感，有助于改善睡眠，提高肺活量，提高空间认知能力。

孩子在跑步、跳绳、舞蹈、登山、游泳、打球等各种运动过程中，身体内会分泌内啡肽、血清素和多巴胺等快乐激素，它们使孩子身心放松，改善心境，具有愉悦、开心、满意等积极情绪体验，提高心理抗压能力，改善不良情绪，减少抑郁、焦虑、睡眠障碍等的发生。研究发现，定期的体育运动，对于预防和改善抑郁症具有重要的作用。

"人类最好的医生，就是空气、阳光和运动。"这三者兼具的，就是户外运动。让孩子爱上运动，贵在自觉、坚持、毅力、耐心、有趣。父母成为孩子运动的榜样，把运动融入孩子的日常生活中，激发孩子的运动兴趣，制定合理、可行的运动计划，多陪伴孩子到户外运动，让孩子养成良好的运动习惯，进行长期不懈的刻意练习，享受运动本身带来的快乐，切身体验运动给他们的身体素质、心理健康和学业成长带来的益处。

如果我们能守住孩子每天充足的睡眠线和户外运动线，将大大减少孩子的心理问题，包括抑郁、焦虑、情绪低落、低幸福感、低价值感、人际交往障碍、社会功能受损等。

第三篇

0~18岁孩子积极养育关键点

0~1岁孩子的积极养育：全身心地爱与陪伴

积极养育主张"亲子关系先于教育"，什么时候父母与孩子之间的亲子关系积极了、和谐了，什么时候家庭教育就会取得良好效果。英国心理学家约翰·波比尔曾指出，正常的身心发展需要儿童至少和一个监护人建立起"温暖的、持久的情感联系"。在这里，波比尔强调了父母与孩子之间积极亲子关系和建立情感联结的重要性。

积极的亲子关系是一种以情感为基础建立起来的安全型亲子依恋关系，是一种温暖、尊重、关爱、理解、接纳、信任、和谐的关系，这种亲子关系能加强父母与孩子之间的情感联结，能为孩子提供心理上的支持，能让孩子感受到父母无条件的爱，能让孩子产生积极的情绪体验，能激发孩子成长的积极力量，能促进孩子情感性、社会性等的发展，能提升孩子的幸福感。

0~1岁是个体发展的第一个重要阶段，是人生的第一个起点。孩子刚刚来到这个世界上，对周围的一切感到既陌生又充满了好奇，加之身心还比较柔弱，因此需要父母的悉心照顾。初为父母，应积极承担养育孩子的责任，做好各方面的充分准备，尤其要遵循婴儿期这一阶段孩子的身心发展特点和教育规律，基于孩子自身的实际情况和个性特点，采用积极养育的科学理念和有效方法，积极回应并及时满足孩子的各种身心发展需要，促进孩子全面健康成长。

在很多父母看来，0~1岁孩子的世界似乎只是吃喝拉撒睡和哭闹，然而事实并非如此。0~1岁是人的一生中发展速度最为明显的重要时期，用"一天一个样"来形容这一时期婴儿的身心发展变化一点都不为过，他们为了适应这个陌生和新奇的世界，自己在不断地努力探索、学习和尝试，其能力的发展远超乎我们的想象。

从出生到 1 个月的婴儿，会有一些社会性的反应，但无法辨别细微的差别，头可以从一边转向另一边，目光能追随距离眼睛 20 厘米左右的物体，会看每一个人，尤其是人脸，新生儿有一种与生俱来地关注周围环境中最重要对象的本能，比如爸爸妈妈，更喜欢听妈妈的声音，喜欢甜味，听到轻音乐会安静下来，会微笑，能模仿人的表情。

1~3 个月的婴儿，双肘能在肩下面支撑，腹部和背部肌肉能协调运动，俯卧时能自己抬头，抬头高度可以达到 90°，能把小手放进嘴里，能手握手，喜欢看妈妈的脸，看到妈妈就高兴，会笑出声，能应答性发出咿咿呀呀的声音，能用哭声表达要求，喜欢让熟悉的人抱，容易被安抚，吃奶时会发出高兴的声音。

4~6 个月的婴儿，从能双肘支撑俯卧逐渐到可以用伸展的胳膊支撑，能自己翻身，能抬头挺胸，能靠着东西坐着或者独自坐着，会主动拿玩具并能在两手之间交换，喜欢拿着东西放在嘴里咬，喜欢玩脚，会盯着移动的东西看，认识亲近的人，开始认生，会故意摔扔东西，喜欢与大人玩"藏猫猫"游戏，能区别大人说话的语气，受到批评会哭，有明显的害怕、焦虑、哭闹等情绪反应。

7~9 个月的婴儿，会爬，能扶着大人站立和走几步，能用一个玩具敲打另一个玩具，能用手抓东西吃，能用拇指和食指捏起细小的物品，能发出"baba"的声音，喜欢要人抱，会对镜子中的自己笑，会拍手，能指出常见的物品，大人表扬自己时有高兴的情绪反应。

10~12 个月的婴儿，能熟练地爬，扶着东西能走，喜欢反复拾起东西再扔掉，会搭 1~2 块积木，喜欢玩藏东西游戏，会用面部表情、手势交流，能配合大人穿衣服，会伸出一个手指表示 1 岁，能模仿叫"爸爸""妈妈"，喜欢与小朋友一起玩。

基于 0~1 岁婴儿这一阶段的身心发展规律和特点，父母面临的积极养育任务主要包括以下三个方面。

一是父母采用亲子教育方式，积极承担教育孩子的主体责任，自己抚养孩子，不要把孩子交给老年人进行隔代抚养。

二是父母积极回应和悉心照顾孩子，及时满足孩子的各种身心发展需要，让孩子的信任感超过不信任感，培养孩子希望、乐观等积极心理品质。

三是父母注重对孩子心理安全感的培养，多与孩子进行亲子互动，与孩子建立积极的情感联结，有助于形成安全型亲子依恋。

父母对0～1岁婴儿进行积极养育的方法包括以下几点。

第一，与孩子建立积极的亲子联结。在与孩子亲子互动时，进行积极的情感回应，保持微笑的表情，充满关爱的眼神，逗孩子开心，多陪伴孩子玩亲子游戏，增加孩子的积极情绪体验，培养孩子对父母形成安全型亲子依恋，建立亲密、温暖、信任的积极亲子关系。在孩子的生命早期，父母与孩子建立起积极的亲子关系，能够为其人格健全发展奠定坚实的基础。

第二，养育方式尽量要保持一致性和规律性。在对孩子的悉心养育和照料过程中，父母对孩子需求满足的程度和方式上尽可能保持一致性、规律性、可靠性、可预见性，不要随意变化，即使变化也要循序渐进，让孩子能够很好地适应这种变化，这对于积极亲子关系的建立以及帮助孩子形成心理安全感和信任感都至关重要。

例如，当这个年龄段的婴儿哭的时候，父母应该如何做？

对于婴儿哭的行为，一些父母持有这样一种观念，认为孩子是在无理取闹，认为孩子哭不坏，让他哭一会儿没关系，不能一哭就去抱他哄他，这样会使孩子养成一种依赖的坏习惯。因此，父母会故意忽略孩子哭的行为，认为这是一种训练孩子延迟满足能力的好方法。

然而这是一种错误的育儿观念，因为这一时期的婴儿还不能用语言表达自己的需求。当孩子感觉不舒服、饿了、恐惧了和口渴了的时候，只能通过哭的方式表达自身的需求。父母应敏锐地捕捉和识别这些信息，判断孩子哭的背后表达的需求是什么，是不是渴了、饿了、冷了、不舒服了或者产生恐惧感了。

父母正确的做法是，用一种关爱、温和、微笑的表情和态度，无条件地接纳孩子，积极回应孩子哭这一行为，通过抚摸和拥抱，悉心照顾和及时满足孩子的各种需要，这样会使孩子的哭闹情绪得到缓解和平复，感受到来自父母情感和心理层面的关爱、温暖和支持，会让孩子产生心理安全感，有助于建立安全型亲子依恋。

第三，妈妈一定要亲自抚养孩子。对于 0～1 岁婴儿来说，妈妈的作用无可替代，如果妈妈做得好，积极承担教育孩子的责任，充满爱心，情绪正向，及时回应和满足孩子的各种身心发展需求，孩子会对妈妈产生一种基本的信任感。此时，妈妈的作用是双重的，孩子不仅信任妈妈，还会通过妈妈对周围的世界产生信任感。

第四，以积极的情绪状态喂养孩子。孩子在吃奶时，如果妈妈以严厉和惩罚性的态度对待孩子，孩子长大后更容易表现出讨厌和回避他人；如果孩子饿的时候被单独丢在一旁很长时间无人照顾，容易产生害怕、孤独和恐惧心理；而如果孩子在吃奶时，妈妈是温和的、关爱的、仁慈的、微笑的情绪状态，孩子长大后会以积极的心态待人接物，乐观自信，人际关系融洽，更受他人的喜欢。

基于 0～1 岁婴儿的身心发展特点和这一时期家庭教育的主要任务，对于 0～1 岁婴儿，父母要做好积极的准备，用爱心、责任心和耐心科学抚养，采用积极养育的理念和方法，建立积极的亲子关系，培养孩子具有心理安全感、信任感和安全型亲子依恋，这有助于孩子身心健康成长和人格健全发展。

1~2岁孩子的积极养育：做好模仿的榜样

教育就是上所施，下所效。父母讲千遍道理，不如行动一次，不如给孩子树立个好榜样。心理学研究表明，孩子天生具有观察、模仿的学习潜力和优势，他们会模仿父母的言行举止，会受到父母潜移默化的影响，会具有父母的影子和家庭的烙印。父母注重对孩子进行言传身教，为孩子树立积极模仿的榜样，能够促进孩子积极自我和社会性的发展。

1~2岁孩子身心发展已经具有一定的基础，不再像刚出生时那样完全需要大人照顾，他们已经能够不用大人的帮助自己走路、说简单的词语，具有一定的自主性和独立能力，表现出积极探索世界的好奇心，社会性获得初步发展。

在身体和动作发展方面，1~1.5岁孩子能自己独立站着，能独立行走，能蹲下再起来，能抬起一只脚做踢的动作，能推、拉或者搬运玩具，能扶着栏杆上下楼梯，能堆起2~3块积木，能从杯子里取出小玩具或将小玩具放进杯子里，能自己用勺吃饭、用杯子喝水，能玩简单的打鼓、敲瓶等音乐玩具，能重复一些简单的声音和动作，听到大人的指令能指出书上相应的东西。

在认知能力发展方面，1~1.5岁孩子喜爱听儿歌和有趣的童话故事，能说出一些简单的词语，能用1~2个字来表达自己的意愿，如"抱抱"，能有意识地叫"爸爸""妈妈"，能听懂和理解一些话，能说出自己的名字，能认出镜子中的自己，能指出身体的各个部位，能短时间和小朋友一起玩。

在大人的照顾下，1.5~2岁孩子能在宽的平衡木上走，能扶着栏杆上下楼梯，能向后退着走，能踢球、扔球，喜欢童谣、歌曲、短故事和手指游戏，喜欢模仿大人做家务（如给干活的大人拿个小凳子，大人做面食时一起用小手捏），能说出并指出自己身体各器官的名称，能主动表示大小便，能自己洗手，知道并能使用自己的名字，会说三个字的短句，如"宝宝要"，喜欢看书，能模仿大人的样子翻书，喜欢玩水、玩沙，能认出照片上的自己，对着照片笑或用手指，能表现出不喜欢、同情等多种情感，会对妈妈或者其他监护人的离开感到不安、焦虑和伤心，会对陌生人的出现感到恐惧、害怕和紧张。这一时期，如果孩子没有与父母建立起一种安全型亲子依恋，会容易使孩子产生分离性焦虑。当父母要离开时，孩子会出现生气、哭闹、恐惧、拒绝吃饭等情绪行为反应，甚至会回避父母的安抚。分离性焦虑在孩子一岁半时表现最为强烈。父母应给予 1~2 岁孩子无条件的关爱，经常抚摸和拥抱孩子，让孩子具有心理安全感和信任感。

这一时期父母的主要任务是：抓住这一阶段孩子动作、模仿、自我意识等方面发展的敏感期，为孩子树立积极模仿的榜样，多对孩子进行积极引导、鼓励和训练，放手让孩子做力所能及的事情，给孩子提供积极探索的机会和空间，为孩子做正确的榜样示范，培养孩子的独立性和自主能力，促进孩子社会性和积极自我的初步发展。

对于 1~2 岁孩子，父母采用的积极养育有效方法包括以下几个方面。

第一，鼓励孩子积极尝试和探索，培养孩子的独立能力。1~2 岁孩子自主独立意识增强，喜欢自己做一些事情，不希望大人帮助，父母要意识到这是好事。在保证安全的前提下，父母应积极引导和鼓励孩子做一些力所能及的事情，培养孩子的独立性、自主性、胆量和意志。父母可以为孩子提供一个安全、有趣的玩耍区，让孩子在这个区域内尽情地自由探索，父母进行积极鼓励和高质量陪伴，不把自己的想法和需求强加给孩子，不过度控制，全身心陪伴孩子做他喜欢的事情。

如耐心引导和放手训练让孩子学会独立行走、自己吃饭、自己洗澡、自己整理玩具、自己穿脱衣服、自己洗手、自己刷牙、自己上厕所等。父母需要注意的是，培养孩子独立能力要循序渐进，不能急于求成，不能拔苗助长。

第二，鼓励孩子参加各种活动，培养孩子的社会性。1~2 岁孩子喜欢模仿大人做事情，喜欢和小朋友一起玩，父母鼓励孩子积极参与日常家庭活动，多带孩子到户外和小朋友互动。比如，在做家务的时候，让孩子成为妈妈的小帮手，给他指定一些简单的小任务，如给孩子一块干净的小抹布擦小桌子或小椅子的腿，孩子会很愿意做，也会很开心；父母经常带孩子到小区和其他小朋友玩耍，感受和小伙伴在一起时的友善和快乐，让孩子意识到哪个玩具是自己的，哪个玩具是别人的，告诉孩子不能抢别人的玩具，懂得和小朋友一起游戏的基本规则，这不仅能够促进孩子自我意识的发展，也有助于孩子人际关系、遵守规则等社会性的发展。

第三，用平和、宽容的态度对待孩子的哭闹和"破坏"行为。1～2 岁孩子开始变得"不听话"了，这是孩子自主性发展的正常表现，父母不要认为孩子的哭闹和"破坏"行为是故意捣乱，不要对孩子大声吼叫和严厉训斥。

例如，当孩子发脾气或大声哭闹时，父母要以平和、宽容的态度接纳孩子的情绪，对孩子进行积极的情感回应。因为 1～2 岁孩子还无法意识到自己要求的合理性，还不知道如何表达自己的情绪，当自己的意愿得不到满足时，会通过哭闹的方式表现出来。父母积极回应并及时满足孩子的需要，可以温柔地把孩子抱起来，用积极的语言安抚孩子，或者给孩子一个玩具，这样会让孩子感受到父母的关爱、喜欢和温暖，会使孩子变得开心和有安全感。

此外，父母尽量少用"不准""不行""不可以"等否定性语言对孩子的好奇和探索行为进行过多限制和控制，不要让孩子心理受阻和行动受限，否则容易使孩子形成胆小、自卑、被动的性格。

基于 1～2 岁孩子的身心发展特点和这一时期家庭教育的主要任务，父母应抓住这一阶段孩子动作、模仿、自我意识等方面发展的关键期，为孩子树立积极模仿的榜样，促进孩子独立性、自主性、社会性和积极自我的发展。

2～3岁孩子身心特点及父母主要任务

积极心理学研究表明，一个具有良好自主感，在自主性和自主行动方面有较好发展的孩子，其在成长过程中，能够进行自主判断和选择，会有意识地选择属于他的自主人生。

孩子进入2～3岁这个阶段，大脑、身体、心理和行为上的发展都有非常大的变化，表现为大脑发育速度快，对周围的环境具有浓厚的兴趣，开始学会表达情感，心理上想要获得自主性，行为上变得更加积极活跃，开始出现人生中第一个"反抗期"。

下面，我们来看一看2～3岁孩子有哪些身心变化。

在身体和行为能力发展方面：2～3岁孩子乳牙长到20颗左右，个子逐渐长高，可以自然坐直、站立，会骑三轮车，能解开和扣上衣服上的大纽扣，会折纸，洗完手会擦干，能自己上下楼梯，能握住大蜡笔涂鸦，喜欢装东西和倒东西的游戏（如玩沙、玩水），能把物体进行简单分类，能说出绘本上物品的名称，熟悉主要交通工具和动物，喜欢有人给他读绘本，能一页一页地用手翻书，假装在"读书"，能比较准确地使用"你""我""他"，能说出6～10个词的简单句子，脾气不稳定，做事缺乏耐心，喜欢"帮忙"做家务，爱模仿生活中的事物，如喂玩具娃娃吃饭，喜欢和同龄孩子一起玩，能相互模仿对方言行。

在心理发展方面：2～3岁孩子处于自主和怀疑的心理冲突期，这一时期的孩子开始"有意识"地做或者不做什么，有了"我""我的""我们"的概念，开始学会"自由"选择，有了自我意愿和独立自主的要求，如自己穿衣、吃饭和游戏等，有时会和父母发生冲突，当父母对其不当行为进行规范时，会反复使用"我""我的""不"来表达自主性和反抗父母的控制。2 岁的孩子在父母指导下开始学会控制自己的行为；3 岁时，孩子的意志品质开始发展，喜欢自己做一些事情，独立性不断增强，渴望探索外部世界，开始出现自主行动，开始对性别差异有特别的好奇心和求知欲。

2～3 岁孩子父母的主要任务是：一要有意识地发展孩子的自主性、自主行动，让孩子有自主的体验，培养孩子的自控力和良好的意志品质；二要对孩子有明确的要求和适当的控制，帮助孩子建立规矩、规则和规范意识，培养孩子的社会性；三要给予孩子足够的语言刺激，多和他们说积极的语言，多交流、多回应、多唱儿歌、多讲儿童故事，这有助于孩子语言和听觉能力的发展。

针对 2～3 岁的孩子，父母采用的积极养育方法主要有以下几点。

第一，父母有意识创造条件和机会，允许和鼓励孩子做一些力所能及的事情，以锻炼孩子的自主能力。在保证安全的前提下，父母逐渐放手让孩子独立去体验和尝试一些事情，并对孩子的自主行为给予积极的回应、认同和正确的表扬，表扬孩子做事的具体行为和过程，包括认真、坚持、努力、耐心、责任、细心等。同时，父母要能够容忍 2～3 岁孩子可能出现的错误，不要太看重他们行为的结果，即使孩子做不好也没关系，重要的是在做事情的过程中，让孩子学到最低限度地照顾自己的能力，如能够学会自己吃饭、穿衣、洗手、大小便等，这有助于孩子获得一种自主体验，有助于培养其自主能力，使其逐渐学会控制自己的行为。

第二，父母要给予孩子充分的自由，为孩子提供积极尝试的环境，鼓励孩子积极探索。父母可以多带孩子进行各种户外活动，多晒太阳，真切感受大自然的力量和美好，玩各种"活"玩具，包括动物、植物、水、沙子等，大自然能够滋养孩子的心灵，有助于孩子自主性和独立性的发展。父母不要对孩子溺爱或者过于严厉苛刻，不要替代孩子成长，也不要孩子有差错就粗暴地斥责，甚至采用打骂等体罚的方式，这样会使孩子产生失败的体验，父母对孩子过于保护或惩罚不当，会使孩子感到羞怯、丧失信心和自我怀疑。

第三，把握好教育的尺度，做到有所为有所不为。在对孩子进行积极家庭教育过程中，父母要给予孩子关爱、陪伴、鼓励、信任、支持和接纳，鼓励孩子积极尝试和探索；同时一定要有批评、要求、规矩、规则，不能让孩子为所欲为。父母对孩子控制太多，会使其缺乏自主感，容易导致孩子对环境缺乏控制力；而如果父母对孩子控制太少，孩子容易形成任性和以自我为中心，缺乏规则意识，不利于孩子社会性的发展。

此外，父母要有意识地培养 2~3 岁孩子的口头语言表达能力、好奇心、专注力、观察力、同小伙伴交往的能力、自信心、运动能力和情绪管理能力，给孩子读绘本，这些都是家庭教育的重要内容。

孩子不是问题，孩子的问题也不是问题，父母对待孩子以及对待孩子问题的方式、方法和态度才是问题，家庭教育最大的问题是父母自身的问题。问题是孩子成长的契机，当孩子出现问题时，最考验父母的爱心、责任心和耐心，也最能体现父母的教育智慧、教育能力和教育水平。对于做错事情的孩子，父母应保持平和的心态进行积极引导，正确的做法应是父母不仅要指出孩子做错的地方，而且要告诉孩子正确的做法，指导孩子如何才能把事情做好，这才是采用积极养育方式的父母教育孩子的良方。

例如，当一个 2 岁的孩子不小心把杯子打碎时，父母应该怎么做？这时候父母一定要有忍耐精神，要允许孩子出现问题和过失，不要采用简单粗暴的吼叫、斥责和打骂的方式对待孩子，这样会使孩子产生羞怯和自我怀疑，伤害孩子的自主性和自尊心。因为这个年龄阶段的幼儿，身心发展还不成熟，缺乏独立做事的能力和经验，理性分析能力不足，还无法意识到自己行为可能带来的后果。

对孩子采用积极养育的方式，要求父母以积极的心态和积极的语言，对孩子进行积极的影响。把握好教育的尺度和分寸，既不能过度教育，也不能放任不管。父母对孩子不要时时管、事事管，做了很多事情，对孩子进行控制，自己很累，效果却不好；父母也不要什么都不管，什么都不做，对孩子放任自流，没有承担起家庭教育的责任，这样效果更不好。父母应做到管但不全管，有重点地管，该管的一定要管，该放手的一定要放手，把握好分寸和掌握好度，做得适当，家庭教育效果最好。

基于 2~3 岁孩子的身心发展特点以及这一时期家庭教育的主要任务，父母对孩子的行为要有一定的限制和适当的控制，不能听之任之，毫无管教；同时父母的管教不能过于严厉，要给孩子一定的自由，允许他们进行自由的探索和尝试。因为，放任自流不利于孩子社会化的发展，而过分严厉的管教会伤害孩子的自主性、自尊心与自我控制能力。

爱与管教相伴才是对孩子的真爱，有约束的自由，建立在规则基础上的自由，才是真正的自由。

3～4岁孩子的积极养育：快乐地进入幼儿园

积极心理学理论认为，心理韧性是一种普遍存在的能力，它源自人类自身的积极适应系统，会在各种逆境下和面对困难时展现出来，能帮助个体调整自己，坚持下去，积极适应当前的环境和挑战。

进入幼儿园是孩子适应社会生活的第一步。每年9月的入园季，在幼儿园门口经常会看到孩子不想上幼儿园哭闹的情景：有搂着妈妈脖子不下来的，有抱着爸爸大腿不松手的，有满眼泪水地向妈妈说再见，然后不断地说"你早点来接我，第一个来接我"的。

以上这些情景反映出孩子对上幼儿园的抵触和抗拒，很多新入园的幼儿父母往往会因为孩子的哭闹情绪和不愿上幼儿园而感到焦虑、无奈和矛盾。如何有效帮助孩子适应幼儿园生活，是3～4岁孩子的父母积极家庭教育的重要内容。

3～4岁孩子属于学龄前期，一方面，他们还带有一些婴儿的痕迹；另一方面，由于身心发展迅速，他们已经具有幼儿期的显著特点。

在大脑和语言发展方面，3～4岁孩子的大脑已经发育到成人的70%～80%，语言习得母语的70%左右，能明白大人的指示，具有一定的口语表达能力，能用简单的句子进行交流，当遇到问题时，会出现自言自语的情况，有时因为说话不连贯，常常用手势、动作、表情等来表达自己的情感。

在身体和动作发展方面，3～4岁孩子的骨骼肌肉发展和大脑调节控制能力不断增强，能比较协调地进行走、跑、爬等动作，手部肌肉能力不断增强，精细化动作逐渐发展，能在大人的提示和帮助下穿脱衣服和鞋袜，能把自己看过的绘本和玩过的玩具放回原处，能自己用勺子吃饭，能帮助大人摆放筷子、收拾桌椅。

在认知发展方面：3～4岁孩子的认知范围扩大，无意注意占优势，注意力容易分散；思维方式带有直觉动作性，正处于向具体形象思维的过渡阶段，他们缺乏有意识的动作能力，常常边做边想，或先做后想；喜欢模仿老师、父母和小伙伴的动作来进行创造和表达；3～4岁幼儿的认知受外界事物和情绪的影响比较大，容易冲动、爱发脾气，缺乏自信，缺乏自控能力，对父母表现出情感依恋，初次离开父母时会表现出紧张和不安。

在社会性发展方面：3～4岁孩子开始有独立做事的愿望，做一些事情时常常要求"我自己来"；开始接纳和认可同伴，在大人的指导下，能与同伴进行一些简单的、有规则的游戏；自我中心倾向明显，会出现反抗现象，比如在与同伴玩闹时常常会抢别人的玩具。

这一时期父母的主要任务是：基于3～4岁孩子的身心发展特点，采用积极家庭教育的方法，了解并满足孩子幼儿园适应期的身心需要，培养孩子适应幼儿园的能力，激发孩子自身存在的适应新环境的心理韧性，帮助孩子适应幼儿园的生活，促进孩子健康成长。

为帮助3～4岁孩子适应幼儿园，父母采用积极养育的有效方法包括以下几点。

第一，对孩子进行正向引导，强化积极情绪体验，让孩子喜欢幼儿园。对于3～4岁孩子来说，面对幼儿园新环境，面对不熟悉的老师和小朋友，他们会表现出一定程度的紧张、害怕、担心和退缩，需要父母的积极引导和正向强化，强化孩子在幼儿园愉悦和快乐的体验、感受美好的记忆，会让孩子接受集体生活，信任老师，喜欢上幼儿园。

面对孩子的入园焦虑和不适应，父母应充满爱心，耐心安抚，对孩子多讲积极的语言，进行正向的引导和强化，如问："今天老师带你们做了哪些好玩的游戏？""你认识了哪个小伙伴？""你今天最开心的事情是什么？"父母千万不要进行"负面引导"，不要在接孩子回家的路上问这样的问题："今天小朋友有没有欺负你？""老师有没有批评你？""今天有没有哭？"更不要对孩子说"再不听话就把你送幼儿园去"，这种词语会增加孩子对幼儿园的恐惧和不安。

　　第二，接纳孩子的焦虑情绪，与孩子产生情感共鸣。入园焦虑是很正常的情绪反应，是孩子适应幼儿园的必经阶段。心理学家指出，3 岁左右的孩子，几乎每隔 15 分钟就会想找自己的亲密看护人，这是一种正常的亲子依恋表现。当孩子哭着说不想上幼儿园时，父母一定不要严厉地跟孩子说"你必须去"，然后强势带着孩子去幼儿园。父母采用强迫的方式，会让孩子产生无助感，缺乏安全感，加重分离性焦虑，使孩子更加抵触上幼儿园。

　　父母也不要一味地告诉他幼儿园有多好玩，老师有多亲切，小朋友有多友好，这不符合孩子的真实感受，不能引起孩子的共鸣。我们不妨这样说："妈妈知道你不想上幼儿园，因为你不熟悉幼儿园的环境，你想在家里和妈妈一起玩，对不对？"这样跟孩子说话，能让孩子获得情感上的共鸣，知道妈妈是接纳和理解他的，有助于稳定孩子的情绪，有助于父母与孩子之间的情感联结。在建立情感联结的基础上，父母再积极引导和鼓励孩子，表扬孩子坚持上幼儿园已经很不容易，也很有勇气，鼓励孩子有能力适应幼儿园，会慢慢喜欢上幼儿园。

　　第三，训练孩子的自理能力，培养孩子的独立性和自信心。帮助 3~4 岁孩子适应幼儿园生活，父母需要有意识地训练孩子的生活自理能力，如每天训练孩子自己穿衣服、吃饭、洗手、上厕所，孩子具有一定的独立自主能力，有助于提高孩子独立做事情的自信心，不担心离开父母什么都不会做，在幼儿园有积极的良好表现，会得到老师和小朋友的喜欢，具有自我的积极成就感和经验，从而会喜欢上幼儿园。

　　综上，基于 3~4 岁孩子的身心发展特点以及家长在这一阶段的主要任务，家长应采用积极家庭教育的方法，了解孩子幼儿园适应期的心理需求，用同理心接纳孩子的情绪，用积极的语言引导和鼓励孩子，强化孩子在幼儿园的美好感受，培养孩子的生活自理能力，激发孩子适应环境的心理韧性，缓解孩子的"入园焦虑"，帮助孩子顺利适应幼儿园的生活。

4~5岁孩子的积极养育：探索和体验

积极心理学告诉我们，好奇心和求知欲是孩子成长的内生动力，激发和满足孩子的好奇心和求知欲，有助于培养孩子探索世界的主动性和积极性。

活泼好动，充满好奇，想象力丰富，喜欢问问题，这在幼儿园中班孩子身上表现得尤为明显，他们有着强烈的求知欲，对周围的事物感到非常好奇，不再像小班孩子那样"怯生生"的，也不像大班孩子那样懂得很多道理。

4~5岁孩子大脑发育非常快，他们接受的外界信息更加多样化，知觉运动能力不断提高，能自己独立穿脱衣服和鞋袜，能整理自己玩过的玩具，能自己独立洗漱，能熟练地单脚跳，能轻松地起跑、停下和绕过障碍物；能正确握笔，画简单的图形和人物；能回答"谁""多少个""为什么"等问题，能很清楚表达自己的意愿，能说几句比较连贯的话；有羞愧、内疚和自尊的情绪，能努力控制自己的情绪，不乱发脾气，有时也会因为遇到小挫折而发脾气；喜欢和小朋友玩，开始有自己"最好"的朋友，喜欢参加集体活动和游戏；喜欢大人的表扬，对取得的成绩会感到骄傲；能自己看懂并说出简单绘本的意思，喜欢猜谜语和听有情节的故事，能按照不同的颜色和形状，对物体进行分类和有规律的排列，理解日常生活中的先后顺序，如"我早上起床，要先穿衣服，再刷牙，然后上幼儿园"。

4~5岁孩子难以长时间专注自己不感兴趣的活动，父母对孩子过多要求会让他感到不耐烦，喜欢自由自在的活动，对自己喜欢的活动长时间也不觉得疲倦。父母在保证安全与规则的前提下，应允许孩子在一定的空间和区域内自由探索。

4～5岁孩子父母的主要任务是：增强孩子的体质，培养良好的行为习惯；激发孩子的好奇心和求知欲，发展他们的认知能力；多进行正面的回应，提高孩子的自尊、自信、语言表达和同伴交往能力，鼓励孩子进行各种游戏，促进孩子个性和社会性的发展。

基于4～5岁孩子身心发展特点和这一阶段父母的任务，促进4～5岁孩子成长的积极养育攻略包括以下几点。

第一，积极回应孩子的问题，满足孩子的好奇心和求知欲。科学家爱因斯坦曾说过，纯真的好奇蕴藏着探索的火花。好奇心是一种内驱力，是观察、创造、想象、解决问题等能力的基础，能激励孩子探索未知的事物，发现问题并寻求问题的答案。4～5岁孩子对自己、他人以及周围的环境充满了好奇，具有很强的探究动机，加上口头语言发展成熟，喜欢问问题，经常会有"十万个为什么"，对于孩子的问题，父母应以积极的态度认真回答，这有助于培养孩子的主动性和进取心。父母不要以随意和应付的态度胡乱回答，这种敷衍了事的态度不但无法满足孩子的好奇心和求知欲，还容易形成一种误导。如果父母一时无法正确回答，可以实事求是地告诉孩子，爸爸妈妈对这个问题也需要学习，学习之后再告诉你正确的答案。父母认真、严谨的态度，会给孩子树立一个良好的学习榜样。

第二，充分发挥游戏在孩子成长中的作用。游戏是幼儿特殊的生活方式，在中班孩子成长中占中心地位，能增强孩子的体质，促进感知、注意、记忆、想象和思维等认知能力的发展，也是促进幼儿个性和社会性发展的一种最佳方式，在儿童自控力以及与同伴交往能力的学习和发展方面起着非常重要的作用。

孩子全身心投入游戏中，通过探索和体验，能够学会认识事物，管理情绪，交往与合作，培养好习惯，促进智力发展，形成良好的行为规范和道德品质。例如，在玩"过家家"的游戏中，确定谁来扮演爸爸，谁来扮演妈妈，谁来扮演孩子，每个人按游戏规则扮演好自己的角色，这种游戏有助于孩子社会性的发展。

当孩子进行游戏时，他大脑的多个区域会被激活，一些负责运动协调、情绪控制、创造、想象、思考的神经通路被打开，会让孩子变得更聪明、学习力更强、情商更高、更受同伴欢迎、更有同理心、身心更健康，也更快乐。

第三，对孩子的问题、想象进行积极的评价和认同。4~5岁的孩子，很在意与自己相关的一些信息，尤其在意父母的态度、反应和评价，他们特别希望能得到父母的表扬和肯定。如果父母对孩子表现出的一些行为给予积极的回应和鼓励，有助于激发孩子积极探索世界的主动性、意愿、兴趣和进取心。反之，如果父母对孩子提出的一些问题和孩子的想象进行挖苦、嘲笑、限制和否定，孩子会认为自己提的问题不好，自己的想象力不够丰富，自己参与的游戏是不好的，认为自己在父母眼中不是一个好孩子，是令父母讨厌的，容易使孩子产生内疚感和失败感，表现出消极退缩、循规蹈矩，缺乏自信。

第四，父母鼓励孩子与小朋友积极交往。渴望得到同伴的接纳、渴望他人的喜欢和友谊，希望有自己的好朋友，是4~5岁孩子重要的心理需求。如果一个孩子在幼儿园没有朋友，自己的想法和行为得不到同伴的支持和接纳，他会感到自卑、孤独和难过。作为一种支持力量，同伴关系能让孩子获得接纳和友谊，体验到快乐和自信。父母应鼓励孩子积极主动与同伴交往，同时教给孩子一些同伴交往的方法和技巧。比如，教孩子多看别人的优点，真心地帮助小朋友，分享自己的快乐，尊重他人的感受，原谅别人的过错，不要自私自利，不要以自我为中心。

基于4~5岁孩子的身心发展特点和这一阶段积极养育攻略，父母要积极回应和耐心回答孩子的问题，肯定孩子提出的问题和孩子的想象力，满足孩子的好奇心和求知欲，鼓励孩子与小朋友积极交往，充分发挥游戏在孩子个性和社会性发展中的重要作用，激发孩子做事情的积极性和主动性，这有助于促进孩子健康成长。

5~6岁孩子的积极养育：做好幼小衔接

　　成长型思维理论是积极心理学的重要理论基础，该理论认为，人与人之间的差别主要是思维的差别，具有成长型思维的人积极面对困难和勇于挑战，相信努力和付出会让自己变得更积极、更优秀、更有力量。

　　5~6岁孩子在幼儿园大班，他们在身体、语言、认知、情感以及社会性方面都有非常大的变化，他们的自我意识不断向前发展，开始学会独立思考。这一阶段是孩子从幼儿园到小学过渡的重要时期，也是孩子从游戏阶段向学校学习阶段过渡的重要时期，对于5~6岁孩子来说，这是一次新的具有难度的挑战。

　　5~6岁孩子身体长高了，在身体动作和精细动作方面不断发展，能打扫室内卫生，会使用简单的厨房工具，能清洗自己的鞋子，能帮助大人洗菜、洗碗，这一阶段的孩子平衡能力增强，能单脚保持平衡数秒钟，会交替单脚跳，能快速、熟练地骑三轮车，能够通过扔、抓、踢等动作提高自身的控制力，能用笔画不同形状的图形和写简单的汉字，能用各种图形材料拼图，能把不同的物体进行分类，并能按从小到大、从短到长的顺序给物体排序，能数20到100的数字，能把时间和日常生活进行联系，如"5点钟了，该看动画片了"，喜欢与小朋友一起玩，会有一两个好伙伴，能分享自己的玩具，能与小伙伴一起轮流玩，爱参加团体游戏和活动，能认真遵守游戏规则，能分工和协作完成游戏。

　　在心理发展方面，5~6岁孩子有强烈的求知欲和好奇心，与5岁之前的孩子相比，他们所提的问题更加宽泛和有一定的深度，经常会问大人一些"是什么"和"为什么"的问题，希望大人给出答案；5~6岁孩子抽象概括能力开始发展，自主解决问题的意识逐渐提高，开始掌握一些抽象的概念，如"左、右的概念"，能初步理解事物的因果关系，如针是铁做的，所以能沉到水底，火柴是木头做的，所以能浮在水面；能边看图画边讲自己熟悉的故事，能正确地转告简单的口信，能接电话，情绪变得相对稳定，情感丰富，关心他人，能体贴比自己年龄小的孩子、受伤的孩子和动物，有自我约束能力，情绪波动逐渐减少。

幼小衔接是孩子人生中第一个重要转折点，也是孩子成长中的一件大事，考验孩子，也考验家长。在中小学阶段各学段衔接中，幼小衔接难度最大，这里的难度不是指学习内容的难度，而是孩子适应方面的难度，幼小衔接的重点不是知识的准备，而是学习兴趣、学习态度、学习习惯、学习能力等方面的培养。

面对幼小衔接，家长的主要任务是：帮助孩子做好幼小衔接充分准备，激发孩子上学意愿和学习兴趣，培养孩子良好的学习习惯和自理能力，鼓励孩子自己做事情，让孩子做简单的家务，培养孩子的独立性、积极性和主动性，帮助孩子提前了解小学的学习和生活情况，帮助孩子建立一套新的行为方式，能够使孩子适应新的校园环境，从幼儿园顺利过渡到小学。

为帮助孩子从幼儿园顺利过渡到小学，尽快完成幼小衔接的任务，父母采用的积极养育方法包括以下几个方面。

第一，对孩子进行积极关注，多看孩子身上的优点，经常正面鼓励和引导孩子，父母以积极的态度感染孩子，激发孩子上小学的愿望。例如，父母可以带孩子一起去参观、了解和熟悉将要就读的小学，消除陌生感，激发孩子对学校的向往；还可以对孩子说："你个子长高了，变得懂事了，变得能干了，真像个小学生，老师和同学都会喜欢你。"激发孩子上小学的内在动机，使其对成为一名小学生充满积极的期待。

第二，重视对孩子独立性和自理能力的培养，让孩子具备适应小学的基本能力。父母有意识让孩子自己决定和做一些力所能及的事情，培养孩子的生活能力、学习能力和交往能力。比如，让孩子自己穿脱衣服、吃饭、洗手、上厕所；让孩子自己整理书包、书本、文具、书桌；引导孩子主动和同伴交流，愿意结交新朋友，待人友善，学会合作与分享。当孩子独立完成这些事情时，父母要给予及时的肯定和正确的表扬，增加孩子的自信心。父母试着让孩子从心理上"断乳"，可以适当延长离开的时间，增加孩子独立活动的时间，培养孩子独立能力，鼓励孩子积极面对各种困难和挑战，培养孩子成长型思维，鼓励孩子敢于质疑，敢于提出问题和发表自己的看法，在与孩子的讨论过程中培养孩子的独立能力。

第三，父母以身作则，激发孩子的学习兴趣。教育的极致是行为的影响，父母的良好行为会对孩子产生潜移默化的积极影响。5～6岁孩子具有很强的观察和模仿能力，他们会模仿父母的言行举止。父母有意识地为孩子创设积极的家庭学习环境和氛围，为孩子树立学习的榜样，经常读书、与孩子讨论问题，经常带孩子到图书馆和书店，让孩子感受和体验读书的快乐，父母在亲子共读中激发孩子的学习兴趣，引导孩子分享学习成果，体验学习带来的成就感，积极引导孩子从幼儿园以"游戏为主"逐渐向小学以"学习为主"过渡，这有助于孩子学习能力的良好发展。

第四，培养孩子具有良好的学习习惯。由于小学以课堂教学和学科教育为主，对于5～6岁大班的幼儿来说，父母可以有意识地培养和训练孩子各种良好的学习习惯，鼓励孩子主动学习、积极探索、不怕困难、乐于想象和创造等。培养正确的书写习惯、专注倾听的习惯、阅读的习惯、提问的习惯、积极思考的习惯、表达的习惯、认真仔细的习惯、检查的习惯、遵守纪律的习惯，这些好习惯能够帮助孩子顺利地完成幼小衔接。

基于5～6岁孩子的身心发展特点以及这一时期家长面临的主要家庭教育任务，为更好地帮助孩子做好幼小衔接准备，家长应对孩子进行积极关注，培养独立性，训练自理能力，激发学习兴趣，培养良好的学习习惯，鼓励孩子与同伴交往，帮助孩子做好各方面充分的准备，让孩子从生活、学习和交往等方面具备上小学所需要的基本能力，促进孩子"幼小"顺利衔接，满怀信心地迎接小学的到来。

6~7岁孩子的积极养育：适应小学、快乐融入

　　积极心理学研究表明，每个孩子都有自我发展潜能和优势，如何通过积极家庭教育，激发孩子的这些潜能和优势，帮助孩子积极适应新的环境和应对挑战，是家庭教育的重要内容。

　　进入小学，是儿童早期成长过程中的一次重要转折和挑战。小学不仅是培养孩子良好学习习惯、激发孩子学习兴趣、提升孩子学习能力的重要阶段，也是促进孩子品德、人格和社会性发展的关键时期。

　　6~7岁孩子对小学生活既感到新鲜，又不太习惯，一时难以适应，他们的心智发展还处于懵懂阶段，好奇、好动，喜欢模仿，特别信任老师，缺乏自理能力，掌握的词汇量小，理解能力有限，有时无法真正听懂老师讲的话，想问题和做事情难以考虑周全，难以做到专心听讲，每次专注听课时间只能保持15分钟左右，难以承受过高的心理压力，父母的大声吼叫和严厉斥责，会让孩子恐惧学习、害怕写作业，出现上学焦虑。很多孩子由于对小学生活适应不良而导致出现不喜欢学习、害怕交往等问题。

　　6~7岁孩子自我发展速度最快，比中小学其他任何一个阶段发展都快。自我发展主要包括自尊心、自信心、自我管理、自我约束、自理能力、独立学习等能力的发展。抓住这一阶段自我发展的关键期，父母对孩子多鼓励、多肯定、多进行正确的表扬，有助于孩子形成积极的自我概念。6~7岁孩子的思维具有直观行动性和具体形象性特点，经常是从自我的角度思考问题，认为"我喜欢的东西别人也喜欢"，只能按照一个标准判断事物，学会加法但做不出相应的减法等。

　　基于6~7孩子的身心发展特点，本阶段家长面临的主要任务是：从心

理、生活、学习和社会性四个方面培养孩子适应能力，帮助孩子顺利适应小学生活，包括适应自己独立上学，适应老师的要求，适应同学交往，适应学校的规定，适应上课、下课、作业、考试、放假、开学、作息规定、班级规范等，让孩子热爱学习和喜欢学校。

父母从心理适应、生活适应、学习适应和社会性适应四个方面，帮助孩子尽快顺利适应小学的校园环境和学习生活。

第一，心理适应方面。应允许和接纳孩子暂时出现的入学焦虑情绪，给孩子一个心理适应的时间。例如，一个 6~7 岁孩子在面对自己不熟悉的学校环境时，会产生抵触情绪甚至是害怕心理，其实这是正常的现象，是孩子的一种自我防御心理，父母绝不能对孩子进行恐吓、逼迫和严厉斥责，那样只会增加孩子对学校的恐惧。对于孩子出现的入学焦虑，父母应多对孩子进行心理关爱，了解孩子的心理需求，提供无条件的情感支持，及时化解孩子的焦虑、害怕等负面情绪，增强孩子的心理安全感，多从正面强化孩子在学校的美好感受，增加孩子快乐、兴趣、愉悦、自豪等积极情绪体验，积极引导孩子喜欢上学。

第二，生活适应方面。进入小学一年级，孩子活动的独立性和空间更大，父母要有意识培养孩子良好的生活习惯和自理能力，不包办替代，不过度保护，鼓励孩子学会自己的事情自己做。如要求孩子根据作息时间每天按时睡觉和起床，自己收拾床铺、吃饭、穿衣、洗漱、上厕所等。父母需要注意的是，6~7 岁孩子的理解能力有限，对他们的要求要具体、明白，让孩子能听懂，知道怎么做。不要一次提过多、过高的要求，他们无法完成，会产生无力感，也不要对孩子不停地唠叨和说教，那样不但没有什么效果，还会让孩子感到厌倦和疲惫。

例如，家长不要对孩子泛泛地说"你要学会自理""你要养成各种好习惯""你要品德好"，而应该对孩子这样说"你每天晚上 10 点钟按时睡觉，早上 6 点半按时起床""你写完作业自己收拾书包""不抄袭同学的作业""考试不看别人的答案"这样具体的要求。显然，后者的要求更明白、更具体，孩子能听懂家长的要求，效果会更好。

第三，学习适应方面。父母为孩子营造一个积极的学习环境和氛围，激发孩子学习兴趣，指导孩子合理利用时间，培养孩子良好的学习习惯，训练孩子的学习能力。如培养孩子认真听课的习惯、书写工整的习惯、有疑就问的习惯、复习和预习的习惯、阅读的习惯，训练孩子的听说读写算、专注力、理解力、记忆力、想象力、思考力、创造力等各种学习能力，这些良好的学习习惯和学习能力，能帮助孩子顺利适应小学的学习特点和要求。

第四，社会适应方面。培养孩子情绪管理、同伴交往、遵守规则等方面的能力。父母引导孩子学会控制自己的情绪，不能任性和以自我为中心，不能对人乱发脾气，做一个乐观、开朗、阳光的孩子，这样更容易得到同伴的欢迎和接纳；同时教给孩子一些人际交往的方法，知道怎么和同伴交往，帮助孩子尽快融入班集体，与老师、同学建立新的师生关系和同伴关系。父母教孩子如何与他人沟通的技巧，教孩子学会分享，合作，尊重、理解、欣赏和赞美他人，学会宽容别人的过错，学会友善对待同学，鼓励孩子积极参加学校和班级的各种活动，培养孩子自我约束力，遵守班级的基本规范，培养孩子愿意为班级做事情的责任感和集体荣誉感。

为帮助6～7岁孩子适应小学生活，面对人生的第一个重要转折，父母应学会采用积极养育的科学理念和有效方法，从心理适应、生活适应、学习适应和社会适应四个方面，帮助孩子顺利适应小学生活，扮演好"小学生"的角色，让孩子从心底里真正喜欢上学。

7~8岁孩子的积极养育：培养良好的学习习惯

积极心理学的刻意练习理论告诉我们，有目的、有意识、有计划地大量练习，并在练习过程中进行积极的反馈、优化和调整，能够增加个体大脑神经元之间的连接，拓宽神经通道，会让人变得更聪明、更灵活和更优秀。

7~8岁孩子在小学二年级接受系统的学校教育，学习科学知识，掌握生活技能，提升自身能力，培养良好习惯，形成勤奋个性，具有良好品德。

7~8岁这一时期的孩子心理发展逐渐趋向稳定，自信心不断增强，控制自己情绪的能力得到发展，同伴交往能力不断提高，他们经常把学习成绩的好坏当作衡量个人能力高低的标准；能够比较自如地写字、绘画和进行课间游戏，表现出明显的自我独立性特点；不会把学校发生的所有事情告诉父母，与父母之间的矛盾、代沟开始出现；出现了初步的竞争意识，当同学不如自己时，内心会感到得意和自豪；既有赢的意愿，也能接受输的结果；具有集体荣誉感，当班级比赛取得优异的成绩时，会开心得手舞足蹈和具有成就感。

7~8岁孩子虽然具有一定的自主能力，但学习的自觉性、积极性和注意的稳定性方面还不高，完全自觉地投入学习的心理机制也不完善，还具有贪玩的心理，能够持续有效学习30分钟已经非常不容易。与小学一年级相比，二年级学习内容增多，难度加大，如果孩子学习习惯不好，学习方法不正确，不刻苦不勤奋学习，很难取得优异的学业成绩。

这一时期家长面临的主要任务：一是教会孩子为人处世、同伴交往、自主思考、解决问题和进行各种文体活动的能力；二是激发孩子学习的内在动机，培养孩子学习兴趣，教会孩子学会学习，掌握适合自己的学习方法，提升学习能力，培养孩子勤奋的个性，尤其是要培养孩子具有良好的学习习惯。

习惯是指经过长期反复练习而形成，并逐渐发展成为人的一种内部需要的稳定的自动化行为方式。习惯不是先天遗传与生俱来的，习惯都是通过后天学习而来的，是刺激与反应之间的稳固联结。习惯形成的心理机制，为我们在家庭教育中培养孩子各种好习惯提供了前提和可能。

著名教育家叶圣陶曾说过，教育，简单一句话概括，就是培养孩子各种好习惯。德智体美劳五育都是培养孩子各种良好的习惯。没有什么比好习惯的力量更强大。好习惯意味着毅力和自律，好习惯意味着效率和效果，好习惯意味着优秀和成功，好习惯意味着幸福和快乐。好习惯决定孩子的一生，好习惯让孩子终身受益。

小学二年级是培养孩子良好学习习惯的关键期。父母重视这一时期对孩子良好学习习惯的培养，不仅会提高孩子学习的积极性和主动性，激发孩子学习的内驱力，还会提高孩子的学习效果和学习效率，让孩子取得优异的学习成绩。

大量的实践证明，父母注重以下良好学习习惯的培养，能够成就孩子的一生。

一是培养孩子上课认真听讲的好习惯。培养孩子在课堂上专注听老师讲课，跟着老师的思路走，不溜号、不搞小动作的学习习惯。

二是培养孩子有疑就问，不让问题过夜的好习惯。在学习过程中，父母培养孩子当日事当日毕的好习惯，遇到自己不会的问题，不要拖延到明天，而是通过请教老师或者问其他同学，当天解决。

三是培养孩子课下充分利用时间的好习惯。

四是培养孩子预习和复习的好习惯。

五是培养孩子认真仔细的好习惯。

六是培养孩子广泛阅读的好习惯。

七是培养孩子勤奋刻苦的好习惯。

八是培养孩子不偏科的好习惯。

以上这些良好的学习习惯会让孩子把学习当成自己的事情，成为学习的主人，对自己的学习负责，具有学习的内在动力，有助于孩子取得优异的成绩。

下面，我们以培养孩子良好的阅读习惯为例，讲一下父母应该如何培养孩子良好的学习习惯。

第一，提高认识。引导孩子对阅读产生兴趣，对孩子讲清楚阅读习惯具有的价值和好处，可以举一些伟人和名人的例子，如毛泽东、鲁迅等，告诉孩子他们之所以成为受世人瞩目的人物，是因为他们具有良好的阅读习惯，让孩子先"知"后"行"，最后达到知行合一，这一步是解决孩子良好学习习惯培养的动力问题。

第二，明确规范。让孩子知道养成良好阅读习惯的具体要求，如每天坚持读书30分钟，这对于孩子来说是可以做到的，能够树立孩子的自信心。

第三，持久训练。对孩子进行坚持不懈的阅读训练，从"少"和"小"开始，然后逐渐增加阅读的时间和难度，循序渐进地进行培养，让孩子由被动到主动再到自动。

第四，及时评估。及时评估和反馈孩子阅读习惯培养过程中取得的成效和存在的问题，父母进行有效的提醒、提示、检查、监督和鼓励。同时，让孩子体验阅读习惯给他的学习带来的成就感和快乐，如因为阅读自己在语文课堂上表现出丰富的知识和写了一篇优秀的论文，受到老师的表扬和同学们的羡慕，切实感受和体验到了阅读习惯带给自己的价值。

第五，形成环境。父母为孩子营造有助于孩子养成阅读习惯的积极家庭氛围和环境。如父母坚持每天读书、谈论知识、设立家庭读书日、和孩子进行亲子共读等，父母成为孩子模仿的阅读榜样。

培养孩子良好学习习惯没有秘诀，如果有那就是"行动"。正所谓"讲千遍道理，不如行动一次"。这里所说的行动包括以下五个方面的内容。

一是立刻做。培养孩子良好的学习习惯最怕光说不练，从今天开始，从现在开始，父母锻炼和鼓励孩子马上行动。

二是连续做。父母鼓励孩子对一个好的行为一天一次，连续不断地做21次，就会逐渐变成习惯，这是好习惯培养最重要的环节。

三是用鼓励的方式做。父母合理使用正强化方式吸引和激励孩子培养良好的学习习惯。

四是从小事开始做。父母训练孩子把书包拿到自己的房间，自己收拾书本和文具，这并不是很难的事情，孩子很容易做到，会有一种成就感。

五是有目标地做。父母每天要给孩子设定具体的明确目标，不要提一些模糊的要求。如父母不要对孩子说"你要背英语单词"，而要跟孩子说一天背多少个英语单词。

家庭是培养孩子学习习惯最好的学校，父母是培养孩子学习习惯最好的老师。好的习惯来自孩子长期不懈的坚持，坚持来自父母正确的引导、监督、鼓励和锻炼。

基于小学二年级孩子的身心发展特点，培养孩子各种能力和学习习惯，对孩子的成长至关重要，尤其是培养孩子良好的学习习惯，是这一阶段家庭教育十分重要的内容。孩子良好学习习惯培养的关键是持续不断的有效行动，父母以积极养育的理念为指导，高质量陪伴孩子一起行动。让我们从现在开始，从此时此刻开始，在日常的积极行动中，培养孩子一个又一个良好的学习习惯，让好习惯陪伴孩子终身，成为孩子通向人生幸福的桥梁。

8~9岁孩子的积极养育：发现优点、培养自尊

积极心理学有一个理论假设，认为在人的内心深处，存有积极和消极两种力量，我们给哪一种力量创造适宜的心理生存环境，哪一种力量就会获得良好的发展。这给家庭教育一个重要启示，就是父母要有意识地关注和培养孩子的各种优点、长处、力量等积极心理品质，这有助于孩子形成积极的自我概念。

8~9岁孩子神经系统发育不断成熟，特别是大脑皮质的兴奋和控制能力发展逐渐趋向平衡。能按学校的要求约束自己的言行，听课时不随便讲话，写作业时能控制自己想要玩的想法；具有一定的情绪自我控制能力，在发脾气时，能做到不骂人、不打架；口头语言和书面表达能力明显提高，可以掌握很多词语，具有一定的语言沟通技巧；自尊心比较强，开始有意识维护自己的"面子"，会在同学面前保持和维护自己良好的形象；能耐心地帮助同学，但有时情绪波动比较大，会因为一些小事闹情绪；这一阶段对孩子影响最大的除了父母，还有同伴和老师。

8~9岁孩子特别渴望得到他人的尊重，尤其希望得到父母的尊重。具有良好自尊的孩子会积极悦纳自己，表现乐观自信，独立自主，待人友善，有较强的自律能力。父母保护和培养孩子具有良好的自尊，是家庭教育的首要任务。

自尊是一个人基于自我评价产生和形成的自爱、自重，并要求受到他人、集体和社会尊重的积极情感体验，是一种良好的自我概念和自我意识。自尊的心理基础是一个人觉得自己有自主感、控制感和价值感，觉得自己被他人理解和接纳，觉得自己能够掌控自己的生活，能够做出自主选择和自主决定。

　　这一阶段父母的主要任务是：使用积极的教育语言，帮助孩子发现自身的优点，培养孩子具有良好的自尊心和自信心，培养孩子勤奋的个性，引导和鼓励孩子与同伴积极交往，形成积极的自我概念，相信自己有能力把事情做好。

　　父母可以采用以下积极养育的方法，帮助8～9岁孩子发现自身优点，培养他们具有良好的自尊。

　　第一，父母多对孩子进行积极关注，用心发现孩子身上的优点。在家庭教育中，一些父母总是习惯盯着孩子的问题、毛病和缺点不放，认为这是家庭教育的全部，事实上，这只是家庭教育的一部分，这种过度关注孩子问题的教育方式，并不利于孩子自尊心和自信心的建立。没有问题并不意味着就一定是一个健康、快乐、幸福的人，同样，去掉孩子身上的问题也并不意味着他能自然而然地形成各种积极的心理品质。教育的目的不仅要纠正孩子的毛病和缺点，更要用心积极发现孩子身上的优点。父母多对孩子进行无条件积极关注，培养孩子具有更多的积极力量、美德和优势，能帮助孩子形成一种良好的心理和行为模式，有助于孩子形成积极的自我认同，具有良好的自尊心和自信心。

　　第二，父母采用正确的方式，表扬孩子努力的行为和过程。在孩子的成长中，其对父母表扬的需求尤为强烈。作为一种"心理营养"，正确的表扬能让孩子形成良好的自尊和积极的自我概念，感受到自身的价值和成就，体验到满足和快乐，知道自己的优点，能激发孩子做事的内部动机，增强孩子行动的积极性和自信心。

　　父母不要表扬孩子的聪明或天赋，这种表扬没有太大的激励作用，而应表扬孩子积极参与活动的行为和过程，要表扬孩子的努力、专注、坚持、方法、策略和进步，这样会培养出具有坚毅品格和积极进取的孩子。例如，"妈妈看到你这学期的学习态度非常认真，付出了很多努力，我真为你骄傲。"表扬聪明通常是针对一个人与生俱来的天赋、天分来说的，表达的是对取得好的结果的炫耀、卖弄和宣扬。例如，"爸爸看到你成绩考得这么好，你真聪明！你真棒！"父母过多地表扬孩子的聪明和天赋，容易使孩子产生骄傲、自大、自满的心理，觉得自己是个天才，根本不需要付出努力。

而且，如果父母总是习惯于使用这些比较笼统的语言和空洞的方式表扬孩子，会让孩子找不到努力的方向，从而起不到应有的激励作用。父母多采用正强化的方式鼓励孩子，鼓励孩子通过自己的努力取得好的成绩，会使他们体验到自我价值感和成就感。

第三，父母要特别注意保护孩子的自尊心，避免"人前教子"。一个具有良好自尊感的孩子才会有自我价值感，才会形成积极的自我概念。对于8~9岁的孩子，父母一定要避免"人前教子"和"羞耻教育"，不要将孩子的错误反复说给他人听，也不要为了自己的面子，不顾孩子的内心感受，当众揭孩子的"伤疤"，在众人面前严厉训斥、责骂和羞辱孩子，这样会极大地伤害孩子的自尊心，让孩子感到丢脸、伤心和无地自容，性格会因此变得自卑、胆小、懦弱，对人缺乏信任，会体验到较低的自尊感和自我价值感，严重的甚至会导致孩子形成"破罐子破摔"的自暴自弃心理。中国古代主张教子"七不责"，其中第一条就是"对众不责"，就是说在大庭广众之下，不要责备孩子，要在众人面前维护孩子的自尊心。

父母采用积极养育的有效方法，帮助8~9岁的孩子发现和使用自身的优势，做自己擅长的事情，培养孩子具有良好的自尊感和价值感。在家庭教育中，父母做到无条件地爱和接纳孩子，多关注孩子做得好的方面，采用正确的方法表扬孩子努力的具体行为和过程，多使用积极的教育语言，以平和的态度和语气跟孩子讲话，一定不要"人前教子"，也不要反复数落孩子的缺点和问题，这样会有助于孩子形成积极的自我概念，提升孩子的自尊水平，促进孩子健康成长。

9～10岁孩子的积极养育：应对校园暴力、快乐成长

　　积极心理学家通过研究，提出了促进孩子全面发展的积极心理品质教育，认为积极心理品质教育能够有效提升孩子的学业能力，预防孩子心理问题的发生，提升孩子的价值感、意义感和幸福感。简言之，我们不仅要对孩子进行学业教育，还要对孩子进行品格教育、幸福教育、价值观教育和人际关系教育。

　　9～10岁孩子处于小学四年级，这个阶段是从小学低年级向高年级的过渡时期，这一时期他们身心变化明显，大脑发育处于功能完善的关键期，开始从被动学习向主动学习转变，是培养各种能力、优势和品格的最佳时期。9～10孩子逐渐有了自己的想法，但辨别是非的能力有限，缺乏社交经验，经常会遇到很多难以解决的问题，出现不安的情绪，如果父母不注重引导，孩子可能会因为一些困扰影响自己的学习。

　　9～10岁孩子的家长面临的主要任务是：有意识地培养孩子具有开朗、乐观、勇敢、自信、坚毅等积极心理品质，引导孩子形成积极的价值观，鼓励孩子使用自身的优势，锻炼人际沟通能力，掌握人际交往的基本技巧，能主动融入集体，学会交好的朋友，学会保护自己，帮助孩子从小学低年级向高年级顺利过渡。

　　有调查发现，小学生中存在比较严重的校园暴力问题。校园暴力也称校园欺凌，是中学生之间经常发生的一种侵犯和欺负行为，是通过故意或恶意的语言、肢体和网络等手段，在身体、言语和心理上对他人实施的伤害行为。

　　校园暴力有多种形式：辱骂、讥讽、威胁、恐吓、逼迫、殴打、起侮

辱性绰号、传播恶毒的谣言、抢东西或抢钱、故意损坏书本和衣物、恶意推搡、背后说坏话、孤立、脱衣拍照等，都属于校园暴力行为。其中，最常见的是给别人起外号和殴打他人；直接使用言语欺负的发生率最高，其次是直接身体欺负；男孩直接参与的身体欺负行为多于女孩。

校园暴力具有故意性、长期性和重复性、隐蔽性、恃强凌弱和以大欺小等特点，因此校园暴力会极大危害被欺凌孩子的身心健康，使他们产生担心、害怕、恐惧、焦虑、羞耻、绝望、抑郁等消极情绪体验，导致自尊心下降、情绪不稳、睡眠不安、注意力不集中、无助感、自卑、不想去上学、逃学等问题，会给他们造成长期的心理阴影，严重的会导致社交退缩、自伤、自杀等问题，应该引起父母的足够重视。

孩子被欺凌后会有一些心理和行为表现，父母要通过察言观色和关注孩子的身体状况，及时发现孩子遭受校园暴力的信号，进行积极的应对。

当孩子身体表面无原因地出现一些人为伤痕；孩子上厕所习惯突然改变，非要回家才上厕所，不想在学校上厕所；回到家情绪低落，心情沮丧，精神恍惚，出现自我伤害倾向，甚至有自杀想法和行为；非常不想去上学，出现厌学、逃学、装病请假现象；出现失眠、噩梦、喊叫等睡眠问题；拒绝谈论学校里的事情，回避讲自己与同学之间的关系，或者讲的时候言辞支支吾吾，目光躲闪；孩子携带或者试图携带棍子、刀等自我保护工具去学校；表现出一些防御性肢体语言，如不敢正视别人，拒绝眼神交流，神色紧张等；向家长索要甚至偷拿家里的钱和物品；等等。当孩子出现上面这些信号时，可能是遇到校园暴力了，家长一定要高度重视。

9～10岁孩子心智发展还不够成熟，心理承受力差。当遭受到校园暴力时，他们很难进行情绪上的自我调节，也无法做到有效的积极应对。此时，父母应给予孩子积极有效的帮助，不能忽视不管，让孩子自己解决，更不能告诉孩子以暴制暴直接打回去。

例如，当孩子对家长说自己受欺凌的时候，家长一定要特别重视，第一时间给予孩子帮助，千万不要责怪孩子，不要对孩子不屑一顾，甚至说一些很伤害孩子的话，比如："你怎么这么懦弱，他打你，你不会打回去吗？""你真给我丢人！""你忍一忍，他们就不理你了。""多大的事啊，也值得你哭？""学习为重，不要为这种小事影响学习。""你是不是太小题大做了？""你不招惹别人，别人会惹你吗？"家长的这些话语比欺凌本身对孩子的伤害更严重。

基于积极养育的理念和方法，当孩子遇到校园暴力时，家长应从以下几个方面进行正确引导和积极应对。

第一，面对孩子遭受校园暴力，家长要尽量保持理性态度并进行积极应对。当孩子被欺凌了，家长会感到非常痛心和愤怒，恨不得自己冲上去替孩子出气，但这种冲动的行为不利于问题解决，那样会使情况变得更糟。

第二，家长情绪反应不要太强烈，要安慰和保护孩子。不要急着找对方的家长理论，更不要责怪孩子无能，而要耐心倾听孩子讲述事情的经过，同时安抚和稳定孩子的情绪，为孩子提供情感和心理支持，坚定地保护孩子，给孩子足够的安全感。

第三，家长要留心观察孩子的行为和情绪表现。如果最近一段时间孩子突然变得性情暴躁，出现恐惧上学和害怕出门，表现出社交焦虑和回避谈论在学校的事情等问题，家长应该求助专业人员，对孩子进行及时的心理疏导。

第四，告诉孩子如果再遭遇校园暴力，不管对方怎样恐吓和威胁，都要第一时间告诉家长，让孩子相信爸爸妈妈有能力保护孩子，防止孩子长期被欺凌家长却不知道，孩子自己承受身体和心理上的伤害。同时，告诉孩子在学校一旦发生矛盾和冲突要及时报告老师，求得老师的帮助。

第五，家长要告诉孩子人身安全永远是第一位的。当遇到校园暴力时，不要太慌张，要尽量保持机智和镇定，学会采取策略和借助环境使自己摆脱，但不要激怒对方，可以顺着对方的话缓和气氛，转移对方注意力，争取有机会逃跑或求助。

第六，家长应第一时间主动和学校沟通情况，协商如何有效解决，如果孩子遇到严重伤害，家长和学校都解决不了，要果断拿起法律的武器保护孩子。

基于9～10孩子的身心发展特点，家长应有意识培养孩子具有力量、美德等积极心理品质，形成良好的价值观，多与孩子进行亲子沟通，指导和帮助孩子学会与同学交往，教会孩子进行自我保护的方法，对孩子进行心理关爱，多关注孩子的情绪和行为变化，掌握预防和积极应对校园暴力的有效方法，助力孩子全面健康成长。

10～11岁孩子的积极养育：以肯定与共鸣应对"不听话"

积极心理学研究表明，家庭教养方式对孩子的成长至关重要，父母采用什么样的教养方式，直接影响亲子沟通的效果和亲子关系的质量，进而影响家庭教育的效果。

10～11岁孩子在小学五年级，处在青春期的前期，他们身体发育逐渐成熟，脑容量接近成人，在速度、耐力、灵敏性方面发展迅速，能很快掌握各种动作技能；具有较强的竞争意识，开始体验到小升初的压力，关心和在意学习成绩，开始从被动学习向主动学习转变，发自内心地敬佩学习优秀的同学；认知和分辨能力提高，自我意愿和独立意识增强，开始有了一些自己的想法，在意自己的感受；人际交往能力增强，渴望获得他人的认同和理解，自尊感较强、敏感，有一定程度的逆反，会出现"不听话"的现象。

这一时期父母的主要任务：在培养孩子良好的学习习惯，提高孩子学习能力的同时，分析孩子"不听话"背后的原因，采用正确的家庭教养方式，建立积极的亲子关系，进行有效的亲子沟通，减少对孩子的心理控制，培养孩子的独立意识，促进孩子健康成长。

预防和应对孩子"不听话"的积极家庭教育的方法有以下几种。

第一，采用明智型教养方式。心理学家研究指出，专制和溺爱两种教养方式都会导致孩子的"不听话"。专制型教养方式的父母会强迫孩子做事情，很少考虑孩子的心理感受，对孩子非常严厉，让孩子无条件服从，这种逼迫的方式会使孩子感到不快乐，内心充满怨气，出现逆反和对抗行为。溺爱型教养方式的父母对孩子没有批评和要求，一味地娇惯迁就，放任自流，无原则地满足孩子的各种要求，这样会使孩子缺乏自律、自私任性、以自我为中心、心理发展不成熟。

父母应对孩子"不听话"的有效方式是使用明智型教养方式。明智型教养方式是对孩子要求和支持兼顾的教育方式，既有规则和适度批评，也有关爱和支持。采用明智型教养方式的父母以爱为基础，尊重孩子的天性，接纳孩子的不完美，通过积极的亲子关系、有效的亲子沟通，对孩子做出合理、一致的要求，允许孩子自由表达，积极倾听孩子的想法，愿意花时间陪伴孩子，为孩子营造轻松交流的积极家庭氛围，要求孩子做到的自己先做到，成为孩子尊重和模仿的榜样，具有正常的权威，这样孩子会心甘情愿地听从父母的教导。

第二，建立积极的亲子关系。很多孩子之所以"不听话"，究其原因是亲子关系出了问题。我们知道，关系先于教育，家庭教育是否成功取决于亲子关系处于何种状态。积极的亲子关系是一种父母与孩子之间平等、尊重、关爱和信任的亲密关系，是家庭教育取得良好效果的关键。积极的亲子关系能够使孩子体验到父母的理解、接纳、关爱、认同、信任和支持，能够满足孩子归属感的需要，使亲子沟通更有效。

第三，减少对孩子的心理控制，尊重孩子的感受。心理控制是父母通过使用压制思考、引发内疚、表达失望、乱发脾气或爱的撤回等方式对孩子的想法、情绪和行为进行控制。心理控制的父母在亲子关系中居于支配地位，很少回应孩子的需求，经常指手画脚，过度干涉孩子的事情，限制孩子的表达，不利于积极亲子关系的维护。父母越是控制孩子，孩子对父母的信任程度以及与父母的沟通意愿越低，就越不容易听话。

否定感受是一种父母对孩子进行心理控制的手段，是父母有意或无意地忽视、否认或替代孩子的内心感受、体验和真实想法。比如，有一种饿叫"妈妈觉得你饿了"，有一种冷叫"妈妈觉得你冷了"。有调查发现，在父母回应孩子的话语中，竟有44%的语言在否定孩子的感受。否定感受和过度干涉等心理控制容易使孩子心生怨恨，与父母唱反调，表现出抵触情绪，经常对抗父母，产生更多的叛逆行为，不愿意接受父母的教育。

一些父母习惯从自己的主观意志出发，认为"父母是不会错的，我都是为你好，我要你这样做，你就得这样做"，与孩子说话时态度生硬，声调拔高，语气带有压迫感和命令性，很少从孩子的角度去体会他们的感受。父母使用高压和强势手段对待孩子，是难以达到良好沟通效果的。

第四，以同理心理解和接纳孩子的感受，与孩子产生心理"共鸣"。家庭教育要先共情，后教育。父母以同理心先理解和接纳孩子的感受，再设身处地站在孩子的角度换位思考，孩子才愿意与父母沟通，才会心悦诚服地接受父母的教育，按照父母说的去做。父母在与孩子讲话时，要用心倾听，不打断、不贴标签、不过早下结论，给孩子充分表达的机会，不仅听孩子说话，还要体会孩子话中的感受，体会他们的情绪，进行积极的回应，用恰当的语言把同感表达给孩子。回应的目的是让孩子知道父母确实在听，而且理解他所说的内容，接纳他的感受，从而达到与孩子心灵的共鸣。

在与孩子沟通时，父母要避免以自我为中心、情绪化、敷衍了事和使用强硬的语气，要站在孩子的角度去思考问题。比如，在心里先问自己"孩子需要什么"，而不仅是"我想给孩子什么"。很多时候孩子"不听话"或做出对抗大人的事情，可能仅仅是为了宣泄自己的负性情绪，而不是品格或性格原因。

基于10～11岁孩子的身心发展特点和这一阶段家庭教育的主要任务，父母采用明智型教养方式，多站在孩子的角度换位思考，不压制孩子的想法，注重孩子的内心感受，既有适度批评和要求，也有心理关爱和情感支持，有助于建立积极的亲子关系，取得有效的亲子沟通效果，促进孩子的健康成长。

11～12岁孩子的积极养育：建立边界、充分尊重

积极心理学的平和教养理论告诉我们，父母知道不该做什么和知道该做什么同样重要，知道孩子的哪些行为不需要管和知道哪些行为需要管同等重要。

11～12岁孩子在上小学六年级，开始从童年期逐渐进入青春期，是身心成长的关键阶段，也是小升初的关键时期。他们行为比较活跃，自我意识和独立意识较强，开始寻找自我，在意自己在同学中的地位和友谊，想挣脱父母的怀抱，向父母要平等和自由，好争辩，喜欢挑剔；情绪不稳定，对学习、写作业和身体发育感到烦恼，需要宣泄自己的负性情绪，渴望得到父母的理解和安慰；以自我为中心，自我感觉良好，有好胜心，对自己想法充满自信，对别人的想法和行为充满质疑，不愿意与他人合作，喜欢和自己兴趣相同的同学做朋友；处于叛逆期，不愿意遵守规则，会出现不服从管教，甚至与父母顶嘴、反抗等行为，父母过多的控制和批评，会让他们感到反感和发脾气。

这一时期父母的主要任务是：与孩子建立边界感，给孩子一定的成长空间，与孩子保持适当的距离，尊重孩子的意愿、想法和隐私，不过度干涉和保护孩子，培养孩子独立意识，帮助孩子做好小升初的顺利衔接。

与孩子建立边界感，父母采用的积极家庭教育方法包括以下几点。

第一，要有边界意识，不过度教育。父母对教育的尺度以及自己与孩子之间的关系要有清晰的认知，明确自己的责任，知道自己该做什么和不该做什么，不包办替代，不把自己想法强加给孩子。

在家庭教育中，很多父母缺乏明确的边界意识，无时无刻不对孩子进

行干涉和控制，他们似乎存在一个认识误区，就是无论在生活上还是在学习上，每天从早到晚不停地对孩子进行管教、监督、说教、要求，不时地批评、控制、挑毛病、找问题，似乎只要对孩子不说、不管、不监督、不批评、不指责，自己就不是一个合格、负责、称职的父母。此种过度教育的做法，往往事与愿违，导致孩子缺乏自主成长的空间，容易破坏积极的亲子关系，难以取得良好的教育效果。

心理学家指出，对于孩子一些"烦人"却不严重的行为，可以采用刻意忽略的方式；对值得鼓励的行为，用认同引导的方式加以肯定；对无法接受的行为，要采用立即处理的应对方式。需要说明的是，对孩子"烦人"却不严重的行为进行刻意忽略，并不是一味地放任和不管，而是有意识地摒弃一些微小的管束，进行有目的、有成效的重点管教。如果父母总是关注那些原本不用关注的小问题，会影响亲子关系，会阻碍孩子自主意识、主动性和自控力的发展。请记住，父母知道不该做什么和知道该做什么同样重要，知道孩子的哪些行为不需要管和知道哪些行为需要管同等重要。

第二，要尊重孩子，不窥探孩子的隐私。与孩子建立边界感，需要父母真正把孩子当成一个具有独立人格的个体去尊重和平等对待，尊重孩子的想法、意愿和隐私。有这样一个真实的案例，一个男孩报警投诉自己的父母，说父母在他的房间里安装了监控，意图控制自己，侵犯了他的隐私。他爸爸说："我装监控监视你怎么了，你有什么隐私，我是你爸爸，我不可以监控你吗？"在很多父母看来，孩子就是自己的"私有产品"，没有什么隐私可言，孩子的一切，父母都可以知晓，监视他是为了他好。

《中国青年报》曾刊登过一篇文章，是一名青春期的女孩写给妈妈的一封信，信的大致内容是：妈妈，感谢你生了我，但我不是你的奴隶，也不是你的私有产品，我只是经由你来到这个世界上，是具有独立人格需要你平等对待和尊重的个体，从今天开始如果你还想认我做你的女儿，请你遵循以下几条——请不要看我的日记，请不要拦截我的电话，请不要不敲门就进入我的房间，请不要逼我穿你买的我认为难看的衣服，请允许我听流行歌曲放松一下，请少一些命令和指责，多一些理解和关爱。

不难看出，上述案例中的妈妈采用的就是一种没有边界感和不尊重孩子的教育方式，这种缺乏边界感的爱，容易变成控制和伤害，会使孩子有一种压迫感。孩子进入青春期，会十分看重自己的隐私，没有边界意识的父母，会对孩子进行过度的干涉和心理控制，会打着"爱孩子"的名义慢慢侵蚀孩子的自主空间，破坏积极的亲子关系，影响孩子自我和独立性的发展。

第三，要允许孩子说"不"，给孩子创设一个敢于表达自己真实想法的积极环境。正如人与人之间需要界限，父母与孩子之间也需要界限。积极的亲子关系需要的不仅是爱，还有适当的距离和明确的界限。父母不要界限模糊，不要一味地要求孩子无条件地服从、不许质疑、只许执行，而是鼓励孩子说出自己内心真实的想法，允许孩子有拒绝的权利。父母不要因为孩子的反对、拒绝或者不同意就对孩子不接纳、不信任、发脾气和威胁，也不要因为孩子说"不"，就认为孩子太没有良心、不听话、白养孩子了。

事实上，父母只是孩子成长的协助者，而不是替代者，不要忽略和孩子之间的边界，不要以爱的名义控制孩子，对孩子进行过度的保护和干涉，只会给孩子带来性格上的依赖和幼稚，使孩子心理成长受阻。

基于 10~11 岁孩子的身心发展特点以及这一阶段家庭教育的主要任务，父母应重新定位自己与孩子之间的关系，与孩子之间保持边界感和适当的距离，尊重孩子的意愿、想法和隐私，了解并满足孩子正常的心理需求，允许孩子说"不"，不过度干涉和控制孩子，给孩子成长的自由空间，培养孩子独立意识，这样有助于孩子成为一个有担当、有责任和自主的人。

12～13岁孩子的积极养育：自信、自律、自我成长

积极自我是指一个人具有良好的自我意识、自我概念和自我评价。积极自我认同是对自我的接纳和肯定，能促进个体力量、美德、优势等积极心理品质的发展，使个体具有良好的自尊、自信、自律和自我成长能力。

12～13岁孩子在上初中一年级，处于青春期早期阶段，他们的身心发生着巨大的变化，生理发育成熟，第二性征出现，心理发展相对滞后，在认知观念、知识经验、心理品质等方面，依然保留着小学生的一些特点，他们的理性思考和抽象思维能力欠缺；自我意识逐渐增强，具有成人感，渴望独立和摆脱成人对他们的"束缚"；经常与家长"南辕北辙"；情绪和行为不稳定，当取得成绩时，会表现出兴高采烈和沾沾自喜，认为谁都不如自己，而当遇到困难和打击时，又会表现出愁眉苦脸和垂头丧气；有时盲目自信，有时又表现出自卑，比如当与同学进行比较认为自己长得不够帅、不够漂亮、学习不够好、没有朋友、没有特长，或者自己的家庭背景、经济条件不好时，他们会产生一定的自卑心理；自尊心较强，希望得到父母的尊重和理解，希望父母不要过度干涉他们；具有一定的评价能力，开始注意形象，希望得到老师和同学的关注，很在意同龄人的看法和评价。

青春期是人生发展中最重要的阶段，因为这一阶段是孩子身心成长、获取知识、提升能力、形成良好价值观和积极自我认同的关键期，也是孩子容易出现各种品格和行为问题的危险期。心理学家把青春期又称为"第二次诞生"、"心理断乳期"、"疾风暴雨期"、"心理动荡期"和"情绪逆反期"。

我们经常会听到一些父母不停地感慨和抱怨，说孩子到了青春期后如何不听话，如何难以管教，如何故意和父母作对、唱反调，如何表现出各

种情绪问题。其实，这只是父母的片面看法，如果从青春期孩子的角度出发，他们并不觉得是自己有问题。

这一时期孩子最大的心理需求是形成积极的自我认同，父母的主要任务是引导和帮助孩子重新认识和接纳自身的变化，积极转变角色，尽快适应初中的学习生活，了解自己是谁以及自己与其他各种人、事、物的关系，逐渐形成良好的自我认同。

对于 12 ~ 13 岁刚刚进入初中的孩子来说，父母采用的积极养育方法包括以下几点。

第一，帮助孩子重新认识自我，知道自己是谁。孩子进入初中，在情绪、行为和学习上会表现出不稳定，如果用一个字概括那就是"变"，生理在变，心理也在变，变得连他们自己都不认识自己，对自己感到陌生，会经常问自己一个问题，"我是谁？"他们需要整合周围的信息重新认识自己。对刚刚进入初中的孩子，家庭教育最重要的是父母采用积极家庭教育的科学理念和有效方法，引导和帮助孩子对自己有客观、理性的认识，正确认识自己的身心变化，知道自己是谁，知道自己的优势和不足，了解自己以及自己与其他各种人、事、物的关系，知道自己的努力方向，积极接纳自我。

第二，帮助孩子调整自己，顺利适应初中的学习生活。新的校园环境、新老师、新同学、新课程、新的教学方式，会让刚刚步入初一的孩子产生紧张感和压力感，家长需要帮助孩子积极转变角色，尽快适应初中的学习生活。相对于小学阶段来说，初中的学习具有课程多、作业多、课程进度得快、要求高、难度大、时间紧的特点，家长需要引导和帮助孩子掌握适合初中的学习方法，养成良好的学习习惯，培养孩子的自学能力和理解能力，助力孩子把基础打牢，掌握各科的知识点。

第三，正确认识孩子情绪波动背后的客观原因，理解和接纳孩子的情绪和感受。青春期是令无数父母头疼和担心的一个阶段，青春期孩子自带成长的烦恼、困惑和情绪问题。父母要正确地认识到，孩子到了青春期，并不是主观要与父母作对和逆反，故意表现出各种情绪问题，而是存在着一些他们自己也无法左右的客观原因。

　　初一的孩子性生理逐渐发育成熟，身体的变化震撼着他们的心灵，如果孩子没有做好充分的心理准备，加上性冲动带来的心理压力，会给青春期孩子带来一定的困扰，产生情绪波动和烦恼。过去凡事都要依赖父母，生活、学习一切由父母做决定，听从父母的安排。到了青春期，孩子自我意识和成人感增强，他们不想再依赖父母，想自己独立面对和解决问题。我们知道，结束一个已经适应的旧行为，开始一个新行为，会让人感到痛苦。由于初一的孩子缺乏一定的社会经验，理性分析能力还不足，缺乏解决问题应有的经验和策略，他们一方面很想自己独立面对和解决问题，另一方面又希望得到父母的帮助和指导，这种矛盾的心理，也会让他们感到纠结和痛苦。他们模糊地知道学习至关重要，关系着未来，但将来能考取什么大学，从事什么职业，他们并不十分清楚。面对日益繁重的学习和考试压力，他们会感到迷茫和困惑。

　　当父母知道了这些所谓"情绪问题"和"逆反心理"背后的客观原因之后，就应该多理解青春期孩子的不容易，少一些说教和讲大道理，多一些尊重和包容，少一些批评和指责，多一些关爱和认同，采用科学有效的积极家庭教育方法帮助他们顺利度过青春期。

　　基于 12～13 岁孩子的身心发展特点以及这一阶段家庭教育的主要任务，父母应引导孩子重新认识和接纳自己的变化，帮助孩子进行积极自我调整，尽快适应初中的学习生活，了解自己以及自己和其他各种人、事、物的关系，逐渐形成良好的自我认同，这样有助于他们成为一个积极的孩子。

13～14岁孩子的积极养育：轻松度过青春期

良好的亲子关系是家庭教育取得成效的关键和前提。积极的亲子关系应是有界限感又不失亲近，父母和孩子之间相互关爱又保持适度的距离，这样的亲子关系才能和谐舒适。

13～14岁孩子在上初中二年级，正处于青春期，他们做事的动力不再像以前，主要来自父母、老师的期望和要求，而更多地来自他自己内心的想法和动机，他们想证明自己长大了，想向外界表示自己的成人感和独立性，心理学家把青春期又称为"心理断乳期"。

这个阶段的孩子身心变化尤为明显，生理发育成熟，但心理发展相对滞后，第二性征明显，出现青春期萌动，对异性产生好感，开始注重自己的形象，很在意同龄人对自己的评价；自尊心较强，敏感，容易激动，情绪和行为不稳定；心理上寻求自我认同，有自己的看法，不愿与父母交流，不愿表达自己的想法，同时又特别渴望获得别人的理解，对信得过又理解自己的人，会敞开心扉，无所不谈；希望摆脱父母的控制，渴望尊重和独立；行为上容易偏离社会期望，有些孩子会出现沉迷网络游戏、早恋、厌学、成绩下降、逆反、盲目心理、亲子关系紧张、亲子沟通障碍和品行问题。

初二是一个非常重要的关键阶段，也是容易出现问题的危险阶段，如何转变教育方式，重建与孩子的亲子关系，如何引导孩子正确认识自身的变化，形成积极的自我认同，如何正确认识"初二现象"，帮助孩子顺利度过初二，是这一阶段父母的主要任务。

与13～14岁青春期孩子重建亲子关系，父母可以采用以下积极养育方法。

第一，改变家庭教育方式，不要采用过去对待小孩子的方式对待青春期孩子。13～14 岁孩子，身心发生急剧变化，成人感增强，自我意识觉醒，不再希望像以前那样凡事都要依赖父母，想自己独立面对和解决问题，有时盲目自信，有时又会表现出自卑，心理动荡、迷茫和困惑，希望得到父母的理解，父母不要仍然沿用过去对待小孩子的方式对待青春期孩子，在教育理念、方式、方法和态度上，要及时调整和改变，采用适当的教育方式积极应对青春期孩子的变化。改变说教、唠叨、控制、命令、否定的教育方式，真正做到尊重、接纳、认同、信任和支持孩子，使亲子沟通有效、亲子关系和谐。

对于孩子的学习、交友和为人处世，父母多用商量的口吻与孩子进行沟通，倾听孩子的想法，尊重孩子的意愿，让孩子有存在感。比如："关于如何合理使用手机问题，你是怎么想的呢？妈妈想听听你的想法。"事实上，很多事情，如果父母能够以商量的语气和态度与孩子进行平等讨论并征得他们的同意，孩子通常会心甘情愿地去完成。

第二，重新定位亲子关系。父母与孩子保持适当的距离，给孩子足够的自我成长空间，不过度关注孩子，让孩子独立去体验、感受和思考，尊重孩子的人格、想法和隐私，父母的过度关注和反复询问，会让孩子产生心理压力和反感。

青春期的孩子有自己的秘密，与父母的关系会慢慢疏远，有些事情不会跟父母讲，父母要接纳和适应这种亲子关系的变化，不要把孩子当作自己的"私有品"进行心理控制，要多放手、多信任、支持和鼓励孩子独立面对生活和学习中的各种事情，有意识地培养他们的自主能力。例如，一家人打算暑期旅游，父母改变以往的做法，放手让孩子负责做旅游攻略，鼓励孩子提前做一些功课，如买机票、订酒店、买门票、旅游过程中如何照顾爸爸妈妈等。你会惊奇地发现，他们做得很好，以后会主动承担这些事情。

第三，正确认识"初二现象"。初二被认为是整个中学"最危险"的阶段，也是最难管的阶段，初二阶段的孩子容易出现厌学和品行问题，这被称为"初二现象"。初二阶段的孩子希望用自己的方式去学习和生活，不再一味地听从父母的要求，希望父母尊重他们的个人空间和隐私，对于父母的强硬态度和过多控制，容易产生对立情绪，跟父母反驳和顶嘴。在学习上，初二是个"分水岭"，由于学习难度加大，学习压力增强，有些孩子进步很快，有些孩子心思不在学习上。例如，有些初二的孩子在学习方面会出现成绩下滑，甚至出现十分严重的厌学情绪和弃学现象；有些孩子出现早恋和品行问题，经常与"问题孩子"在一起，容易形成错误的自我认同和反道德价值观念。有效预防和积极应对"初二现象"，需要父母采用积极家庭教育的科学理念和方法，与孩子保持积极的亲子关系，进行有效亲子沟通，培养孩子具有更多的力量、美德、优势等积极心理品质。

第四，帮助孩子形成积极的自我认同。自我认同是青春期孩子对自我一致性或连续性的感知，是一种熟悉自身和知道自己未来目标的感觉，一种从他信赖的人那里获得认可的内在自信，是内部心理活动与外部环境整合与适应的结果。

初二的孩子会对自己感到陌生，"不认识自己了"，他们需要不断整合相关信息，来重新认识自己，会基于过去的个人成长经验，结合父母、老师和同学的态度和评价，以及与同学的人际关系、自己的成败经验来确定自己的优势和不足，知道自己的目标和价值观，知道"我"是谁甚至比考了多少分更重要。积极的自我认同能帮助孩子更好地接纳自己、发挥自身的优势和提高适应环境能力。

总结来看，基于13～14岁青春期孩子的身心发展特点和这一阶段家庭教育的主要任务，父母应转变已有的教育方式，对孩子多关爱、多支持、多理解、多信任和多鼓励，重建与孩子的亲子关系，引导孩子正确认识自身的变化，帮助孩子积极看待自我，知道自己是谁，形成积极的自我认同，帮助孩子顺利度过初二。

14~15岁孩子的积极养育：理性处理早恋问题

　　心理学中的"罗密欧与朱丽叶效应"表明，对恋爱双方的感情越是反对，恋爱双方的情感反而会加强，恋爱关系也因此更加牢固，这给父母如何处理青春期早恋问题带来重要的教育启示。

　　初三是初中阶段非常关键的一年，这一时期的孩子一方面回避着自己童年的幼稚来伪装成熟，另一方面又对未来和成人的世界感到迷茫，会出现早恋、叛逆等令父母担心的问题。他们面临着即将到来的中考，会产生心理压力；对异性产生相互倾慕的好感，但心智发展还不成熟，缺乏处理和平衡这种感情的能力，此时产生的"爱情"容易影响正常的学习生活，导致心神不宁，成绩下降，不敢向父母倾诉，思想负担沉重，有的甚至酿成悲剧。

　　初三的孩子"成人感"增强，身高体重和发育都接近成年水平；大脑组织发育趋于完善，孩子的协调性、反应速度、运动能力和学习能力迅速提高；初三学生性发育成熟，他们会对自身生理变化感到不安和焦虑，生理上的发育带来心理上的显著变化，对喜欢的异性开始产生懵懂的爱慕之情，害羞和茫然是这个阶段的孩子非常普遍的心态，他们开始出现性困惑，渴望了解性知识，会有性幻想，对异性产生好感甚至性冲动。

　　随着生理特征的成人化，初三孩子的自我意识不断增强。他们努力让自己在各方面看起来更加成熟，希望老师和父母能够把他们当成人对待。他们的认知和思维方式还不够理性，会出现明显的冲突和叛逆行为；他们的归属感和被认同的需求加强，不再满足于一朵小红花式的表扬，而是需要真正被他人认同，作为独立个体被集体接纳和尊重。

这一阶段家长的任务是，了解孩子的身心发展特点和适应他们的身心变化，及时转变教育方式，引导孩子正确认识自己的情感，采取理性态度进行积极引导，通过情感支持和以学习目标激励孩子，帮助孩子有效地处理早恋问题。

根据 14~15 岁孩子的身心发展特点，父母处理青春期早恋的积极养育方法包括以下两点。

第一，不要轻易给孩子下早恋的结论。父母要注意，大多数青春期孩子的"早恋"其实并不是真正意义上的爱情，而更多的是一种对异性的喜欢和好感，是两个人彼此之间有相似性，兴趣相投，烦恼相似，经历相似，价值观相同，相互吸引，相互感受到亲近和真诚，对对方持有积极评价，因为欣赏、尊重、认同而产生的情感和感觉。比如，青春期孩子会喜欢和欣赏学习好、品德好、能力强、有特长、长得帅和漂亮的优秀异性，这是一种正常的情感体验，这种情感体验对青春期孩子来说非常重要，这是他们人生中的必经过程。

青春期孩子之间谁喜欢谁、被谁喜欢，都是正常的，这是一种纯洁和美好的情感，父母要正确看待，一定不要把青春期孩子之间正常的喜欢和好感看作早恋，明明孩子没有什么事儿，却被父母放大得好像真有什么似的。父母过早下结论和贴标签以及严厉指责的做法非常有害，会伤害孩子的自尊心，导致亲子关系恶化，导致孩子产生强烈的对抗和逆反心理。

第二，采取理性态度进行积极引导。青春期孩子情窦初开，受荷尔蒙的影响，他们容易对异性产生好奇和爱慕之情，这并不可怕，也没有对错之分。父母不要把青春期孩子的早恋视为罪恶和"洪水猛兽"。当发现孩子出现早恋问题，父母先不要慌，一定不要采用过激的言行，急于否定孩子，也不要对孩子进行简单粗暴的严厉教训、控制、警告和阻止，这并不利于早恋问题的解决，还会产生适得其反的结果。因为在孩子看来，自己并没有做错什么，自己的情感很纯洁很美好，如果父母认为孩子做了不应该做的事情，会使孩子与家长产生冲突。大量的案例都表明，父母采取高压政策，越严厉、越专制，孩子越想通过恋爱情感，寻找爱和温暖，反而会加强他们的恋爱关系。

父母正确的做法是，采取平等的姿态、理性的态度和关心的口吻与孩子探讨早恋的话题，接纳、理解和引导孩子正确认识自己的情感，让孩子感到自己被尊重，这样会让孩子对父母敞开心扉，说出自己的心里话，有助于进一步交流和问题的解决。例如，可以对孩子这样说："儿子，你开始喜欢女孩了，爸爸妈妈很高兴，你长大了。"父母这样说话并不是鼓励孩子早恋，而是先以接纳的态度，让孩子感受到自己的情感被父母接受和欣赏，父母再顺势引导孩子，加上一句话："你长大了，我们很高兴，但是爸爸妈妈不太清楚你打算怎么对待这份感情。"在孩子表达自己的想法过程中，父母帮助孩子进行分析和给出合理的建议，让孩子知道青春期的早恋是生理逐渐成熟造成的心理萌动，是一种不成熟的爱，并不是真正的爱，真正的爱是责任和有能力给予对方爱，让孩子明白自己未来的发展空间很大，引导孩子意识到自己现在最应该做的事情是学习，把自己这份美好的感情珍藏好，把主要精力放在学业和让自己变得优秀上。让孩子真切地感受到父母反对早恋是出于对自己的关心与爱护。父母向孩子表达期望，相信孩子会处理好，父母通过情感支持和以学习目标激励孩子。父母正确的引导才能帮助孩子减少青春期的躁动，有助于孩子走出早恋。

综上所述，基于 14～15 岁孩子的身心发展特点和这一阶段家庭教育的主要任务，父母应以尊重和接纳的态度，引导孩子正确认识自己的情感，父母采取理性态度进行积极引导，通过情感支持和以学习目标激励孩子，帮助孩子有效地处理早恋问题。

15~16岁孩子的积极养育：勇敢自信地跨入高中

成长型心态的人习惯用发展的眼光看待世界，更加关注如何才能让自己积极成长，表现为认知合理、情绪积极、意志坚强、行为有效、心理灵活，坚定自己的人生目标，并持续不断地积极追求。

高一是孩子走向成人化的关键期，是价值观确立的重要阶段，也是父母帮助孩子实现再次成长的重要时期。他们的自我感增强，在心理和行为上追求自主性，希望从父母的束缚中解脱出来；自我调节和控制能力提高，会通过自己行为的结果、他人的评价和内心的反思认识并调节自己；开始更多地关心和思考自己的前途和理想问题；逐渐摆脱成人评价的影响；十分重视同龄人的评价，在生活和学习上表现出更大的独立性和自觉性。

高中一年级的孩子思维能力初步定型，能理解一些现象之间复杂的因果关系，思维的独立性和批判性有了显著发展，不再轻信成人和书本上的"权威"意见，喜欢怀疑和辩论，具有独立思考能力，父母不要因此认为孩子是故意"顶撞"自己，不要斥责和压制孩子。但他们容易忽视问题的整体性和本质性，表现出片面性和表面性。例如，他们看问题容易走极端和绝对化，往往是肯定一切或否定一切，把谦逊理解为拘谨，把勇敢理解为冒险，有时善于批评他人却不善于自我批评。当父母批评他们时，他们会忽视父母的良苦用心，一味计较父母的态度和方法。

高一孩子的情绪和情感不稳定，有时比较强烈，容易冲动和感情用事，表现出反抗情绪和行为，会因为父母忽视其自主性和独立性而情绪激动；他们内心世界活跃，但情感的外部表现并不明显，他们有时不愿意表达自己的想法、情绪情感；人际关系表现出两极性，如对父母的顺从和顶嘴，朋友关系中的友情和孤独，亲切和冷漠，等等。

在学业方面，高中的学习难度加大，面对众多优秀同学的竞争，自己的优势不再明显，有的孩子因此容易出现心理失衡，失去自信，产生自卑、失落感和焦虑情绪，尤其是学习成绩处于中上游的孩子。

高一家长的主要任务是，引导孩子保持积极的心态，帮助他们进行准确的自我定位和积极的自我评价，看到和使用自身的优势，采用有效的学习方法，建立自信心，掌握扎实的基础知识，形成积极的价值观，协助孩子实现再次成长。

对于刚刚步入高中的孩子，父母采用积极养育的方法包括以下几点。

第一，培养孩子具有成长型心态。进入高中，面对新的学习环境、新的要求，学习内容增加，学习难度加大，学习强度提高，和初中相比成绩落差会很大，容易出现心态消极、失衡和自卑感，产生心理压力和心理负担；加上这一时期的孩子内心充满矛盾，会让他们感到痛苦和烦恼，又不愿向父母倾诉。父母应帮助孩子及时调整心态，处理好反抗和依赖、理智和情感、自信和自卑、勇敢和怯懦等矛盾心态，帮助孩子适应从初中知识结构向高中知识结构的过渡，以及帮助孩子完成学习方法和思维方式的转换。父母积极引导孩子保持成长型心态，正确认识自己，积极调整自己，父母应增加对孩子的心理和情感支持，鼓励孩子充满自信，具有良好的自尊心，引导孩子树立新的目标，制定新的规划，进行新的追求，尽快熟悉和适应高中生活。

第二，引导孩子形成积极的价值观。高一是整个高中乃至今后人生发展的奠基阶段，对孩子的心理成长和学业成长具有重要的影响。父母引导孩子对未来充满希望，树立积极的人生目标，形成正确的价值观；在人生目标、自我追求、人际关系、道德评价、挫折失败等问题上，有意识地选择符合自己的价值标准；具有独立、勤奋、自律的个性，坚毅、乐观、希望的积极品格，不惧怕困难和挫折；不自以为是，不骄傲自满；重视友谊，学会交好的朋友；用积极行动追逐自己的梦想。

第三，奠定扎实的学习基础至关重要。高一是整个高中的起点，也是高中阶段打基础的重要阶段，重视高一的基础知识能够成就高考。父母引导孩子对高考有正确的认识，以学业为主，摆正学习和其他活动的关系，自觉和主动学习，重视各科的基础知识，不要出现偏科现象，不急功近利；引导孩子养成良好的学习习惯，掌握有效的学习方法，学会归纳和总结，有自己的难题本和错题本，管理好时间，扎实地掌握所学的内容。例如，有些孩子上高一之后，认为"我才高一，离高考时间还很远，一切都来得及"，思想上容易松懈下来，放松了对自己的要求，结果高一基础没打牢，到高二发现学习吃力，跟不上、听不懂，最终影响高考成绩，后悔不已。父母引导孩子认识到对高一基础知识的重视程度和高考成绩成正比的关系，高一打牢基础知识，对高二的"爬坡"和高三的冲刺至关重要。

第四，采用积极的家庭教育方式，对孩子进行引导和支持。基于高一孩子的身心发展特点，父母多采用情绪引导和心理支持的教育方法，对孩子进行引导和鼓励，不要对孩子进行心理控制，也不要打压孩子。在亲子沟通中，父母要多说积极鼓励的语言，设身处地站在孩子的角度思考问题，善于运用积极心理暗示的方法激励孩子，增加孩子的自信，满足孩子正当合理的心理需要。比如他们需要发展自己的个性、自主选择、培养自己的兴趣和爱好，需要友情友谊，需要与同伴交往等。

综上所述，基于 15～16 岁孩子的身心发展特点以及这一阶段家庭教育的主要任务，父母采用积极养育方法，帮助孩子以积极的心态迎接新的挑战，形成积极的价值观，进行准确的自我定位和积极的自我评价，看到和使用自身的优势，建立自信心，采用有效的学习方法，掌握扎实的基础知识，协助孩子实现再次成长。

16～17岁孩子的积极养育：做好情绪疏解

积极情绪扩展建构理论告诉我们，积极情绪对于个体的认知具有启动和扩展效应，能够建构人的心智能量，让人思维更发散，想象更丰富，记忆更牢固，行动更积极，有助于提高个体行动的效率和效果。

16～17岁孩子在上高中二年级，他们不再像高一新生那样，对高中有新鲜的感觉和兴奋的心情，对学习和生活态度积极。进入高二阶段，一些学生出现缺乏明确的目标，既没有高一时的雄心壮志，也没有面临高考的紧迫感，是一个容易出现心理动荡和茫然的时期。高二学业难度加大，属于艰难的"爬坡期"，容易出现成绩退步。同时，高二阶段需要面对文理分科、是否走学科竞赛或艺术道路等关乎人生发展方向的重要选择，分班之后要适应新的环境，孤独感较强，一旦遇到挫折，特别是考试成绩不理想带来的打击，会自我怀疑，产生焦虑。这个阶段的孩子心理发展还不完全成熟，缺乏一定的社会经验，常常会将生活中出现的问题严重化、绝对化，过分估计事情的不良后果，出现"完蛋了""不会好了"等错误认知。

高二是高中阶段恋爱发生率最高的时期，高二的孩子承受着性冲动、社会责任和学业等方面的压力，会产生心理上的孤独感和情绪上的焦虑感，恋爱是要寻找一种被爱、被重视的感觉。受影视作品和网络的影响，青春期孩子容易把爱情过于美化、理想化，向往浪漫的爱情。此外，16～17岁孩子生理发育成熟，对性有着很大的好奇心，希望了解这方面的知识。当他们不能从家长和老师那里获得性知识时，会从网络、同学和朋友那里获得，而从这些途径获取的性知识不一定是健康和科学的。

高二孩子有着较强的自我意识、主动意识和自我控制能力，他们相信自己有能力驾驭生活，喜欢独立进行判断和选择，相信自己能克服困难，自主进行各种活动。

在这一阶段，父母的主要家庭教育任务是促进孩子身心健康成长，化解孩子的心理困扰，引导孩子学会情绪调适的方法，增加积极情绪，帮助孩子完成自我意识转化期的平稳过渡。根据 16～17 岁孩子的身心发展特点，父母帮助孩子疏解情绪的方法包括以下几个方面。

第一，为孩子提供支持性的家庭环境。父母的情感支持对高中生的负性情绪有积极的改善作用，家庭支持程度高的高中生焦虑情绪明显低于家庭支持程度低的高中生。在面临分科等重要选择时，在充分尊重孩子意愿的前提下，父母帮助孩子分析各种选择的利弊，给出自己的合理建议。支持性家庭环境对孩子的成长至关重要，例如，奥运冠军谷爱凌的出色成就和自信大方的个性，和她的家庭支持密不可分。谷爱凌说，妈妈从来不干涉她的决定，唯一的要求就是她必须保证健康，无论她做出什么选择，妈妈总是陪伴和支持她。孩子在充满支持氛围的家庭中成长，会增加激励、希望等积极情绪，减少孤独和焦虑情绪。

第二，改变孩子的不合理认知。心理学家告诉我们，人的消极情绪不是由事件直接引起的，而是对事件不合理的认知、观念、思维、评价导致的。高二孩子的心理发展还不够成熟，缺乏一定的社会经验，理性分析能力不足，对于自我身心的变化、学业发展、人际关系、人生未来、恋爱、性冲动等问题缺乏深刻的认识，容易出现一些不合理的认知，例如，绝对化观念；以偏概全的认知，一次没考好就全盘否定自己；存在灾难化思维，会夸大事情的严重后果；以及主观臆断的想法，表现出缺乏事实根据的猜测。父母引导孩子用合理的认知取代不合理的认知，帮助孩子减少青春期带来的烦恼和躁动，化解一些负性事件给他们带来的消极情绪体验。

第三，减少对孩子的心理控制。心理学的自我决定理论告诉我们，当父母满足了孩子的自主需求，鼓励和支持孩子的自主行动，会激发孩子学习的积极性，有助于提高学习成绩，产生积极的情绪体验。反之，父母的过度心理控制会使孩子的心理成长受到限制，容易出现进取心不强、学业成绩不理想。面对 16～17 岁孩子，父母的教养方式应该由控制转为支持，由保护转为放手，在亲子沟通中多尊重孩子的意愿，倾听孩子的心声，给予孩子自我成长的空间，鼓励孩子独立面对和解决问题。父母减少对孩子的心理控制，满足孩子的自主需求，能激发孩子的进取心和积极行动，能够增加孩子的愉悦、自豪、希望、激励、感激等积极情绪情感体验。

第四，增加孩子的积极情绪体验。增加孩子积极情绪体验，父母可以教会孩子掌握一些常用的自我情绪调适的方法，如倾诉、放松、运动、听音乐、转移注意力等，引导孩子积极发现和感受社会中美好的人、事、物，感受自身成长的积极意义，发现自身存在的价值，鼓励孩子经过自己的努力实现目标，取得良好的成绩。有意识训练和提高孩子的情商，包括如何认识、理解、表达、控制和应对各种情绪。具体来说，可以对孩子进行同理心的训练，以及教会孩子与他人建立积极人际关系的方法。情商高的孩子善于了解自己的情绪，懂得识别他人的情绪，能够有效地管理、调节和控制自己的情绪，善于利用自己的情绪激励自己，以及与他人建立良好的人际关系，成为受同伴欢迎的人，这会使孩子有更多的积极情绪体验。

基于 16～17 岁孩子的身心发展特点以及这一阶段家庭教育的主要任务，父母要为孩子成长提供支持性的家庭环境和良好氛围，帮助孩子改变不合理认知，减少对孩子的心理控制，教会孩子自我情绪调适的有效方法，引导孩子发现成长的积极意义和价值，提高孩子的情商，这样能够有效帮助孩子疏解各种消极情绪，促进孩子健康成长。

17～18岁孩子的积极养育：支持与放手

积极成长是生命的永恒主题，父母接纳、支持和祝福青春期孩子的长大成人，有助于他们形成积极的自我认同和良好的自我概念，有助于他们开启新的精彩人生。

17～18岁孩子步入紧张的高三，处于青春期的末期，身心发展进入相对稳定阶段，心理和行为上具有更强的独立性，认知和思维方式逐渐趋于理性；性生理成熟带来第二性征和外形上的明显变化，脑发育和神经细胞的分化达到了成人的水平，他们的身体素质、运动能力迅速发展，达到了较高的水平；异性之间的吸引、接触和交往逐渐增多。

17～18岁孩子的认知发展进入了一个新的阶段，他们的智力水平接近成人状态，注意力的稳定和分配能力较强，抽象逻辑思维开始占主导地位，能够独立辩证地思考问题，思维活跃，愿意提出问题和发表自己对事物的看法，希望自己独立解决问题，但有时比较偏激。高三孩子自我意识进一步增强，自我控制能力和自我调节能力接近成人水平；他们对考试成绩寄予很高期望，希望通过高考检验12年的学习成绩，渴望考上重点大学，向往美好的大学生活，因此面临的学业和高考压力比较大；开始关注自身的发展并思考自己对社会的价值，逐渐形成稳定的性格，具有自我教育和自我约束的能力。例如，在学习上，他们不需要父母和老师的监督，能够在高考目标的指引下自主学习。同时，他们的情绪、情感趋于成熟，但有时会不稳定，当面对成绩出现波动时，容易产生焦虑、紧张和烦躁等消极情绪。

这一阶段，父母采用积极养育的方法和策略包括以下四个方面。

第一，接纳孩子的长大。孩子到了高三，父母会在不经意间发现孩子好像一下就长大了，曾经那个黏着妈妈的宝贝，已经成为男子汉或大姑娘了。事实上，随着孩子的长大成人，不是孩子离不开父母，而是父母舍不得孩子，但这就是成长，需要父母积极面对。身为父母，要有充分的心理准备，要接纳孩子长大的事实，要想清楚，我们抚养和教育孩子的目的是什么，不是自私自利，不是让孩子一直在我们身边，不是为了养儿防老，而是祝福和支持孩子，放手让孩子展翅高飞，放眼世界，做最好的自己，拥有一种属于他的自主人生。

第二，表达对孩子的祝福。父母祝福孩子已经长大了，即将步入大学，开启新的精彩学习生活，面对美好的未来。父母为孩子的成长、成人感到由衷的高兴和自豪。让孩子知道，成长的过程是一个自我不断完善，不断突破，逐渐走向成熟的过程。父母告诉孩子：真正长大了意味着独立，自己独自面对生活和未来；意味着责任，对自己、对他人、对社会、对国家的担当和责任；意味着成熟，思想和心理成熟，看问题全面、深刻、长远；意味着坚强，内心强大，具有坚毅的品格；意味着分离，脱离父母的双手，自己勇敢前行。

第三，帮助孩子建立自我同一感。自我同一感是孩子对理想自我和现实自我达到一致性的感觉。孩子到了高三，逐渐从对父母的依赖关系中解脱出来，重视同伴间的亲密友谊，从别人对他的态度和自己扮演的社会角色中，逐渐认识自己，对自己的过去、现在和未来产生一种内在的连续感。这一时期，父母帮助孩子建立自我同一感，让现实自我与理想自我保持统一，有助于孩子积极自我的发展。对于孩子上哪所大学、学什么专业以及未来的职业选择，父母应采取尊重、开放、民主的方式与孩子交流，听取孩子的意见，鼓励孩子进行积极自我探索和选择，不要以孩子没有经验，什么都不懂，都是为孩子好的名义，采用专制的高压姿态替孩子做一切决定，这不利于孩子积极自我认同的建立。

父母应尊重孩子的自我发展意愿，引导孩子选择适合自己发展的人生方向。例如，高考之后父母不要强迫孩子选择父母认定的学校和专业，这样会使孩子感到痛苦和冲突，内心抵触但又不敢违背父母的意愿，缺乏对未来的积极期待，容易形成消极的自我认同。而且，父母强势替孩子做各种选择，孩子不一定喜欢，积极性和主动性不高，将来发展不一定顺利。

第四，鼓励孩子积极迎接高考。高考是孩子人生的重要转折点，高三是高考的冲刺阶段，是努力性价比最高的一年。面对高考的考验和挑战，父母积极引导孩子重视高考，调整好心态，对自己进行合理定位，明确目标，充满希望，坚定信心，找自己的短板，做最重要的事情；高三冲刺阶段时间一定不够用，父母帮助孩子有效管理时间，提高复习效率和效果；鼓励孩子真正做到120%的不懈努力，每天真正兴奋和紧张起来，保持最佳状态，采用系统的复习策略，总结和梳理知识点，进行精准、高效、科学的复习；父母帮助孩子科学管理考试压力和有效调适焦虑情绪，告诉孩子真正对心理有害的不是焦虑本身，而是对焦虑的恐惧态度；引导孩子改变对高考的不合理认知，增加积极情绪，学会常用放松技术，提升孩子的心理灵活性；告诉孩子一定要尽自己最大的努力，以高考作为目标高效复习，通过自己的积极行动，考取理想的大学。

基于17~18岁孩子的身心发展特点以及这一阶段家庭教育的主要任务，父母应接纳和祝福孩子的长大成人，鼓励、支持和信任孩子，帮助孩子建立积极的自我认同，明确自己追求的目标，全力备考，以积极的心态迎接高考的到来，通过自己的努力考取理想的大学，开启新的精彩人生。

参考文献

[1] 〔美〕艾莉森·高普尼克：《园丁与木匠：顶级心理学家教你高手父母的教养观》，刘家杰、赵昱鲲译，浙江人民出版社，2019。

[2] 〔美〕安德斯·艾利克森、罗伯特·普尔：《刻意练习：如何从新手到大师》，王正林译，机械工艺出版社，2016。

[3] 〔加〕芭芭拉·弗雷德里克森：《积极情绪的力量：缔造当代积极心理学新高峰》，王珺译，中国纺织出版社，2021。

[4] 陈虹主编《给老师的101条积极心理学建议：积极语言HAPPY》，南京师范大学出版社，2012。

[5] 达契尔·克特纳：《生而向善：有意义的人生智慧与科学》，王著定译，中国人民大学出版社，2009。

[6] 盖笑松主编《积极心理学》，上海教育出版社，2020。

[7] 葛鲁嘉：《心理环境论说：新心性心理学理论视阈中的环境》，浙江教育出版社，2020。

[8] 〔美〕安杰拉·达克沃思：《坚毅》，安妮译，中信出版社，2017。

[9] 〔美〕卡尔：《积极心理学：关于人类幸福和力量的科学》，郑雪等译校，中国轻工业出版社，2008。

[10] 李兆良：《宽恕的生命意蕴》，吉林教育出版社，2014。

[11] 李兆良：《给孩子最好的礼物：如何做积极的父母》，湖南教育出版社，2021。

[12] 李兆良：《积极社会心理研究》，中国社会科学出版社，2022。

[13] 李兆良：《为了孩子，别再"雾里看花"——论学习内驱力培养的七大误区》，《教育家》2022年第45期。

［14］ 李兆良主编《从容养育：读懂孩子的情绪》，江苏凤凰科学技术出版社，2022。

［15］ 李兆良主编《从容养育：这样说孩子才会听》，江苏凤凰科学技术出版社，2022。

［16］〔澳〕路斯·哈里斯：《ACT 就这么简单：接纳承诺疗法简明实操手册》，王静、曹慧、祝卓宏译，机械工业出版社，2022。

［17］〔美〕马丁·塞利格曼：《真实的幸福》，洪兰译，浙江教育出版社，2020。

［18］〔美〕马丁·塞利格曼等：《教出乐观的孩子：让孩子受用一生的幸福经典》，洪莉译，北方联合出版传媒（集团）股份有限公司、万卷出版公司，2010。

［19］〔美〕米哈里·契克森米哈赖：《心流：自我进化心理学》，朱蓉蓉译，世界图书出版社，2022。

［20］ 彭凯平：《吾心可鉴：澎湃的福流》，清华大学出版社，2021。

［21］ 任俊：《积极心理学》，上海教育出版社，2006。

［22］ 任俊：《写给教育者的积极心理学》，中国轻工业出版社，2010。

［23］ 孙云晓：《习惯养成有方法》，浙江文艺出版社，2016。

［24］ 孙云晓：《孩子，你有无限可能》，浙江文艺出版社，2017。

［25］ 赵石屏：《做个懂家教的好家长：著名教育专家赵石屏教授对家教多年的思考》，作家出版社，2017。

［26］ 赵昱鲲：《自主教养：焦虑时代的父母之道》，北京科学技术出版社，2017。

图书在版编目（CIP）数据

积极养育：为了孩子健康成长 / 李兆良著. -- 北
京：社会科学文献出版社，2024.5
（吉林大学哲学社会科学普及读物）
ISBN 978 - 7 - 5228 - 3628 - 7

Ⅰ.①积… Ⅱ.①李… Ⅲ.①家庭教育 Ⅳ.①G78

中国国家版本馆 CIP 数据核字（2024）第 090887 号

吉林大学哲学社会科学普及读物
积极养育：为了孩子健康成长

著　　者 / 李兆良

出 版 人 / 冀祥德
组稿编辑 / 恽　薇
责任编辑 / 陈凤玲
责任印制 / 王京美

出　　版 / 社会科学文献出版社（010）59367226
　　　　　　地址：北京市北三环中路甲 29 号院华龙大厦　邮编：100029
　　　　　　网址：www. ssap. com. cn
发　　行 / 社会科学文献出版社（010）59367028
印　　装 / 三河市尚艺印装有限公司

规　　格 / 开　本：787mm × 1092mm　1/16
　　　　　　印　张：19.5　字　数：292 千字
版　　次 / 2024 年 5 月第 1 版　2024 年 5 月第 1 次印刷
书　　号 / ISBN 978 - 7 - 5228 - 3628 - 7
定　　价 / 68.00 元

读者服务电话：4008918866